Zu diesem Buch

Was wissen wir eigentlich von der Liebe? Was ist es, was uns so überwältigend glücklich machen kann, aber auch manchmal quälend leiden läßt? Gibt es das wirklich: ein lebenslanges Gefühl von Zärtlichkeit und Vertrauen? Die Realität sieht oft anders aus: Abstumpfung, Entfremdung, Streit und Seitensprünge belasten das einst glückliche Paar. Die Liebe, «bis daß der Tod euch scheidet», wird von vielen nur noch mitleidig belächelt oder gar für unmöglich gehalten.

Dieses Buch ist ein leidenschaftliches Plädoyer *für* die romantische Liebe. Es zeigt, wie sich aus der Liebe zweier Menschen eine beständige, tiefe und zärtliche Beziehung entwickeln kann, die ein lebenslanges Abenteuer bleibt. Nathaniel Branden führt vor, wie sich dieser Wunschtraum verwirklichen läßt. Nach einer Einführung in die Geschichte der romantischen Liebe beschreibt er konkret und anschaulich, welche Klippen sich im Alltag des Zusammenlebens zeigen und wie man diese gemeinsam umschiffen kann.

Der Autor

Dr. Nathaniel Branden, Psychologe und Autor, lebt in Los Angeles. Sein Buch «Ich liebe mich auch. Selbstvertrauen lernen» (rororo 8486) ist ebenfalls im Rowohlt Taschenbuch Verlag erschienen.

Nathaniel Branden

Liebe

für ein ganzes Leben

Psychologie
der Zärtlichkeit

Deutsch von
Lieselotte Mietzner

rororo

Rowohlt

Die Originalausgabe erschien 1980 unter dem Titel
«The Psychology of Romantic Love»
Die deutsche Erstausgabe erschien 1982 unter dem Titel
«Verliebt fürs ganze Leben»

56.–63. Tausend Mai 1997
Neuausgabe
Veröffentlicht im
Rowohlt Taschenbuch Verlag GmbH,
Reinbek bei Hamburg, Juni 1985
«Verliebt fürs ganze Leben»

Published by arrangement with
Bantam Books, Inc., New York
Umschlaggestaltung Barbara Hanke
(Foto: Bilderteam – Nacivet)
Gesamtherstellung Clausen & Bosse, Leck
Printed in Germany
1690-ISBN 3 499 60273 3

Inhalt

Einführung

Die leidenschaftliche Anziehung zwischen Mann und Frau, die wir «romantische Liebe» nennen, kann uns auf den Gipfel seliger Ekstase führen. Bleibt sie unerwidert, stürzt sie uns mit gleicher Leichtigkeit in tiefe Verzweiflung. So intensiv wir dieses Hingezogensein erleben, so wenig wissen wir darüber. Manche denken bei «romantisch» an «irrational» und betrachten die romantische Liebe als vorübergehende Neurose, als einen Gefühlssturm, der sich in jedem Falle rasch wieder legt und nur Ernüchterung und zerstörte Illusionen hinter sich läßt. Andere dagegen erhöhen die romantische Liebe zu einem Ideal, dem man einmal nahegekommen sein muß, will man nicht das Gefühl haben, das Wesentliche im Leben verpaßt zu haben.

Das Maß an Leid und Verwirrung, das romantische Liebesbeziehungen häufig mit sich bringen, hat viele Menschen zu dem Schluß geführt, ein Ideal, das so viele falsche Hoffnungen erweckt, könne nicht erstrebenswert sein. Immer mehr Menschen wenden sich deshalb neuen Beziehungsformen zu und erproben Formen des Zusammenlebens, in denen Intimität und Verletzbarkeit nicht so hoch sind wie in festen und intensiven Partnerbeziehungen. Manche wollen gar keine leidenschaftliche Liebesbeziehung mehr, sondern lehnen sie als gefährliche Täuschung ab. Auch Psychologen, Soziologen und Anthropologen greifen die romantische Liebe heute an und werten sie als unreifes und illusionäres Ideal ab. Für diese wissenschaftlich Gebildeten ist die Vorstellung, eine stark gefühlsmäßige Bindung könne das Fundament einer dauerhaften, erfüllenden Beziehung bilden, nichts weiter als ein neurotisches Produkt der abendländischen Kulturgeschichte.

Seit langem beobachten wir, wie die allermeisten Menschen ihre Liebesbeziehungen voll aufrichtiger Zuneigung, mit viel gutem Willen und voller Hoffnungen auf eine glückliche Zukunft beginnen und im Lauf der Zeit dann die schmerzliche und zutiefst bestürzende Erfahrung machen, daß ihre Beziehung immer schlechter wird und schließlich auseinanderbricht. Wehmütig denken sie an die Zeit zurück, als sie aus ganzem Herzen verliebt waren, als das Zusammensein mit dem Partner noch ungetrübt, einfach und beglückend erschien, und sie quälen sich mit der Frage, warum und wieso sie das alles wieder verloren haben. Wenn diese Liebe zu Ende gehen konnte, so fragen sie sich, wie kann dann überhaupt je eine Liebe Bestand haben? Ist romantische Liebe wirklich nichts für mich? Oder kann sie überhaupt für irgend jemand eine Möglichkeit sein? Vielleicht sollte ich diesen Traum jetzt lieber begraben, zusammen mit dem übrigen Kinderkram, den ich immer noch mit mir herumschleppe! Manche bringen es fertig, all diese Fragen völlig zu verdrängen, das ganze quälende Warum beiseitezuschieben, bis sie nur noch ein Gefühl der Empfindungslosigkeit zurückbehalten. Manche trösten sich mit dem Gedanken, diese Abstumpfung zeige an, daß sie nun endgültig erwachsen geworden seien. Und in unserer Kultur finden sich genügend Stimmen, die sie in diesem Glauben bestärken.

Und dennoch hören die Menschen nicht auf, sich zu verlieben. Kaum zerronnen, ersteht der Traum wieder neu, so wie das Leben sich unaufhaltsam weiter fortpflanzt. Das Drama läuft von neuem ab. Eine blinde Leidenschaft bringt die Menschen dazu, einem Ziel nachzujagen, das sie kaum jemals erreichen; eine ferne Glückshoffnung zieht sie an, deren Zauber unzerstörbar scheint.

Dieses Wunschbild ist unzerstörbar, weil es tiefeingewurzelten menschlichen Bedürfnissen entspricht. Doch was für Bedürfnisse sind das? Was ist das für eine Glückserwartung, die zu allen Zeiten die Phantasie der Menschen beflügelt und ihre Sehnsucht geweckt hat? Was hindert uns daran, diese Sehnsucht zu stillen? Im folgenden wollen wir versuchen, die Antwort auf diese Frage zu finden.

Lassen Sie mich eines gleich zu Beginn klarstellen: Bei allem was ich schreibe, gehe ich davon aus, daß die romantische Liebe weder ein Phantasieprodukt noch ein Irrweg ist, sondern eine der großen Möglichkeiten unseres Daseins, ein großes Abenteuer und eine große Herausforderung. Ferner gehe ich davon aus, daß wir alle die gefühlsmäßigen Voraussetzungen besitzen, Ekstase empfinden zu können.

Romantische Liebe ist für mich kein Vorrecht der Jugend und kein pubertäres Ideal, das beim Zusammenprall mit der praktischen Wirklichkeit vom Sockel stürzt, wenn man so unklug ist, es aus der Literatur auf das Leben zu übertragen. Ich sehe die romantische Liebe als eine Form der zwischenmenschlichen Beziehung, die im Hinblick auf Persönlichkeitsentwicklung und Reife mehr von uns fordert, als wir im allgemeinen annehmen. Doch das führt uns schon mitten hinein in eines der Hauptthemen dieses Buches.

Die Liebe, die zwei Menschen miteinander vereinen kann, hat verschiedene Spielarten. Ich möchte deshalb die Kategorie der Liebe, von der in diesem Buch die Rede sein soll, zuerst einmal allgemein definieren. Romantische Liebe soll hier verstanden werden als *leidenschaftliche, umfassend geistig-gefühlsmäßig-sexuelle Zuneigung zwischen Mann und Frau, die auf hoher Wertschätzung der Person des Partners beruht.*

Eine Liebesbeziehung, die beide Partner nicht wenigstens als einigermaßen leidenschaftlich und intensiv erleben, nenne ich nicht «romantische Liebe». Eine Liebesbeziehung, in der es keine Erfahrung geistiger und seelischer Übereinstimmung, keine tiefgehende Gemeinsamkeit von Wertbegriffen und Lebensanschauungen, kein Gefühl von «Seelenverwandtschaft» gibt, in der keine tiefe Gefühlsbindung, keine starke sexuelle Anziehung zwischen beiden Partnern besteht, nenne ich nicht «romantische Liebe». Und auch wenn nicht gegenseitige Bewunderung, sondern beispielsweise gegenseitige Verachtung eine Beziehung prägt, nenne ich das nicht «romantische Liebe».

Beinahe jede Aussage über Liebe, Sex und die Beziehungen zwischen den Geschlechtern ist zu einem Teil auch persönliches Bekenntnis. Wir sprechen immer auch von dem, was wir selbst erlebt haben. Wenn ein Psychologe sich zum Thema «Liebe» äußert, kann er gar nicht anders, als auch etwas über seine eigene Person mitzuteilen. Das heißt nicht, daß die Probleme, die er anschneidet, rein subjektiv wären und daß er keine allgemeingültigen Feststellungen treffen könnte. Ich möchte eher das Gegenteil behaupten. Unsere Gedanken über die Liebe lassen sich sicher nicht nur auf unsere persönlichen Liebeserfahrungen zurückführen; doch ihre Ursprünge reichen tief in jenen Untergrund des persönlich Erlebten und rufen – ob wir uns dessen bewußt werden oder nicht – viele der Gefühle, Werturteile und Schlußfolgerungen wach, die wir nach außen hin vielleicht als völlig offenkundig präsentieren.

Es wäre Selbsttäuschung, wenn ich vorgäbe, daß ich dieses Buch genauso hätte schreiben können ohne die Erfahrung, eine Frau fünfzehn Jahre lang leidenschaftlich geliebt zu haben. Patrecia Wynand Branden ertrank am 31. März 1977 bei einem Unfall. Wir hatten es am Morgen jenen Tages mit dem Aufstehen nicht eilig gehabt, hatten uns geliebt und über die Verzauberung gesprochen, die jeder von uns in der Gegenwart des anderen empfand, eine einzigartige Verzauberung, die sich auf fast unerklärliche Weise immer wieder von selbst zu erneuern schien. Die Lichter meiner Welt strahlten heller, wenn Patrecia ins Zimmer kam – fünfzehn Jahre lang. Ich wäre unehrlich, wenn ich nicht zugäbe, daß diese Erfahrung die Gedanken bestimmt, die mir durch den Kopf gehen, wenn ich Kollegen über das «unvermeidliche» Ende der romantischen Liebe wenige Monate (oder gar Wochen) nach ihrer Erfüllung sprechen höre.

Von meiner persönlichen Vorgeschichte abgesehen, benutze ich in diesem Buch zwei Hauptquellen. Erstens möchte ich die Beziehungen zwischen den Geschlechtern durch allgemein zugängliche Informationen, durch Material aus Geschichte und Kulturgeschichte erhellen. Zweitens stütze ich mich auf die Erfahrungen, die ich als Psychotherapeut und Eheberater machen konnte. Da ich über fünfundzwanzig Jahre mit Tausenden von Menschen gearbeitet und ihr Streben nach sexueller und erotischer Erfüllung – und auch die Manöver, durch die sie ihre eigenen Bemühungen häufig selber sabotieren – aus nächster Nähe beobachtet habe, bin ich zu einer Fülle von Erkenntnissen und Einsichten gelangt über das, was Männer und Frauen bewußt oder unbewußt beim anderen suchen und warum ihre Beziehungen zueinander so häufig von Fehlschlägen, von Schmerz und Leid geprägt sind.

Es ist aufschlußreich, sich daran zu erinnern, daß die Vorstellung von der romantischen Liebe als Ideal und üblicher Ausgangspunkt der Ehe während des größten Teils der

Vergangenheit unbekannt war; auch heute gibt es noch zahlreiche Kulturen, in denen man den Begriff der romantischen Liebe nicht kennt. Erst in den letzten Jahrzehnten haben die gebildeten Schichten der Länder außerhalb des westlichen Kulturkreises gegen die Tradition der von den Familien vereinbarten Heiraten rebelliert und sich mehr dem Westen und dem dort geltenden Ideal der romantischen Liebe zugewandt. Obwohl die Idee der romantischen Liebe in Europa schon eine lange Geschichte hat, ist sie doch als das eigentliche Fundament einer langfristigen, gesellschaftlich anerkannten Beziehung, nämlich der Ehe, zuerst in der amerikanischen Gesellschaft zu ihrer vollen Entfaltung gekommen.

Ich werde im folgenden einen Begriff von romantischer Liebe entwickeln, der wesentlich über das hinausgeht, was man sich heutzutage in den westlichen Industriegesellschaften unter Liebe vorstellt.

Junge Leute, die in den am weitesten entwickelten Ländern des zwanzigsten Jahrhunderts aufwachsen, betrachten im Hinblick auf ihr zukünftiges Zusammenleben mit einem Partner des anderen Geschlechts bestimmte Voraussetzungen als selbstverständlich, Voraussetzungen, die keineswegs in jeder Kultur als selbstverständlich angenommen würden. Einige dieser Voraussetzungen sind: Die beiden Menschen, die ihr Leben miteinander teilen wollen, entscheiden sich frei und ohne Zwang füreinander; niemand, ob Familienangehörige oder Freunde, Kirche oder Staat, kann oder darf diese Wahl für sie treffen. Die beiden wählen einander aufgrund gegenseitiger Zuneigung und nicht nach sozialen, familiären oder finanziellen Überlegungen. Es hängt sehr viel davon ab, welchen Partner sie aussuchen. Die Unterschiede, die zwischen den einzelnen Menschen bestehen, gewinnen in diesem Zusammenhang eine außerordentliche Bedeutung. Die Beteiligten dürfen hoffen, ja sogar erwarten, durch die Verbindung mit der Person ihrer Wahl glücklich zu werden; ein solches Glücksstreben ist nicht nur normal, sondern gehört zu den Grundrechten eines jeden Menschen. Und: Der Mensch, mit dem sie ihr Leben gemeinsam verbringen wollen und der, von dem sie sich sexuelle Erfüllung erhoffen und erwarten, ist ein und derselbe.

Fast während der gesamten bisherigen Menschheitsgeschichte hätte man alle diese Ansichten als ungewöhnlich, ja sogar als unglaublich betrachtet.

Ich werde deshalb im ersten Kapitel die wesentlichen Stadien des Prozesses, durch den die oben umrissene Auffassung vom Wesen der Liebe und der Geschlechterbeziehungen entstanden und im Westen vorherrschend geworden ist, kurz skizzieren. Ein knapper geschichtlicher Überblick soll uns helfen, den Punkt, an dem wir heute stehen, und die Kämpfe, die wir selber ausfechten, in größere Zusammenhänge einzuordnen und ein klareres Bewußtsein zu entwikkeln für die Einstellungen und Urteile aus der Vergangenheit, die noch in uns nachwirken und unsere Anstrengungen, in unseren Liebesbeziehungen Glück und Erfüllung zu finden, gefährden.

Um dieses Ziel zu erreichen, habe ich philosophische, politische und literarische Gesichtspunkte in den geschichtlichen Überblick einbezogen, denn alle diese Aspekte bestimmen den Blickwinkel, unter dem wir das Wesen und die Probleme der romantischen Liebe heute sehen.

Im zweiten Kapitel werden wir von der sozialgeschichtlichen zur psychologischen Sichtweise übergehen, indem wir versuchen, Ursprung und Bedeutung der romantischen Liebe zu erhellen – nicht aus der Perspektive der Vergangenheit, sondern mit Bezug auf die Gegenwart, die *zeitlose*

Gegenwart der menschlichen Natur. Wir werden die fundamentalen psychischen Bedürfnisse erforschen, aus denen der Hunger nach romantischer Liebe entsteht, die fundamentalen Bedürfnisse, die die romantische Liebe stillen soll. Auf diese Weise werden wir verstehen, aus welchen Quellen das Entzücken – oder das Leid – fließt, das wir in unseren Liebesbeziehungen erleben.

Im dritten Kapitel werden wir uns den wichtigsten Faktoren zuwenden, von denen es abhängt, in welchen Partner wir uns verlieben: Wir erörtern den Prozeß der Partnerwahl. Damit sind die beiden wesentlichen Fragen geklärt, was Liebe ist und wie Liebe entsteht.

Im vierten Kapitel wird es um das Problem gehen, warum die Liebe das eine Mal wächst und das andere Mal zerbricht. Wir werden uns fragen, was die romantische Liebe im psychologischen Sinn von uns fordert, wenn sie gelingen soll. Wir fragen also nach der *Herausforderung*, die in der romantischen Liebe enthalten ist. Dann werden wir die entscheidenden Faktoren benennen, von denen das Gelingen oder Scheitern unserer Liebesbeziehungen abhängt, um dadurch unsere Siege und Niederlagen in der Liebe besser verstehen zu lernen.

Das vorliegende Buch ist weder ein Handbuch der Liebe noch ein Ratgeber in Sachen Sex. Direkt oder indirekt liefert es zwar an manchen Stellen auch einmal so etwas wie eine «Gebrauchsanweisung», doch ist es nicht meine Absicht, praktische Tips zu geben. Vielmehr will ich mit diesem Buch dazu beitragen, zu klären, was romantische Liebe ist, das Verständnis für diese Form menschlicher Zuwendung zu vertiefen und zu zeigen, daß der Traum von der romantischen Liebe für Männer und Frauen jeden Alters durchaus eine reale und bereichernde Lebensmöglichkeit darstellt.

ERSTES KAPITEL

Die Entwicklung der romantischen Liebe

Prolog:

Liebe und gesellschaftlicher Widerstand

In unserer Literatur gibt es zahlreiche Schilderungen leidenschaftlicher Liebesbeziehungen zwischen Männern und Frauen. Sie bilden einen hochgeschätzten Teil unseres Kulturerbes. So sind die großen Liebesleidenschaften zwischen Tristan und Isolde, zwischen Heloise und Abälard, zwischen Romeo und Julia für uns zum Inbegriff sinnlicher Leidenschaft und zärtlicher Hingabe geworden. Doch diese Liebesgeschichten sind immer zugleich Tragödien – und zwar Tragödien einer ganz besonderen Art.

Das Schicksal dieser großen Liebenden ergreift uns nicht, weil sich darin die gesellschaftlichen Verhältnisse früherer Zeiten widerspiegeln, sondern gerade weil die Liebenden gegen die Gesellschaft aufbegehren. Die Liebenden sind gerade deswegen denkwürdig, weil sie nicht typisch sind. Ihre Liebe stellt die moralischen und gesellschaftlichen Sitten ihrer Umwelt in Frage, und sie ist tragisch, weil die Liebenden am Ende der Konvention unterliegen.

Daß die tiefe Bindung der Liebenden als ein trotziges Nein gegenüber den Forderungen von Kultur und Gesellschaft verstanden werden konnte, beruht ebenso wie der tragische Charakter dieser Liebesbeziehungen auf der Tatsache, daß die damalige Zeit eine solche unbedingte Liebe nicht als «normal» und als kulturell erwünschtes Ideal akzeptierte.

Wie wir noch sehen werden, steht das Ideal der romantischen Liebe im Widerspruch zu den Hauptströmungen unserer Geschichte. Die romantische Liebe ist in erster Linie individualistisch. Sie weigert sich, im Menschen ein austauschbares Rädchen in der Maschinerie der Gesellschaft zu sehen und mißt den individuellen Unterschieden zwischen den Menschen und der individuellen Wahlfreiheit allerhöchste Bedeutung bei. Die romantische Liebe ist «egoistisch» – im philosophischen, nicht im alltäglichen Sinn. Die philosophische Lehre des Egoismus, wie sie etwa der große französische Dichter Stendhal in seinem Buch *‹Über die Liebe›* vertritt, betrachtet Selbstverwirklichung und persönliches Glück als das moralische Ziel des Lebens – und romantische Liebe wird vom Streben nach persönlichem Glück motiviert. Die romantische Liebe ist ganz auf das Diesseits bezogen. Indem sie körperliche und seelische Freuden in Sexualität und Liebe miteinander verschmilzt und romantische Verzauberung und Alltagsleben in sich vereint, legt sie ein leidenschaftliches Bekenntnis ab zu unserem irdischen Dasein und zu der strahlenden Lebensfreude, die wir hier auf Erden erleben können.

In der eingangs aufgestellten Definition der romantischen Liebe als einer *leidenschaftlichen, umfassend geistig-gefühlsmäßig-sexuellen Zuneigung zwischen Mann und Frau, die auf hoher Wertschätzung der Person des Partners beruht,* sind alle diese Komponenten bereits erfaßt; ihre Bedeutung wird immer klarer werden, je weiter wir voranschreiten. Insbesondere werden wir immer deutlicher erkennen, wie eng die geistesgeschichtliche Bewegung des Individualismus und die Entwicklung der romantischen Liebe miteinander verknüpft sind. In diesem Zusammenhang werden wir auch das Thema *Selbstsucht* neu überdenken müssen, damit wir über die konventionelle Denkweise hinausgehen und einsehen können, wie unerläßlich der vernunftgemäße oder aufgeklärte Eigennutz für unser Leben und

Wohlbefinden ist. Die Fähigkeit zum gesunden Durchsetzen des eigenen Interesses ist eine unumgängliche Voraussetzung des Überlebens und gleichermaßen der romantischen Liebe.

Die Melodie, die die Herzen der Liebenden erfüllt, ertönt nur in ihrem Inneren und in ihrer persönlichen Welt. Die Liebenden teilen sie miteinander, aber sie empfinden nicht das Bedürfnis, den ganzen Stamm oder die Gesellschaft daran teilhaben zu lassen. Der Mut, auf diese innere Melodie zu hören und sie wichtig zu nehmen, ist eine der Vorbedingungen der romantischen Liebe.

Die Lehre der Geschichte: Wiederkehr der gleichen Motive

Die Entwicklung des Verhältnisses zwischen Mann und Frau bildet einen Teil der Evolution des menschlichen Bewußtseins. Wir alle tragen die Vergangenheit in uns, sei es zu unserem Nutzen, sei es zu unserem Schaden. Doch auch als Menschen im letzten Drittel des zwanzigsten Jahrhunderts können wir die seelischen Konflikte und Sperren, die unser Streben nach glücklichen Liebesbeziehungen behindern, nicht völlig verstehen, solange wir keine Vorstellung haben von unserer Geschichte, von den Stufen, über die wir dahin gekommen sind, wo wir heute stehen.

Wenn wir die Entwicklung der Geschlechterbeziehungen durch die Jahrhunderte betrachten, sehen wir eine unablässige Folge von Bewegungen, Fortschritten, Rückschritten, Umwegen und erneuten Vorwärtsbewegungen – es ist, als ob wir den Lauf der Evolution mitverfolgen könnten. Der

Begriff der romantischen Liebe ergibt sich aus einer langen Entwicklung.

Der Zweck der nachfolgenden kurzen Übersicht liegt darin, uns das Verständnis der einzelnen Stufen dieser Entwicklung zu erleichtern und bestimmte immer wiederkehrende Themen herauszugreifen, die durch die Beharrlichkeit, mit der sie in Vergangenheit und Gegenwart immer wieder erscheinen, fast zeitlos wirken. Gleichgültig, welcher Zeit oder welcher Kultur wir uns zuwenden: für manche unter uns ist es unmöglich, sich nicht immer wieder selbst zu begegnen. Fangen wir also an.

Das Stammesdenken: Der Einzelmensch ist unwichtig

Nicht Liebesbeziehungen, sondern wirtschaftliche Erwägungen waren die treibende Kraft, wenn die Mitglieder primitiver Gesellschaften, ja überhaupt aller Jäger- und Ackerbauergesellschaften sich zusammenschlossen. Die Familie als gesellschaftliche Einheit hatte die Aufgabe, die Überlebenschancen der Menschen zu verbessern. Die Beziehungen zwischen Mann und Frau waren nicht auf «Liebe» oder auf die psychischen Bedürfnisse nach «emotionaler Intimität» angelegt, sondern entsprachen den praktischen Erfordernissen von Jagd, Kampf, Ackerbau, Kinderaufzucht und so fort.*

* Da das Überleben des Menschen in der vorindustriellen Gesellschaft ganz entscheidend von seiner Körperkraft und körperlichen Gewandtheit abhing, wurde die Arbeitsteilung zwischen den Ge-

Soweit wir heute feststellen können, war die Vorstellung der romantischen Liebe in primitiven Gesellschaften gänzlich unbekannt. Das Überleben des Stammes war der höchste Wert, der alles beherrschte. In so gut wie allen Lebensbereichen war das Individuum den Erfordernissen und Regeln des Stammeslebens untergeordnet. Dies war – und ist – der Kern des Stammesdenkens. Die individuelle Persönlichkeit und individuelle Gefühlsbindungen galten wenig oder gar nichts.

Diese Überlegungen fußen auf Hypothesen, die jedoch durch anthropologische Untersuchungen in den primitiven Gesellschaften, die in unserem Jahrhundert noch existieren, erhärtet werden. So schreibt etwa der amerikanische Kulturhistoriker Morton M. Hunt: «... im großen und ganzen bieten die Stammesstruktur und das Leben der meisten primitiven Gesellschaften eine allumfassende Intimität und eine breite Verteilung der Gefühle. Die westliche Liebe mit ihrem besonders engen und hochgeschätzten Band zwischen zwei isolierten Individuen ist weder möglich noch braucht man sie. Darüber hinaus sehen die meisten Primitiven keinen großen Unterschied zwischen den Individuen und geraten daher schon gar nicht in derart ausschließliche Bindungen wie wir. Alle fundierten Beobachter beschreiben die Leichtigkeit, mit der sie sich vom Geliebten lösen und ihren aufrichtigen Glauben, daß eine Liebe gegen jede andere auswechselbar sei. Der Anthropologe Dr. Audrey Richards, der unter den Bemba in Nordrhodesien um 1930

schlechtern in erster Linie nach den unterschiedlichen körperlichen Fähigkeiten von Mann und Frau vorgenommen. Somit wurde die höhere Körperkraft des Mannes und das Bedürfnis der Frau nach Schutz, namentlich in der Zeit der Schwangerschaft und Kinderaufzucht, zur Rechtfertigung für die ungleiche Stellung der Geschlechter und der Unterordnung der Frau unter den Mann.

lebte, erzählte einst einer Gruppe von ihnen ein englisches Volksmärchen von einem jungen Prinzen, der gläserne Berge ersteigt, Abgründe überwindet und mit Drachen kämpft – alles, um die Hand seines geliebten Mädchens zu gewinnen. Die Bembas waren offensichtlich verwirrt, aber sie schwiegen. Endlich sprach ein alter Häuptling und brachte die Gefühle der Anwesenden in der einfachsten aller Fragen zum Ausdruck: ‹Warum nicht ein anderes Mädchen nehmen?› meinte er.»

Aus Margaret Meads bekannter Untersuchung über die Einwohner Samoas geht ebenfalls hervor, daß tiefe Gefühlsbindungen zwischen den einzelnen Individuen der Mentalität und den Lebensformen primitiver Gesellschaften völlig fremd sind. Promiskuität und kurzlebige geschlechtliche Beziehungen werden gebilligt und gefördert, alle Tendenzen, starke Gefühlsbindungen zwischen Individuen aufzubauen, jedoch aktiv unterdrückt.

Betrachtet man die Sitten primitiver Gesellschaften, die das Sexualverhalten regeln, so wird deutlich, daß sexuelle Bindungen, die aus Liebe (wie wir es nennen würden) entstehen, häufig gefürchtet oder sogar strikt abgelehnt werden. Sexuelle Betätigung gilt meist nur dann als annehmbar, wenn sie nicht mit tiefergehenden Gefühlen verbunden ist. Der bekannte britische Verhaltenswissenschaftler Gordon R. Taylor schreibt dazu: «Auf den Trobriandinseln zum Beispiel haben die Erwachsenen nichts dagegen, wenn Kinder den Geschlechtsakt im Spiel auszuführen versuchen; die Heranwachsenden dürfen miteinander schlafen, vorausgesetzt, daß sie nicht ineinander verliebt sind. Wenn sie sich verlieben, ist der Geschlechtsverkehr verboten, und es würde den Anstand gröblich verletzen, wenn Liebende zusammen schliefen.»

Wenn Liebe auftritt, wird sie manchmal strenger reglementiert als die Sexualität. (Natürlich existiert in vielen Fällen noch nicht einmal ein Wort für «Liebe», dessen Bedeutung sich einigermaßen mit unserem Begriff von Liebe deckte.) Leidenschaftliche individuelle Bindungen gelten offenbar als Bedrohung der Wertvorstellungen und der Autorität des Stammes.

Doch vergessen wir nicht, daß es hier nicht um die Mentalität des primitiven Menschen als solche, sondern um das Denken in Stammeskategorien geht. Wir finden es wieder in der technisch weit fortgeschrittenen Gesellschaft von George Orwells Roman ‹*1984*› in dem ein totalitärer Staat mit seiner ganzen Macht und Autorität gegen den selbstbewußten Individualismus der romantischen Liebe vorgeht. Die Verachtung, mit der die Diktaturen des zwanzigsten Jahrhunderts den Wunsch ihrer Bürger nach einer Privatsphäre als «kleinbürgerliche Selbstsucht» abqualifizieren, ist uns allen zu vertraut, als daß sie genau dokumentiert werden müßte.

Das Stammesdenken, gleichgültig ob alter oder moderner Prägung, tendiert dazu, die romantische Liebe als gesellschaftlich subversive Kraft anzusehen, als eine Bedrohung für das Wohlergehen des Stammes, und das heißt: der Gesellschaft.

Die griechische Spielart: Geistige Liebe

Im klassischen Griechenland war die Auffassung der Liebe als eines hohen sittlichen Wertes und einer leidenschaftlichen, auf wechselseitiger Bewunderung beruhenden Bindung zweier Menschen weit verbreitet und in der Tat sogar

Gegenstand philosophischer Erörterungen. Dabei wurde die Liebe jedoch als eine Bindung ganz eigener Art aufgefaßt, die wenig mit den tatsächlichen Beziehungen zwischen den Menschen und dem gewöhnlichen Ablauf ihres Alltagslebens und gar nichts mit der Institution der Ehe zu tun hatte.

In Klammern möchte ich von Anfang an klarstellen: Ich gehe keineswegs davon aus, daß Sexualverkehr nur im Zusammenhang mit Liebe gerechtfertigt wäre und daß Liebe immer zur Ehe führen müsse. Wenn auch in mancher Hinsicht miteinander verwandt, sind Sex, Liebe und Ehe doch ganz offensichtlich drei getrennte und deutlich unterscheidbare Phänomene. Ich werde an späterer Stelle noch genauer ausführen, wie ich die inneren Zusammenhänge zwischen ihnen sehe. Hier ist vielleicht der Hinweis angebracht, daß Sex nicht notwendigerweise auf Liebe beruht, romantische Liebe aber immer auch Sex einschließt; daß Liebe nicht unbedingt zur Ehe führen muß, die Ehe jedoch immer auf Liebe gegründet sein sollte. Dies vorausgesetzt, können wir nun fortfahren.

Obwohl die Kultur der Griechen großenteils von der Vergötterung körperlicher Schönheit geprägt ist, zeigt sich in ihrer Einstellung zu Sex und Liebe doch deutlich die Überzeugung, daß der Mensch aus zwei grundverschiedenen Teilen besteht: dem Leib, der seine «niedere», und dem Geist, der seine «höhere» Natur ausmacht. Die Bedürfnisse und Wünsche des Leibes galten als den geistigen unterlegen; überhöht und am meisten geschätzt wurde das, was am weitesten vom Körper und von bloß körperlichen Lebensäußerungen entfernt war.

Eng verknüpft mit dem Leib-Seele-Gegensatz war eine weitere Trennung – die von Vernunft und Leidenschaft. «Vernunft» bedeutete soviel wie kühle, unbeteiligte Gelassenheit, «Leidenschaft» in jedem Fall ein Versagen der Vernunft.

Die Griechen verherrlichten nicht die sinnliche, sondern die geistige Begegnung der Liebenden und sahen gleichgeschlechtliche Beziehungen – normalerweise zwischen älteren Männern und Knaben – als die einzige Grundlage solcher intensiven und geistig tiefschürfenden Liebesbeziehungen an. Obwohl bis heute nicht genau erwiesen ist, ob im antiken Griechenland tatsächlich homosexuelle Beziehungen überwogen, waren sie doch mit Sicherheit sehr viel weiter verbreitet als in unserer Kultur und bildeten in den Augen vieler Denker sogar «den vollkommensten Typus menschlichen Empfindens» (Hunt). Während sexuelles Verlangen ohne tiefere Gefühlsbeteiligung oft als weibisch und ungesund betrachtet wurde, erhob man die leidenschaftliche Liebesbeziehung zwischen Männern zum Ideal einer Verbindung, in der der Ältere seinen jungen Geliebten zu Edelmut und Tugendhaftigkeit anspornte und die gegenseitige Zuneigung Geist und Gefühl beider Partner höherentwickelte.

Auf der anderen Seite ist Frauenfeindschaft unübersehbar ein wichtiges Merkmal der klassischen griechischen Kultur. Die Griechen standen den Genüssen heterosexuellen Verkehrs und den Reizen weiblicher Schönheit zwar keineswegs gleichgültig gegenüber, sahen es jedoch als sittlich wertlos und geistig unbedeutend an, sich mit beidem zu befassen. Plato und Aristoteles erklärten übereinstimmend, die Frau sei dem Manne körperlich und geistig unterlegen. Die Frau wurde dazu erzogen, sich selbst als dem Mann in jeder Hinsicht untergeordnet zu betrachten. Sie war praktisch nicht rechtsfähig, mußte sich vor Gericht durch einen Vormund vertreten lassen und hatte kaum Anteil an den Rechten, die den männlichen griechischen Bürgern zustanden. Die hauswirtschaftlichen Tätigkeiten, die die Frau in früheren Zeiten ausgeführt hatte, oblagen nun weitgehend den Sklaven. Da die Frau dem Mann im Kampf ums Überleben nicht mehr zur Seite stand, nahm sie in seiner Welt nur noch einen untergeordneten Platz ein.

Wenn ein Mann sich dennoch in eine Frau verliebte, dann handelte es sich dabei höchstwahrscheinlich nicht um seine eigene Frau. Viel eher fühlte er sich von einer Hetäre angezogen, von einer jener hochgebildeten Frauen, die darin geschult waren, sowohl geistig anregend als auch sexuell stimulierend und dem Mann geistige und sexuelle Gefährtin zu sein. Doch hatten die meisten Griechen auch für denjenigen, der sich in eine Hetäre verliebte, bloß Verachtung übrig.

Abgesehen von dem Idealfall der Liebe als emporziehender, staunender Bewunderung, die es allein unter Männern geben konnte, hielten die alten Griechen die «Liebe» vor allem für ein aufregendes, lustvolles Spiel, für ein angenehmes Vergnügen, einen Zeitvertreib ohne weitergehende Bedeutung oder über das Augenblickliche hinausreichenden Wert. Im Auftreten leidenschaftlicher sexueller Liebe sah man gemeinhin nur so etwas wie eine tragische Verblendung, eine Heimsuchung, die den Mann überfiel und jene nüchterne, gleichmütige Geistesverfassung zerstörte, die die Griechen so sehr schätzten.

Folglich fehlt der Begriff der «Liebesheirat» im Denken der Griechen ebenso wie in dem der Primitiven. «Die Ehe», erklärt der Dichter Palladas von Alexandrien, «schenkt dem Mann nur zwei glückliche Tage: den, an dem er die Braut in sein Bett, und den, an dem er sie in ihr Grab legt.» Eine Ehefrau war eine kostspielige Bürde, die den Mann oft in seiner Freiheit behinderte. Dennoch galt allgemein die Ansicht, der Mann schulde es dem Staat und der Religion, Kinder zu haben; außerdem brauchte er eine Haushälterin, und eine neue Frau brachte immer auch eine Mitgift. Die Ehe war ein notwendiges Übel, ein Bund zweier ungleicher Partner.

Zynische Geringschätzung der Liebe bei den Römern

Nach der Lehre der in Rom vorherrschenden Philosophie der Stoa brachten die Verstrickungen der Leidenschaft die notwendige Pflichterfüllung in Gefahr. So wendet sich Vergils Äneas, der Held des großen römischen Nationalepos, leichten Herzens von seiner feurigen Geliebten Dido ab, um sich wieder auf seine Pflicht zu besinnen und die römische Republik zu gründen. Wie die Griechen sahen auch die römischen Philosophen und Dichter die Liebesleidenschaft als eine Art von Wahnsinn.

Wie die Griechen heirateten auch die Römer nicht aus Liebe. In den oberen Klassen wurden die Ehen in der Regel nach finanziellen oder politischen Gesichtspunkten von den Familien ausgehandelt; ein Mann verheiratete sich, um eine Haushälterin zu bekommen und Kinder zu zeugen.

Dennoch erlangte die Familie in der römischen Gesellschaft eine bisher noch nicht dagewesene Bedeutung als politische und soziale Einheit – und zwar hauptsächlich aus Gründen, die mit der Erhaltung und Sicherung des Familienbesitzes zusammenhingen. Im römischen Recht, das die Eigentumsübertragung von einer Generation auf die nächste sorgfältig festlegte, regelten immer komplexere Rechtsbestimmungen die unterschiedlichen Formen der Ehe zwischen den Angehörigen der verschiedenen Klassen römischer Bürger sowie unter den anderen Völkern des Imperiums. Durch die kulturell und politisch gewachsene Bedeutung der Familie erhielt auch die Beziehung zwischen den Ehegatten neues Gewicht. Die römischen Mythen, die vor allem die Tugend der Jungfräulichkeit bei unverheirateten und die der Treue bei verheirateten Frauen priesen, verstärkten die Haltung tiefer Ergebenheit gegenüber der Familie. Bestimmte römische Moralphilosophen und zuzeiten sogar die Gesetzgeber verlangten Treue auch vom Ehemann.

Parallel zu der erhöhten Wertschätzung der Familie kam es zu einer Verbesserung der Position der Frau. Die römische Frau gewann mehr Rechte und genoß ein weit höheres Maß an Freiheit, wirtschaftlicher Unabhängigkeit und sozialer Achtung als jemals zuvor. Es wurde ihr dadurch leichter gemacht, in einer Liebesbeziehung als gleichgestellter Partner aufzutreten. Sie hatte damit also wenigstens eine der Vorbedingungen der romantischen Liebe, nämlich die Gleichstellung, erreicht. Ein Verhältnis, in dem es Über- und Unterlegene, Herren und Untergeordnete gibt, kann nicht als romantische Liebe bezeichnet werden.

Römische Grabinschriften, Briefe von Eheleuten und gelegentliche Hinweise zeitgenössischer Beobachter der sozialen Verhältnisse zeigen, daß es bei manchen Paaren doch eine starke eheliche Verbundenheit und mitunter auch ein langdauerndes, harmonisches und sogar liebevolles Zusammenleben in der Ehe gab. Für Leidenschaft war jedoch auch in diesen Ehen kein Platz.

Auf dem Gipfel des römischen Weltreiches und während der Periode seines Niedergangs suchten Männer und Frauen das Erlebnis der Leidenschaft, der Verzauberung und

Faszination sexueller Beziehungen in außerehelichen Abenteuern und Liebesaffären der Art, wie der Dichter Ovid sie in seiner berühmten ‹*Ars amatoria*› besungen hat. Zu der Zeit, als das römische Weltreich den Höhepunkt seiner Macht erlebte, war der Ehebruch bei beiden Geschlechtern weitverbreitet und als notwendige Maßnahme zur Bekämpfung der Langeweile des Daseins allgemein akzeptiert. Die römischen Aristokraten gaben sich dem fade gewordenen, hektischen Sinnestaumel hin, den wir als «Zustände wie im alten Rom» bezeichnen und in dem Liebe und Haß, Anziehung und Ekel, Begierde und Feindseligkeit eine verderbte Mischung eingehen. Die berühmtesten römischen literarischen Darstellungen romantischer Liebesleidenschaft, Ovids ‹*Ars amatoria*› und Catulls Liebesgedichte zeigen Liebende, die völlig im Sinnenrausch verstrickt sind und sich gegenseitig mit Treulosigkeiten und ausgeklügelten Machtspielen quälen. In einer ganzen Reihe gehässiger literarischer Klagelieder wird insbesondere die tyrannische Begierde erst neu zu Macht gelangter Frauen angeprangert, wie etwa in Juvenals sechster Satire, wo die Ehefrau als Despotin geschildert wird, vor allem wenn ihr Gatte gütig und liebevoll zu ihr ist. Die Frauen nennt Juvenal von Natur aus grausam: sie quälen ihren Gatten, peitschen die Diener und genießen es, die Sklaven halbtot schlagen zu lassen. Ihre geschlechtlichen Lüste sind abscheulich – sie gieren nach Sklaven, Schauspielern und Gladiatoren; ihre Versuche, zu singen und zu musizieren, sind jämmerlich; ihre Unersättlichkeit im Essen und Trinken ist widerwärtig und ekelhaft für den Mann.

In derselben Kultur, die zum erstenmal das Ideal häuslichen Glückes und wechselseitiger Achtung zwischen Mann und Frau hervorgebracht und hochkomplizierte Formen ehelichen Zusammenlebens institutionalisiert hat, erscheinen Leidenschaft und liebevolle zwischenmenschliche Beziehungen demnach als einander entgegengesetzte Pole. Die Verschmelzung von Sexualität und Liebe, ohne die unsere moderne Auffassung der romantischen Liebe nicht denkbar ist, wurde mit den Augen des Zynikers betrachtet, sofern sie überhaupt als möglich erkannt wurde.

Die Botschaft des Christentums: Keusche Liebe

Im zweiten und dritten Jahrhundert, als das Römische Reich immer tiefer in Dekadenz versank, begann sich im Abendland eine neue kulturelle und historische Kraft bemerkbar zu machen, eine Kraft, die das Mann-Frau-Verhältnis ebenso stark prägen sollte wie die übrigen Bereiche der abendländischen Kultur – das Christentum. Der Wesenskern dieser neuen Religion war ein tiefeingewurzelter Geist der Askese, eine heftige Ablehnung der menschlichen Sexualität und eine geradezu fanatische Verachtung des irdischen Lebens. Lustfeindlichkeit – und dabei vor allem die Abwehr sexueller Lust – war in dieser neuen Religion nicht nur ein Aspekt unter vielen, sondern grundlegender und zentraler Glaubensinhalt. Die Feindseligkeit, mit der die Kirche allem Geschlechtlichen gegenüberstand, wurzelte in der Ablehnung der physischen – der irdischen – Existenz und in dem Glauben, sinnliche Freuden und Genuß im Erdenleben bedeuteten unweigerlich Verdammnis der Seele. Während derartige Glaubenssätze durch die Lehren der Stoa, des Neuplatonismus und der orientalischen Mystik in der römischen Welt bereits bekannt waren, sprach das Christentum die diesen Anschauungen zugrundeliegenden Gefühlsbedürfnisse an. Aufbauend auf dem wachsenden Abscheu vor der Geistlosigkeit und Dekadenz der Zeit bot es sich als Mittel zur sittlichen und moralischen Läuterung der Menschen an.

Paulus erhob die griechische Auffassung des Leib-Seele-Gegensatzes zu einer Bedeutung, wie das Abendland sie bislang noch nicht gekannt hatte. Die Seele, so verkündete er, sei eine vom Körper getrennte Wesenheit, die das Körperliche transzendiere und deren eigentliche Lebenssphäre weit über die Belange des Leibes und des irdischen Lebens hinausreiche. Der Leib sei nichts als das Gefängnis, in dem die Seele gefangen sei. Der Leib sei es, der den Menschen zur Sünde, zur Jagd nach Vergnügen, nach sexueller Lust verführe.

Konsequenterweise stellte das Christentum für Männer und Frauen ein Liebesideal auf, das auf völliger Selbstlosigkeit und Keuschheit beruhte. Liebe und Sexualität, so wurde erklärt, seien entgegengesetzte Pole; die Quelle der Liebe sei Gott; die Quelle der Sexualität hingegen sei der Teufel.

«Es ist dem Menschen gut, daß er kein Weib berühre», predigte Paulus und setzte, für den Fall, daß es ihm an der nötigen Selbstbeherrschung mangele, hinzu: «Es ist besser freien, denn Brunst leiden.»

Sexuelle Enthaltsamkeit wurde zum moralischen Vorbild erklärt. Die Ehe, die man später als «Medizin gegen die Unmoral» bezeichnete, war das Zugeständnis, das die christliche Kirche der Verderbtheit der menschlichen Natur widerwillig einräumte und durch die das Keuschheitsideal überhaupt erst erreichbar wurde. Taylor (1970) schreibt dazu: «Die mittelalterliche Kirche war in peinlicher Weise von der Sexualität besessen. Sexuelles Verhalten beherrschte ihr Denken in einer Weise, die wir als pathologisch bezeichnen würden. Das Ideal, das sie aufstellte – so darf man wohl sagen –, war in erster Linie ein sexuelles Ideal.

Dieses Ideal war in höchstem Maße konsequent und kam in dem auf das sorgfältigste ausgearbeiteten Sittenkodex und seinen Vorschriften zum Ausdruck. Dieser Kodex basierte schlechthin auf dem Grundsatz, daß der Geschlechtsakt wie die Pest zu meiden sei und in jedem Fall eine hochbedauerliche Notwendigkeit bleibe. Jedermann wurde ermahnt, ihn ganz zu vermeiden, auch die Verheirateten. Wer zu solch einer heroischen Selbstverleugnung nicht fähig war, hatte ein riesiges Netz von Vorschriften zu beachten, deren ausschließlicher Zweck darin bestand, den Sexualakt zu einer möglichst unerfreulichen Angelegenheit zu machen und ihn einzuschränken – das bedeutet, ihn ausschließlich als Zeugungsakt bestehen zu lassen. Als verdammungswürdig galt nicht der Sexualakt an sich, sondern die Lust, die damit verbunden war. Und diese Lust blieb verdammungswürdig, selbst wenn der Akt nur dem Zweck der Zeugung diente ...

Nicht nur der Genuß des Sexualaktes wurde für sündig gehalten, sondern schon die Wunschgefühle für eine Person des anderen Geschlechts, selbst wenn sie keine Erfüllung fanden. Da die Liebe eines Mannes zu einer Frau als reine Begierde galt, führte dies zu der logischen Forderung, daß ein Mann seine Frau nicht begehren dürfe. So behauptet der Scholastiker Petrus Lombardus: «... tatsächlich, seine Frau zu sehr zu lieben sei für einen Mann eine größere Sünde als Ehebruch ...»

Abgesehen von ihrer Funktion als «Gegenmittel gegen die Unmoral» wurde die Ehe im Mittelalter im wesentlichen immer noch als wirtschaftlich und politisch bedeutsame Institution betrachtet, obwohl die Kirche sie zu einem Sakrament erklärt hatte. Bis zum Ende des sechsten Jahrhunderts hatte die Kirche jedoch auch die politische Entscheidungsgewalt über die Ehen übernommen, genauso wie sie ihre Autorität in anderen Bereichen des weltlichen Lebens geltend machte. Sie hatte die Macht, die Beziehungen der Geschlechter streng und vollkommen lückenlos zu reglementieren. Die Kirche setzte sich selbst an die Stelle der Eltern, was die Vermittlung und Genehmigung der Heiraten anging, und sie verbot Scheidung und Wiederverheiratung ohne päpstlichen Dispens.

Bis heute kaum beachtet und doch besonders aufschlußreich für die Haltung der Kirche ist die Tatsache, daß die harmonische Vereinigung von Liebe und Sex nicht als hohes Ideal, sondern als Laster angesehen wurde: «In den Augen der Kirche war nämlich für einen Priester die Ehe ein schlimmeres Verbrechen, als sich eine Geliebte zu halten, und sich eine Geliebte zu halten war wiederum schlimmer als gelegentliche Hurerei – genau das Gegenteil der weltlichen moralischen Auffassungen, die auf die Qualität und die Dauer der menschlichen Beziehungen Wert legen. Wenn man beschuldigt wurde, verheiratet zu sein, zahlte sich stets der Hinweis aus, daß man sich nur in ein zufälliges und vorübergehendes Verhältnis eingelassen hätte; dies zog eine leichtere Strafe nach sich, während eine dauerhafte Verbindung den Ausschluß aus der Kirche zur Folge haben konnte.» (Taylor)

In den Augen der Kirche des Mittelalters war es keine schlimme Sünde, wenn ein Priester mit einer Hure Unzucht trieb. Wenn ein Priester sich jedoch verliebte und heiraten wollte, das heißt, wenn er versuchte, sein Geschlechtsleben als Ausdruck seiner ganzen Person in seine Lebensführung zu integrieren, dann beging er einen schweren Fehltritt.

Es ist bezeichnend, daß die Kirche ihren glühendsten

Zorn nicht gegen die Unzucht, sondern gegen die Onanie wandte. In der Masturbation erfährt der Mensch zum erstenmal das Lustpotential seines – männlichen oder weiblichen – Körpers; davon abgesehen ist die Selbstbefriedigung ein vollkommen «selbstsüchtiger» Akt, der nur dem Masturbierenden selbst dient. Sie ist der Akt, durch den manch einer Formen der Ekstase kennenlernt, die mit den von der Religion verheißenen nicht viel zu tun haben.

Der fundamentalen Sexualitätsfeindlichkeit der Kirche lief eine ebenso fundamentale Frauenfeindlichkeit parallel. Durch den Aufstieg des Christentums im mittelalterlichen Europa büßten die Frauen praktisch alle Rechte, die sie unter den Römern gewonnen hatten, wieder ein; sie galten nun als Vasallen ihres Ehemannes, dem sie sich in jeglicher Hinsicht unterzuordnen hatten; oder, etwas genauer gesagt, sie galten als Haustiere. Man führte gelehrte Dispute über die Frage, ob Frauen überhaupt eine Seele besäßen. Nach der christlichen Lehre entspricht das angemessene Verhältnis der Frau zum Mann dem Verhältnis des Menschen zu Gott: So wie der Mensch Gott als seinen Herrn annehmen und sich seinem Willen bedingungslos unterwerfen muß, so muß auch die Frau den Mann als ihren Herrn anerkennen und sich bedingungslos seinem Willen unterwerfen. Die völlige Unterwerfung der Frau wurde vor allem damit begründet, daß Eva Adam zum Sündenfall verführt und dadurch alles Leid, was seither über die Menschheit kam, verschuldet habe.

Im Mittelalter kam später noch eine andere Sicht des Weiblichen auf, die neben die bisherige Auffassung trat. Demnach ist die Frau immer eine Verkörperung der Eva, der sexuellen Verführerin, die den Sündenfall der Menschheit verursachte. Auf der anderen Seite verkörpert die Frau aber auch die Gestalt der Jungfrau Maria, des Symbols der Reinheit, die Frau, die die Seele des Mannes läutert und erhebt. Die beiden Frauentypen der Hure und der Jungfrau oder auch der Hure und der Madonna haben seither das Bild der Frau in der abendländischen Kultur bestimmt.

In moderner Form lautet die Zweiteilung so: Hier ist die Frau, die man begehrt, und da ist die, die man bewundert; mit der einen Frau geht man ins Bett, mit der anderen zum Traualtar.

Auch in dieser Haltung gegenüber der Frau zeigt sich die unbedingte Ablehnung, mit der das Christentum einer Form der Liebesbeziehung begegnete, die Begehren und Bewunderung, körperliche und seelische Anziehung miteinander vereint und auf wesensmäßiger Gleichwertigkeit beider Partner beruht. Im Grunde genommen war das Christentum stets ein erbitterter Gegner der romantischen Liebe.

Wenn wir die Ziele zu erreichen suchen, die wir selbst für gut und erstrebenswert halten, wenn wir durch eigene Entscheidung den Verlauf unseres Lebens selbst bestimmen und wenn wir uns den Genuß sexueller Freuden nicht rauben lassen, dann tun wir in all diesen Akten, ohne die wir keine romantische Liebesbeziehung beginnen und aufrechterhalten können, nichts anderes, als *uns selbst* mit unseren Wünschen, Rechten und Interessen *durchzusetzen*. Alle diese Akte des Sichselbstdurchsetzens werden jedoch von der christlichen Lehre verurteilt.

Der Minnedienst als primitive Vorstufe der romantischen Liebe

Angesichts der im Mittelalter herrschenden unmenschlich grausamen Sexualunterdrückung und der strikten Reglementierung der Ehe durch die Kirche kann es nicht verwundern, daß die ersten tastenden Bemühungen um ein besseres Verständnis der Geschlechterbeziehungen zunächst in Form des eigenartigen Gemischs aus unterschiedlichen Anschauungen über Liebe und Ehe auftraten, die wir als «Minne» kennen. Die Lehre vom Minnedienst war im elften Jahrhundert in Südfrankreich von den Troubadours und Dichtern an den Höfen des Adels entwickelt worden. Häufig wurden die Adelshöfe von den Frauen der Ritter regiert, da ihre Männer die Kreuzzüge ins Heilige Land unternahmen.

Der Minnesang verkündet das Ideal einer veredelnden Liebesleidenschaft zwischen Mann und Frau, und zwar nicht zwischen Eheleuten, sondern zwischen einem Mann und der Ehefrau eines anderen. Die Liebe, die hier als sinnliche und geistige Anziehung verstanden wurde, war also ausdrücklich auf außereheliche Verbindungen beschränkt. Damit hielt der Minnedienst an dem jahrhundertealten, trostlosen Bild der Ehe fest, das in Europa vorherrschend war. Es bestehen erhebliche Meinungsunterschiede darüber, inwieweit der Minnedienst (oder die «höfische Liebe», wie er auch genannt wird) ein reales oder nur ein literarisches Phänomen war; die Tatsache, daß er geschichtlich belegt ist, zeigt jedoch, daß er im Denken des Mittelalters eine Rolle gespielt hat.

In dem von der Gräfin von Champagne 1174 verkündeten «Liebeskodex» sind die einzelnen Leitsätze der Minne in literarischer Form niedergelegt: 1. Verheiratetsein ist keine

Rechtfertigung dafür, nicht zu lieben (das heißt, jemand anderen als den eigenen Gatten zu lieben) ... 3. Niemand kann sich an zwei Geliebte zugleich binden ... 8. Niemand darf ohne triftigen Grund von seiner Liebe getrennt werden. 9. Niemand kann lieben, wenn er nicht von der Hoffnung beseelt ist, wiedergeliebt zu werden ... 13. Liebe, von der jedermann weiß, ist selten von Dauer. 14. Eine leichte Eroberung würdigt die Liebe herab, eine schwierige macht sie begehrenswert ... 17. Eine neue Liebe läßt einen die alte verlassen ... 19. Wenn die Liebe abnimmt, stirbt sie rasch und erholt sich selten. 20. Wer zur Liebe neigt, neigt immer auch zur Furcht. 21. Echte Eifersucht erhöht stets den Wert der Liebe. 22. Durch Argwohn und die Eifersucht, die sich daran entzündet, erhöht sich der Wert der Liebe ... 25. Der wahre Liebende achtet alles gering, was dem Geliebten nicht gefällt. 26. Liebe verweigert dem Geliebten nichts ... 28. Der leiseste Anschein treibt den Liebenden dazu, den Geliebten zu verdächtigen ... (nach Langdon-Davies)

In dem berühmten Kodex heißt es weiter: «Wir erklären hiermit und tun jedermann kund, daß die Liebe ihre Macht nicht über zwei Verheiratete ausdehnen kann, denn die Liebenden müssen sich wechselseitig und freiwillig alles geben, ohne daß irgendeine äußere Notwendigkeit sie dazu zwingt, während Ehemann und Ehefrau dazu verpflichtet sind, miteinander auszukommen und sich gegenseitig nichts zu verweigern. Möget ihr dieses Urteil, zu dem wir nach langer Prüfung und Beratung mit einer großen Zahl anderer Damen gekommen sind, als die reine und unumstößliche Wahrheit erkennen.»

Trotz ihres teilweise naiven Charakters enthalten die Anschauungen der Minne, so wie sie sich in ihrem Idealbild der Liebe ausdrücken, drei Grundsätze, die wir in unserer heutigen Vorstellung der romantischen Liebe wiederfinden:

Echte Liebe zwischen Mann und Frau setzt die freie Entscheidung jedes der Beteiligten voraus; bei Unterwerfung unter familiäre, gesellschaftliche oder religiöse Autoritäten kann sie sich nicht entfalten. Eine derartige Liebe beruht auf Bewunderung und gegenseitiger Achtung. Sie stellt keine müßige Zerstreuung dar, sondern ist von hoher Wichtigkeit für das eigene Leben. Von daher gesehen haben die Historiker recht, wenn sie die Lehren des Minnedienstes als den Ursprung unseres modernen Begriffes der romantischen Liebe bezeichnen.

Doch bleibt die höfische Minne weit hinter jeder reifen Form der romantischen Liebe zurück, und zwar nicht nur wegen des groben Mangels an psychologischem Realitätssinn, der hier nur kurz gestreift wurde, sondern wegen ihres vollkommenen Unvermögens, Liebe und Sexualität auf einen Nenner zu bringen. Der Minnedienst gegenüber einer hohen Dame wurde in dem Maße idealisiert, in dem die Liebe niemals körperlich vollzogen wurde. Der Wert des Liebesverhältnisses bemaß sich nach der inneren Veredelung des Liebenden, der dazu angeregt wurde, tugendhafte und kühne Taten zu vollbringen, um die Liebe seiner zum Ideal erhobenen Dame zu erringen; für die Dame lag er in der Tatsache, daß sie die Quelle derartiger Verfeinerung darstellte. Das Streben und die Leidenschaft näherten sich aus unerfülltem und unbefriedigtem Begehren; nur selten wird berichtet, daß eine derartige Liebesbeziehung den körperlichen Vollzug überlebte. So endeten die Liebesverhältnisse von Lanzelot und Ginevra und Tristan und Isolde, den berühmtesten Liebenden des Minnedienstes, in körperlicher Vereinigung – und Schuld und Verzweiflung.* Ein

* Literarische Werke, in denen körperlich vollzogene Geschlechterbeziehungen dargestellt wurden, wurden von der Kirche gebannt.

solches Verständnis der Liebe war nichts für Männer und Frauen, die wirklich auf Erden leben wollten.

Von der Renaissance zur Aufklärung: Die Verweltlichung der Liebe

Während der politischen, wirtschaftlichen, sozialen und kulturellen Umwälzungen, von denen die Zeit der Renaissance geprägt wurde, setzte sich die allmähliche Entwicklung in Richtung auf eine lustfreundlichere Auffassung der Geschlechterbeziehungen fort, jedoch ohne die grundsätzliche Sexual- und Frauenfeindlichkeit, die die ganze abendländische Kultur durchdrang, jemals ernsthaft in Frage zu stellen. Das mit dem Sexualakt verknüpfte fundamentale Schuldgefühl blieb unvermindert erhalten. Der Leib-Seele-Gegensatz bestand unangefochten weiter.

Durch den Aufstieg des Protestantismus ging sowohl die Autorität als auch die Machtstellung der Kirche zurück, und die Ehe wurde in zunehmendem Maße als notwendige Einrichtung anerkannt. Doch in ungebrochenem Abscheu vor der menschlichen Sexualität stellten selbst die Vertreter der Reformation die Ehelosigkeit über die fleischlich vollzogene Ehe. Unter der Herrschaft Calvins wurde Hurerei mit Vertreibung und Ehebruch mit Tod durch Ertränken oder Enthauptung geahndet.

Der Sinn der Ehe wurde in der Zeugung von Nachkommen und in der Zügelung der Unkeuschheit gesehen. Sexuelle Betätigung galt als sündig, aber ununterdrückbar, und Luther behauptete, daß Gott innerhalb der Ehe «die Sünde bedecke».

Seit der Renaissance wurde die Kultur des Abendlandes immer weltlicher. Der Aufschwung des Handels und das allmähliche Entstehen einer Mittelschicht wurden von einer neuen Hinwendung zu den Möglichkeiten und Werten der irdischen Existenz begleitet. Die kategorische Ablehnung der Freuden des weltlichen Lebens durch die Religion wurde langsam und fast unmerklich erschüttert. Man fing an, die Ehe als eigenständige Institution und wertvolle zwischenmenschliche Beziehung höherzuschätzen. Die führenden Köpfe des fünfzehnten, sechzehnten und siebzehnten Jahrhunderts vertraten die Ansicht, die Ehen sollten von den Familien nach vernünftigen Gesichtspunkten, das heißt nach Gesichtspunkten, die außerhalb des Eigeninteresses der Beteiligten lagen, arrangiert werden. In dieser Hinsicht wurde also die bestehende Tradition weitergeführt, vielleicht mit dem einzigen Unterschied, daß es zeitgemäßer war, sich dabei auf die Vernunft zu berufen.

In einem Großteil der Literatur der damaligen Zeit und namentlich in Shakespeares Theaterstücken wurde die Liebe jedoch als wesentliche Vorbedingung der Ehe gewürdigt. Ein paar Dichter, darunter Agrippa von Nettesheim, äußerten sogar die Ansicht, «die Liebe, nicht die Menge der Güter, soll die Grundlage der Ehe sein», und der Ehemann solle «eine Frau und nicht ihr Gewand wählen; die Frau soll geheiratet werden, nicht ihre Mitgift». Zu denen, die sich am leidenschaftlichsten und radikalsten über die Problematik der Geschlechterbeziehung äußerten, zählt der berühmte englische Dichter John Milton (1563–1647), der dafür eintrat, die Scheidung zu erlauben. Gerechte Scheidungsgründe waren seiner Auffassung nach: «Indisposition, mangelnde Eignung oder Unvereinbarkeit des Denkens, wenn sie eine Ursache haben, die ihrer Natur nach nicht zu ändern ist, und damit jetzt und für immer die großen Segnungen der ehelichen Gemeinschaft verhindern, als da sind Trost und Frieden» (Hunt). (Man beachte: nicht Faszination, nicht Entzücken, nicht Ekstase, sondern Trost und Frieden!)

Man suchte in jener Zeit vermehrt nach Wegen, Liebe und Ehe miteinander zu verbinden, einen Raum zu schaffen, in dem die Regungen der menschlichen Sexualität in akzeptabler Weise gelebt und Liebe, Zärtlichkeit und Zuneigung mit sexuellem Begehren vereinbart werden konnten. Trotz dieser beginnenden Neuorientierung blieb der Puritanismus, der in zahlreichen Staaten des Abendlandes den beherrschenden Einfluß der katholischen Kirche ablöste, in einer liebesfeindlichen Geringschätzung irdischer Werte und grob unterdrückenden Reglementierung des Sexualverhaltens verhaftet.

Im späten siebzehnten und achtzehnten Jahrhundert entstand unter den Gebildeten eine außerordentlich starke Gegenbewegung gegen den Puritanismus und insgesamt eine heftige Ablehnung der Macht der Kirche in Gesellschaft und Politik. Was das Feld der Beziehungen zwischen Mann und Frau anging, lief der «Aufstand» jedoch auf eine uneingestandene Kapitulation hinaus. «Aus Protest» gegen die Religion sahen die Schriftsteller und Denker der Epoche, die später als «Zeitalter der Vernunft» bezeichnet werden sollte, im Menschen nun nicht mehr einen Sünder, sondern tatsächlich nur noch ein liebenswürdiges Tier, das vielleicht schwach, aber keineswegs (im Sinne der Religion) verderbt war. Sex war eine Art Sport, ein Abenteuer, hinter dem genauso wenig geistige Bedeutung steckte wie hinter dem Herumtollen und Spielen junger Tiere.

Das Zeitalter der Vernunft brachte Ideen wie die der «vernunftgemäßen Perversion» hervor, deren Verfechter, die Schriftsteller Diderot und der Marquis de Sade, ihrerseits zahlreiche der romantischen Schriftsteller des neunzehnten Jahrhunderts beeinflussen sollten. Immer «aus Protest» gegen die religiöse Moral verherrlichte diese Denkrichtung die sexuelle Grausamkeit. «In der Tat ist Diderot einer der bedeutendsten Vorkämpfer jenes *système de la nature*, welches zu den logischen Konsequenzen des Materialismus führt und das unbestrittene Recht des Individuums auf Glück und Vergnügen gegenüber der Tyrannei von Moral und Religion verkündet, gleichzeitig aber im Namen der Natur die Rechtfertigung sexueller Perversionen vorbereitet.» (Praz 1951)

Ohne den Hinweis auf die mechanistische Weltsicht, die durch die moderne Naturwissenschaft aufgekommen war, bleibt das Menschenbild dieser Epoche unverständlich. In einem allein von physikalischen Ursachen und Wirkungen regierten Newtonschen Universum, in dem alles letztlich auf die blinde Bewegung von Teilchen im Raum reduzierbar war, konnten auch der menschliche Geist oder gar das Grundphänomen des Lebens nur als bedeutungslos begriffen werden. Die Denker und Deuter, die unter dem Einfluß dieser neuen Realitätssicht menschliches Verhalten zu ergründen versuchten, bauten ihre Theorien auf mechanistisch-deterministischen Voraussetzungen auf und suchten die Beweggründe menschlichen Verhaltens in den primitiven tierischen Ursprüngen der Menschheit oder in der Rolle, die der einzelne im Geflecht der gesellschaftlichen Kräfte spielt; sie versuchten, die augenscheinliche Vielschichtigkeit menschlicher Wünsche und Verhaltensweisen auf starre physikalische Gesetzmäßigkeiten zurückzuführen. Aus diesem Blickwinkel erschien die Vorstellung einer leidenschaftlichen geistigen Bindung zwischen Mann und Frau als lächerlich «unwissenschaftlich», als irregeleiteter Versuch, einen rein körperlichen Paarungstrieb zu überhöhen.

Im Zeitalter der Vernunft lebte der alte Gegensatz zwischen Vernunft und Leidenschaft in voller Stärke wieder auf. Verachtung für das Gefühl wurde zum Kennzeichen des Rationalisten. Liebe, so sagte Jonathan Swift, sei «eine lächerliche Leidenschaft, die nur in Theaterstücken und Romanen existiert» (Hunt). Und für den französischen Moralisten Chamfort bestand sie lediglich in dem «Kontakt einer Epidermis mit einer andern». Im Aufbegehren gegen die vorgeblich höheren Werte der Religion, deren Durchsetzung zur Unterdrückung führte, lehnte man nun die Vorstellung, in menschlichen Beziehungen höhere Werte anstreben zu können, rundheraus ab – und das unglückseligerweise ausgerechnet im Namen der Vernunft. Die Denker jener Zeit ließen den Monopolanspruch der Kirche auf Steigerung des Lebensgefühls und Ekstase unangetastet – sie verzichteten einfach auf solche Gefühle.

Doch genau wie die früheren Kulturepochen, die zwischen Vernunft und Gefühl, zwischen geistig-intellektuellen Werten und leidenschaftlich-sinnlicher Erfahrung eine unüberbrückbare Kluft gesehen hatten, war auch die Kultur des Vernunftzeitalters besessen von den Leidenschaften, die sie zu verleugnen suchte. «Und doch, trotz seiner Nichtachtung für Gefühle» – so Hunt – «und seines hartnäckigen Bestrebens, daß der Intellekt die Handlungen der Menschen bestimmen müsse, war das Zeitalter der Vernunft von der Liebe besessen oder vielmehr von jener besonderen Spielart, die man ‹Galanterie› nennt – einer gesellschaftlich geforderten, komplizierten und rituellen Routine von Flirt, Verführung und Ehebruch. Die Geschichte der Liebe kennt viele Rätsel, aber keines ist faszinierender als das, daß dieselben Frauen und Männer, die so vornehm von der Unterwerfung ihrer Leidenschaften durch die Vernunft sprachen, gleichzeitig hilflos einer Lebensweise verfallen waren, die sie zwang, Zeit und Geld auf amouröse Intrigen zu verschwenden und ihre Gesundheit in lasterhaften Exzessen zugrunde zu richten.»

Die Liebe war ein Spiel, ein amüsanter Zeitvertreib. Verführung und Ehebruch galten als Unterhaltung. Frauen hatte man zu schmeicheln, man durfte sie täuschen, manipulieren, als Spielzeug benutzen – nur ernstnehmen durfte man sie nicht. Philip Dormer Stanhope, der vierte Earl of Chesterfield, schrieb an seinen Sohn: «Frauen sind Kinder von größerem Wuchs; ihr Geschwätz ist unterhaltend, manchmal witzig; aber was einen soliden, vernünftigen Menschenverstand anlangt, den habe ich in meinem ganzen Leben bei keiner angetroffen.»

Es liegt auf der Hand, daß derartige Frauenverachtung nicht mit romantischer Liebe einhergehen konnte. Wenn der Gegenstand männlicher Leidenschaft nicht ernstgenommen werden darf, dann kann diese Leidenschaft selbst kaum eine ernste Sache sein.

Unter den damals in England und auf dem Kontinent anzutreffenden kulturellen Bedingungen dürften die Ehen in der Regel kaum auf Liebe gegründet gewesen sein. Es gab jedoch zweifellos Ausnahmen – so wie es sie zu allen Zeiten gegeben hat. Hier wie auch sonst haben wir es aber vor allem mit allgemein vorherrschenden kulturellen Tendenzen zu tun.

Daß der Gedanke eines weltlichen Glücks seit der Renaissance immer stärker an Boden gewann, spiegelt sich in der damals aufkommenden Vorstellung, daß verheiratete Paare sich *nach* der Eheschließung lieben lernen könnten. Allmählich begann sich die Überzeugung zu verbreiten, daß *ein gewisser Grad* an ehelichem Glück rechtmäßig zu erwarten sei. In der Hauptsache wurden die Ehen jedoch immer noch nach wirtschaftlichen oder politischen Gesichtspunkten, also mit Blick auf Geld, Sicherheit und Macht von den Familien geschlossen.

Im Bereich der Beziehungen zwischen den Geschlechtern sind die Denker der Aufklärung demnach nicht mit Ideen hervorgetreten, die sich von denen früherer Zeiten wesentlich unterschieden oder ihnen gar Neues hinzugefügt hätten. Indem die Aufklärung die jahrhundertealte Spaltung der Person in die zwei auseinanderstrebenden Hälften von Leib und Seele akzeptierte, sorgte sie zugleich dafür, daß physische Leidenschaft und geistige Wertschätzung in den Beziehungen zwischen Männern und Frauen nach wie vor getrennt blieben.

Industrialisierung, Kapitalismus und eine neue Sichtweise der Geschlechterbeziehungen

In anderen Wissensgebieten, namentlich im Bereich der Naturwissenschaften und der politischen Philosophie, machte der menschliche Verstand jedoch beispiellose und sensationelle Fortschritte.

Die Epoche der beginnenden Industrialisierung war eine Zeit, in der die Entdeckungen in den verschiedenen Forschungsbereichen schlagartig aufeinander folgten. Die Naturwissenschaft erklärte den Menschen für fähig, der Natur ihre Geheimnisse allein durch seinen Verstand zu entreißen und die Gebiete zu erhellen, die durch die Denkverbote der Kirche jahrhundertelang im Dunkel gelegen hatten. Und nach Jahrhunderten, in denen eine Form der Tyrannei die andere abgelöst hatte, brachten die Philosophen den Gedanken der Menschenrechte in die Politik ein. Beide Entwicklungen sollten sich später im neunzehnten und zwanzigsten Jahrhundert einschneidend auf den Bereich der Geschlechterbeziehungen auswirken.

Die Vorstellung von der romantischen Liebe als allgemeingültigem kulturellem Wert und Idealvoraussetzung der Ehe bildete sich im neunzehnten Jahrhundert. Sie ist das Produkt einer vorwiegend weltlich und individualistisch ausgerichteten, das Erdenleben und persönliche Glück des einzelnen ausdrücklich bejahenden und hochschätzenden Kultur, einer Kultur, wie sie sich in der abendländischen Welt – und dabei am deutlichsten in den USA – seit Beginn der Industriellen Revolution und der Entstehung des kapitalistischen Wirtschaftssystems zu entfalten begonnen hatte.

Wir können die Entwicklung der romantischen Liebe zum Kulturideal nicht verstehen, wenn wir uns nicht die größeren politökonomischen Zusammenhänge jener Zeit vergegenwärtigen – denn die ökonomischen Umwälzungen jener Zeit hatten auch die Vorstellung der Menschen von den auf Erden erreichbaren Möglichkeiten radikal verändert.

Durch die Bewegung der Aufklärung, durch die Industrielle Revolution und den Aufstieg des Kapitalismus im neunzehnten Jahrhundert, durch den Zusammenbruch des absolutistischen Staates und die Entwicklung einer marktwirtschaftlich aufgebauten Gesellschaft wurden die Menschen Zeuge, wie auf einmal produktive Energien freiwurden, für die es bisher kein Betätigungsfeld gegeben hatte. Es gab nun Lebensmöglichkeiten für viele Millionen Menschen, die in einer vorkapitalistischen Gesellschaft keine Überlebenschance gehabt hätten. Die Sterblichkeitsziffern fielen, während die Rate des Bevölkerungswachstums in schwindelerregende Höhen schnellte. Die Menschen genossen einen Lebensstandard, wie die Grafen der Feudalzeit ihn sich nicht hätten träumen lassen. Angesichts der stürmischen Entwicklung von Naturwissenschaft, Technik und industrieller Produktion erlebte die Menschheit zum erstenmal in der Geschichte, daß der von seinen Fesseln befreite menschliche Geist die Gestaltung der materiellen Lebensbedingungen selbst übernahm.

Der Aufbau der Industrien und der kapitalistischen Wirtschaft führte jedoch keineswegs nur zu einem raschen Anwachsen des Wohlstands. Zum erstenmal in der Menschheitsgeschichte wurde das Recht des Menschen auf *Freiheit des Glaubens und der Überzeugung* ausdrücklich anerkannt. Geistige und wirtschaftliche Freiheit wuchsen und erstarkten miteinander. Die Menschen hatten die angeborenen *Rechte* des Individuums entdeckt.

Der *Individualismus* war die schöpferische Kraft, die die Welt – und die menschlichen Beziehungen – revolutionierte.

In den Vereinigten Staaten von Amerika mit ihrem System der beschränkten, verfassungsmäßigen Regierung wurde das Grundprinzip des Kapitalismus – freier Handel auf einem freien Markt – am entschiedensten in die Tat umgesetzt. Im Amerika des neunzehnten Jahrhunderts konnten sich die Wirtschaftskräfte der Bürger *weitgehend* ungehindert von staatlichen Vorschriften, Kontrollen und Einschränkungen entfalten. In dem kurzen Zeitraum von einhundertfünfzig Jahren erreichten die USA einen Grad an Freiheit, Fortschritt, Bildung, Reichtum und physischem Komfort – einen Lebensstandard –, wie ihn die Menschheit noch nie gekannt hatte. Die Vereinigten Staaten boten die Voraussetzungen, in denen das Streben nach irdischem Glück natürlich, normal und möglich schien.

Kein geringerer Gegner des Kapitalismus als Friedrich Engels schreibt die kulturelle Aufwertung der frei gewählten Liebesbeziehung dem Aufkommen des Industriezeitalters und des freien Markts zu: «[Die kapitalistische Produktion] löste alle überkommenen, altherkömmlichen Verhältnisse auf, setzte an die Stelle der ererbten Sitte, des historischen Rechts ... den ‹freien› Vertrag ... Zum Vertragschließen gehören aber Leute, die frei über ihre Personen, Handlungen und Besitztümer verfügen können und die einander gleichberechtigt gegenüberstehn ... Und auf dem Papier, in der moralischen Theorie wie in der poetischen Schilderung, stand nichts unerschütterlicher fest, als daß jede Ehe unsittlich, die nicht auf gegenseitiger Geschlechtsliebe und wirklich freier Übereinkunft der Gatten beruht. Kurzum, die Liebesehe war proklamiert als Menschenrecht, und zwar nicht nur als droit de l'homme, sondern auch ausnahmsweise als droit de la femme.»

Wie das Engels-Zitat nahelegt, machte sich diese neue Entwicklung im Bereich der Geschlechterbeziehungen wohl am nachhaltigsten für die Frau bemerkbar. Die gesellschaftliche Anerkennung der Gleichheit der Geschlechter ist historisch in eben dem sozio-ökonomischen System verwurzelt, das Engels so tief verachtete. Wie wir gesehen haben, war die Familie vor dem Aufkommen des Kapitalismus für die meisten Menschen in erster Linie eine soziale Einheit, die das wirtschaftliche Überleben ermöglichen sollte. Da die meisten Menschen auf dem Lande lebten und eine große Familie eine große Zahl potentieller Arbeitskräfte bedeutete, war die Rolle der Frau als Gebärerin von grundlegender Bedeutung. Ihr wirtschaftliches Überleben hing von ihrer Gebärfunktion und, allgemeiner gesagt, von ihrer Beziehung zu einem Mann ab.

In der Industriegesellschaft mit ihren größer werdenden Städten wurden die geistigen Fähigkeiten des Menschen ungleich wichtiger als die körperlichen. In einer auf maschineller Produktion beruhenden Zivilisation hat die reine Körperkraft nur noch einen vergleichsweise geringen Überlebenswert. Schritt für Schritt und gegen einen Widerstand, der vor allem traditionsgebundener und religiöser und weniger politischer oder wirtschaftlicher Natur war, eröffneten sich die Frauen neue Möglichkeiten, ihren Lebensunterhalt selbst zu sichern.*

Die wirtschaftliche Selbständigkeit der Frauen, die sich im neunzehnten und zwanzigsten Jahrhundert weiter vergrößerte, führte unweigerlich zu ihrer sozialen und rechtlichen Unabhängigkeit und schuf damit die Voraussetzung, daß die Beziehung zwischen Mann und Frau in einem bisher noch nicht gekannten Ausmaß zu einer Beziehung zwischen Gleichgestellten werden konnte.

Die von der Religion geförderte Frauen- und Sexualfeindlichkeit war im neunzehnten Jahrhundert keineswegs verschwunden; obwohl ihr Einfluß allmählich zurückging, sind ihre Spuren bis tief ins zwanzigste Jahrhundert hinein zu verfolgen. Der Kampf ist in der Tat noch nicht beendet. Doch seit dem Aufkommen des Industriezeitalters, des Kapitalismus und der Philosophie des Individualismus ist das Ende des Sexual- und Frauenhasses unvermeidlich. Sexual-

* Es ist bedauerlich, daß viele Verfechter der Frauenrechte den Kapitalismus heute als ihren Feind ansehen; die historische Wahrheit dagegen ist, daß erst der Kapitalismus den Frauen die wirtschaftliche Unabhängigkeit ermöglicht hat. Der Kapitalismus mit seiner zugrunde liegenden Philosophie des Individualismus hat die Entstehung des zeitgenössischen Feminismus historisch unvermeidlich gemacht.

und Frauenfeindlichkeit ist heute zum Anachronismus geworden.

Seit den Anfängen der Industriellen Revolution haben zahlreiche Gesellschaftskritiker geklagt, der Kapitalismus habe die soziale Struktur der Feudalbeziehungen und die Institution der Familie zerstört. Sie haben davor gewarnt, daß die Unabhängigkeit, die die Menschen im Kapitalismus errungen haben, das Ende der Zivilisation bedeuten würde. Ein Stück weit haben sie recht: Eine neue Zivilisation, die sich radikal von allen bisher bekannten Zivilisationen unterscheidet, ist entstanden; eines ihrer Charakteristika besteht darin, daß Männer und Frauen sich nicht mehr aufgrund ökonomischer Notwendigkeiten entschließen, ihr Leben miteinander zu teilen, sondern aus der Erwartung heraus, miteinander Glück und emotionale Erfüllung zu finden.

Der Einfluß der romantischen Literatur

Die Anfänge der Industriellen Revolution fielen mit einer anderen Umwälzung zusammen, die im Bereich der Geschlechterbeziehungen nicht ohne Auswirkungen bleiben sollte. Es war dies die romantische Bewegung in der Literatur.

Die romantische Bewegung des späten achtzehnten und frühen neunzehnten Jahrhunderts vertrat eine Lebensauffassung, die die Grundüberzeugungen der abendländischen Kultur in Frage stellte. Die Romantik war erstens individualistisch: Sie betrachtete das Individuum als seinen eigenen Zweck und als freier Gestalter seines eigenen Lebensweges. Zweitens ging es der Romantik vor allem um die Wertorientierung des Menschen: Nach Ansicht der Romantiker wurde das menschliche Leben nicht so sehr von äußeren Gewalten (etwa der Gesellschaft oder irgendeiner metaphysischen Macht) oder einem der menschlichen Natur innewohnenden «tragischen Mangel» beherrscht, sondern von den Wertmaßstäben, die der einzelne sich selbst setzte. Im Kult der Leidenschaft, der Persönlichkeit und des Individuums liegen denn auch die Wesensmerkmale der Romantik.

Als eine literarische Schule war die Romantik Ausdruck für das stetige Vordringen des Individualismus. Die neue Bewegung fußte auf dem Gedanken, daß das Handeln der Menschen von den Werten, *für die sie selbst sich entscheiden*, bestimmt wird. Die *Wertmaßstäbe*, die das Denken und Verhalten der Menschen regieren, wurden als das bestimmende und grundlegende Element des Menschenlebens angesehen.

Wo es dem Minnesang vor allem auf die Vollendung der äußeren Form, auf die Beherrschung von Konvention und Ritual angekommen war, da kultivierten die Romantiker des neunzehnten Jahrhunderts Exzentrizität und «natürliche» Leidenschaftlichkeit. Liebe bestand für sie in der Vereinigung zweier höchst individualistischer Seelen, zwischen denen eine elementare geistige Übereinstimmung existierte, so daß dem Auffinden des «Seelenfreunds» oder der «Seelenfreundin», der Wahl des richtigen Partners, allergrößte Bedeutung zukam.

In solchen – wenn auch seltenen – Beziehungen erschien die Frau zum erstenmal als dem Mann an Geist und leidenschaftlichem Feuer ebenbürtig. Mary Wollstonecrafts 1792 erschienene Schrift *‹Verteidigung der Rechte der Frau›* verlangte die Anerkennung der rationalen und intellektuellen Fähigkeiten der Frau. Bei der Schilderung der Frau, die er liebt, sagt Byrons romantischer Held Manfred, sie besitze die gleichen großen Gaben wie er selbst: «She had the same lone thoughts and wanderings / The quest of hidden knowledge, and a mind / To comprehend the universe ... Auch bei ihr solch einsame und schweifende Gedanken, / die Suche nach verborgner Weisheit, und ein Verstand, / der nach dem Universum greift.»

Obwohl dieses Bild der Frau keineswegs das vorherrschende war (in der Literatur der Romantik wimmelt es von perversen, grausamen, melancholischen, schmachtenden und zuweilen sogar sadomasochistischen Helden und Heldinnen), betrachteten die Romantiker die ideale Liebesbeziehung zweifellos als eine Beziehung zwischen Partnern von gleichwertigen (wenn auch nicht identischen) Fähigkeiten und Eigenschaften.

Am lautesten proklamiert wurde die Notwendigkeit freier Partnerwahl von so radikalen Verfechtern der romantischen Lebensform wie dem englischen Dichter Shelley, der «die Freiheit der Liebe» verkündete und die Ehe als eine sozio-ökonomische Einrichtung zur Unterdrückung der Freiheit des Gefühls angriff. Ein für sein anstößiges Benehmen bekannter Kulturheros und Bürgerschreck wie Lord Byron bewies sein romantisches Lebensgefühl durch zahllose leidenschaftliche Liebesaffären und brüstete sich sogar mit angeblich blutschänderischen Beziehungen – auch dies ein Pochen auf die Notwendigkeit, sich seinen Liebespartner frei wählen zu dürfen. Es kam bei sexuellen Beziehungen weniger darauf an, daß das sexuelle Verlangen gesetzlich sanktioniert war, als daß es aus beiderseitiger Liebe erwuchs.

Gewöhnlich wird die Auswirkung der literarischen Bewegung der Romantik auf die Geschlechterbeziehungen aus den Liebesgeschichten hergeleitet, die in den Romanen, Theaterstücken und Gedichten der romantischen Dichter dargestellt sind. Doch wird bei dieser Sichtweise, sofern sie nicht durch andere Blickwinkel ergänzt wird, etwas vernachlässigt, was ich für die entscheidendere Quelle des Einflusses halte, den die Romantik ausgeübt hat. Die tiefere Erklärung für die Wirkung, die die Romantik im Bereich der Kultur, der kulturellen Ideale und Erwartungen ausgelöst hat, ergibt sich aus ihren implizit metaphysischen Positionen, das heißt aus ihrer Auffassung vom Leben, von der Welt, von der menschlichen Natur und den Möglichkeiten der menschlichen Existenz.

Vor dem Auftreten der romantischen Bewegung wurde die Literatur des westlichen Kulturkreises vom «Schicksalsmotiv» beherrscht. Ob trotzig aufbegehrend, ob traurig-resigniert, waren die Menschen in jedem Fall die Besiegten, Spielball eines unerbittlichen Schicksals außerhalb ihrer Macht, das den Gang ihres Lebens ohne Rücksicht auf ihre eigenen Entscheidungen, Wünsche und Handlungen bestimmte. In dieser oder jener Form hatten die Theaterstükke, epischen Gedichte, Sagen und Chroniken der vorromantischen Zeit stets die eine Botschaft verkündet: Der Mensch ist das hilflose Opfer seines Schicksals; er ist gefangen in einem Universum, das seinem Wünschen und Wollen feindlich gegenübersteht, und wenn dem Menschen einmal etwas gelingt, dann nicht durch seine eigenen Anstrengungen, sondern weil ihm die äußeren Umstände zufällig günstig sind. Dies war die Lebensauffassung, gegen die die Romantiker aufbegehrten.

Im romantischen, vor allem auf die Handlung abgestellten Roman wird der Lebenslauf der Figuren dagegen von ihrem selbstgesteckten Ziel bestimmt, das sie durch eine Reihe schwerwiegender Probleme, Hindernisse und Konflikte – Konflikte zwischen den unterschiedlichen Wertbezügen der Romangestalten, Konflikte mit den Werten und Zielen anderer, oder beides – verfolgen, bis die Kette der untereinander mannigfach verknüpften Ereignisse schließlich ihren Höhepunkt und damit die endgültige Lösung erreicht. Die daraus zu ziehende philosophische Schlußfolgerung besagt natürlich, daß unser Leben in unserer Hand liegt, daß wir selbst unser Schicksal gestalten und daß die *Freiheit, zu wählen* die Grundtatsache unseres Lebens ist. Hierin liegt der engste Berührungspunkt zwischen der Romantik in der Literatur und der romantischen Liebe, so wie wir sie heute verstehen.

Unglücklicherweise gerieten die Schriftsteller, die diese Sicht der menschlichen Situation mit Leben zu erfüllen suchten, in eine Sackgasse: Bewußt oder unbewußt entdeckten sie, daß die Werte der traditionellen Moral hier auf Erden nicht anwendbar, nicht praktikabel waren, daß sie nicht wirklich gelebt werden und als Richtschnur für Glück und Erfolg dienen konnten. Dies ist der Grund, warum so viele Romane der Romantik, in denen sich ein im wesentlichen humanistisches und diesseitiges Lebensgefühl ausdrückt, tragisch enden, wie etwa Victor Hugos *‹Der Glöckner von Notre-Dame›* und *‹Die lachende Maske›*. Dies ist ebenfalls der Grund, warum so viele Romane der Romantik in der Vergangenheit, in weit zurückliegenden Geschichtsepochen – dabei mit deutlicher Bevorzugung des Mittelalters – spielen, wie die Romane von Walter Scott oder die historischen Trivialromane von heute, die zu den letzten Ausläufern der romantischen Strömung gehören. Ein Roman, der sich so wie Victor Hugos *‹Die Elenden›* mit aktuellen Zeitproblemen befaßt, bleibt eine seltene Ausnahme. Indem sie den Gegenwartsproblemen auswichen, widersprachen die Romantiker ihrer eigenen, wenn auch unausgesprochenen, grundlegenden philosophischen Überzeugung von der Wirksamkeit des Menschen – sie betrachteten den Menschen als (manchmal) heroisch, das Leben aber als (so gut wie immer) tragisch. Sie waren nicht imstande, die Erfüllung des Individuums auf Erden klar und anschaulich darzustellen; weder die traditionellen Werte der Religion noch die herausfordernd subjektiven (und häufig kraß irrationalen) Wertsetzungen der Romantiker waren geeignet, die Erfüllung des Menschenlebens zu motivieren.

Indem sie in die historische Vergangenheit und in Romane von unerträglich weltfremder Sentimentalität flüchteten, boten die romantischen Schriftsteller dem Vorwurf der Wirklichkeitsflucht, den man gegen sie erhob, immer mehr Nahrung. Sie wandten sich immer weiter von den wirklichen Problemen der menschlichen Existenz und am Ende sogar von allen ernsthaften Fragen und Problemen überhaupt ab; ihr Werk sank auf das Niveau leichter Unterhaltung, von dem sich die romantisch geprägte Literatur bis heute nicht gelöst hat. (Häufig werfen die Gegner des Ideals der romantischen Liebe ihr die gleiche Realitätsferne vor, die auch der romantischen Literatur vorgehalten wird.)

Wenn die romantische Lebensauffassung in der zweiten Hälfte des neunzehnten Jahrhunderts zunehmend Anstoß erregte, so nicht nur, weil ihre Perspektive völlig mit der derzeit herrschenden mechanistisch-deterministisch-materialistischen Weltsicht in Widerspruch geriet; nicht nur, weil die Bewegung der Romantik in weiten Teilen eine besondere Liebe zum Irrationalen und Mystischen entwickelt hatte; und nicht nur, weil zu viele ihrer herausragenden Vertreter es nicht vermocht hatten, sich von der grundlegenden Wertorientierung der Religion zu befreien – sondern vor allem, weil den Romantikern die Bedeutung der Vernunft für ihre Sache nicht einleuchten wollte.

Die Romantiker hatten den von ihren Gegnern propagierten Gegensatz zwischen Vernunft und Gefühl akzeptiert und sich selbst zum Fürsprecher des Gefühls gegen den Intellekt und der Subjektivität gegen die Objektivität erklärt. Sie vermochten nicht zu erkennen, daß Vernunft und Leidenschaft oder Intellekt und Intuition gleichermaßen Ausdruck unseres Menschseins und des Lebendigen in uns und keineswegs einander ausschließende Gegensätze sind. So hatten sie ihren Gegnern die Vernunft überlassen – ein folgenschwerer Irrtum. In dem Kampf, den die Romantiker gegen ihre Feinde führten, standen sich in Wirklichkeit nicht Irrationalisten und Rationalisten gegenüber, sondern – in beiden Lagern – bis zu einem gewissen Grad irrational denkende und handelnde Menschen. Bei der Auseinandersetzung gind dann auch keines der beiden feindlichen Lager als Sieger hervor.

Wie wir bereits gesehen haben, liegt das spezifisch «Romantische» sowohl beim romantischen «Handlungsroman» als auch bei der Vorstellung der romantischen Liebe in der Überzeugung, daß die gewählten Werte und Ziele das bestimmende Element im Leben des Individuums darstellen. Was die romantische Liebe jedoch unabdingbar voraussetzt und die romantische Sichtweise des neunzehnten Jahrhunderts völlig außer acht ließ, das ist die *harmonische Verbindung* von Vernunft und Leidenschaft, der Ausgleich zwischen Subjektivität und Objektivität, mit dem das Individuum leben kann. Oder, um dasselbe noch einmal anders zu sagen: Was die romantische Liebe voraussetzt und was die Schriftsteller der Romantik nicht in ausreichendem Maße entwickeln konnten, das ist *psychologischer Realismus*.

Das neunzehnte Jahrhundert: «Gebändigte» romantische Liebe

Trotz der Angriffe auf die romantische Bewegung des neunzehnten Jahrhunderts verfehlte das Ideal der romantischen Liebe (hier im allgemeinsten Sinn verstanden) nicht seine Wirkung auf die Vorstellungen einer Mittelschicht, die in einer Zeit aufkam, als die althergebrachten philosophischen, naturwissenschaftlichen und sogar die sozialen Gewißheiten zerbröckelten. Etwa um die Mitte des neunzehnten Jahrhunderts war den Menschen die weiterreichende Bedeutung des neugewonnenen naturwissenschaftlichen Weltbilds voll bewußt geworden; die Entdeckung der Evolution war nur eine unter vielen Entdeckungen der Naturwissenschaft, die die religiösen Überzeugungen, welche dem menschlichen Dasein bisher Richtung und Ziel gewiesen hatten, unterhöhlten. Das Eingehen fester zwischenmenschlicher Beziehungen schien die einzige Möglichkeit, im Leben überhaupt noch Sinn, Halt und Beständigkeit zu finden.

In den letzten Zeilen seines 1867 entstandenen Gedichtes «Dover Beach» bringt Matthew Arnold in ergreifender Weise zum Ausdruck, wie weitgehend der Mensch jener Zeit die Liebe als den letzten Hort der Geborgenheit empfand:

> The Sea of Faith
> Was once ... at the full, and round earth's shore
> Lay like the folds of a bright girdle furled.
> But now I only hear
> Its melancholy, long, withdrawing roar,
> Retreating to the breath

Of the night-wind, down the vast edges drear
And naked shingles of the world.

Ah, love, let us be true
To one another! for the world, which seems
To lie before us like a land of dreams,
So various, so beautiful, so new,
Hath really neither joy, nor love, nor light,
Nor certitude, nor peace, nor help for pain;
And we are here as on a darkling plain
Swept with confused alarms of struggle and flight,
Where ignorant armies clash by night.

Das Meer des Glaubens / stand einst (auch) ganz hoch, und um die Erdküste / lag es gerafft wie die Falten eines strahlenden Gürtels. / Aber jetzt höre ich nur / sein schwermütiges, langgezogenes, sich entfernendes Brausen; / es weicht vor dem Atem / des Nachtwinds über die weiten, düsteren Ufer / und nackten Kiesel der Welt zurück.

O Liebste, laß uns / einander treu bleiben! Denn die Welt, die / vor uns zu liegen scheint wie ein Land der Träume, / so vielgestalt, so wunderschön, so neu, / kennt in Wahrheit weder Freude, noch Liebe, noch Licht, / noch Gewißheit, noch Frieden, noch Linderung für den Schmerz; / und wir sind hier wie auf einer umdüsterten Ebene, / über die verworrene Signale für Kampf und Flucht hinwegfegen, / wo unwissende Heere nachts zusammenprallen.

Demnach war die Liebe im neunzehnten Jahrhundert für viele Menschen zum einzigen sicheren Halt in einer chaotischen und unvorhersagbaren Welt und zum einzigen höheren Wert geworden, an den man sich mit einiger Hoffnung auf Beständigkeit klammern konnte.

Im neunzehnten Jahrhundert waren es vor allem die Angehörigen des Mittelstands, die die romantische Liebe – wenn auch in gebändigter, abgeschwächter Form – immer mehr als passenden Begleitumstand der Ehe betrachteten. Unter dem Eindruck eines gewaltigen Umbruchs und der rasch aufeinanderfolgenden sozialen und kulturellen Veränderungen, die die politischen Freiheitsbestrebungen in Gang gesetzt hatten, wurde die Ehe nun als zur Erhaltung des gesellschaftlichen Gleichgewichts notwendige Institution idealisiert. Auf einmal war es eine soziale Verpflichtung, seinen Ehepartner treu zu lieben. Diese Auffassung der romantischen Liebe ist ja nun keineswegs besonders romantisch. Doch da die Moral der Mittelschichtsangehörigen im Grunde puritanisch, ihr Sinnen und Trachten als Neureiche vor allem auf Ehrbarkeit gerichtet war, hielten sie zwar an dem Recht der freien Partnerwahl fest, drückten die romantische Leidenschaft ansonsten jedoch auf das Niveau sentimentaler Gefühlsduselei herunter.

Wie bekannt, wurde das Leben in der zweiten Hälfte des neunzehnten Jahrhunderts stark von Verdrängungen beherrscht. Im Bereich der Liebesbeziehungen gipfelten sie in einer süßlichen Verklärung der Segnungen von Heim und Familie und gleichzeitiger unnachgiebiger Unterdrückung der Sexualität. Sexuelles Begehren galt in dieser zutiefst puritanischen Gesellschaft vor allem als tierischer Drang des Mannes. In der Ehe konnte ein tugendhaftes, vergeistigtes, geschlechtsloses Geschöpf, «ein Engel im Hause», die tierische Natur des Mannes sittlich erhöhen. In der viktorianischen Zeit gelang es zwar, gegenseitige Achtung, zärtliche Liebe und Zuneigung mit der Auffassung von der Ehe in Einklang zu bringen, aber zugleich wurde die Sexualität übermäßig eingeschränkt.

Während Freiheit und Individualismus – die Erkennungszeichen der romantischen Liebe – im wirtschaftlichen

Bereich anerkannte Grundsätze darstellten, war der einzelne in seiner persönlichen Sphäre einem enormen gesellschaftlichen Konformitätsdruck ausgesetzt. Insbesondere bei den Mittelschichten mit ihrem unersättlichen Verlangen nach äußerer Wohlanständigkeit war wenig Raum für die emotionale Offenheit und den freien Ausdruck sexueller Regungen, die wir im zwanzigsten Jahrhundert als die Grundlage der romantischen Liebe anzusehen gelernt haben.

Und doch war eine Kraft freigesetzt, die sich nicht mehr zurückhalten ließ. Die Veränderungen, die vor sich gingen, konnten nicht mehr rückgängig gemacht werden. Durch neu hinzugewonnene Rechte im Bereich der Eigentumsregelung wurde die Stellung der Frau weiter verbessert. Die Ehe wandelte sich von einer religiösen zu einer mehr juristisch definierten Bindung, und die Scheidung wurde immer einfacher gemacht – alles rechtliche Veränderungen, die die Wahl eines Liebespartners außerordentlich erleichterten.

Schließlich legte eine im späten neunzehnten und frühen zwanzigsten Jahrhundert neu entstandene Richtung der Psychologie die Grundlage für ein neues Verständnis der Sexualität, indem sie das Geschlechtliche zumindest in einigen Aspekten von dem religiösen Verdikt des «Tierischen» befreite und es wieder zu einer natürlichen menschlichen Funktion mit tiefreichender psychologischer Bedeutung erklärte.

Die Auswirkungen der Freudschen Revolution waren jedoch zwiespältig. Während Freuds Theorien zu einer aufgeklärteren Betrachtungsweise der menschlichen Sexualität führten, waren sie andererseits dem romantischen Empfinden und der Frau gegenüber auf ihre eigene Weise feindlich eingestellt. Freuds Ablehnung der romantischen Liebe zeigte sich nicht darin, daß er es dem einzelnen verweigert hätte, sich seinen Partner frei zu wählen. Auch trat er nicht für eine Rückkehr zu den von den Familien ausgehandelten Heiraten ein. Er erklärte bloß, die Liebe sei in Wahrheit eine «zielgehemmte Sexualstrebung», und die romantischen Gefühle der Bürger seien nichts anderes als eine «Überidealisierung» des Liebespartners aufgrund vorausgegangener Frustration der sexuellen Wünsche. In Freuds Augen ist die «romantische Liebe» lediglich eine sublimierte Ausdrucksform dunklerer Sexualimpulse. Die Vorstellung, sexuelles Begehren könne Ausdruck der Bewunderung sein, war seiner Auffassung der Geschlechterbeziehungen und wohl auch seiner eigenen Erfahrung völlig fremd.

In seiner Sicht des Weiblichen blieb Freud stets in dem Klischeebild vom «schwachen Geschlecht» gefangen. Die Frau war ein zerbrechliches, nicht sonderlich aufgewecktes Geschöpf, das einen Mann brauchte, der es vor den harten Realitäten des Lebens beschützte. Freud lehrte, das ganze Leben der Frau sei von dem Minderwertigkeitsgefühl geprägt, das sie infolge ihres Penismangels empfinde. Mache eine Frau zu aktiven Gebrauch von ihren Verstandesfähigkeiten oder zeige anderweitigen Ehrgeiz, in der Welt voranzukommen, so unternehme sie damit den Versuch, ihren grundsätzlichen Makel zu überkompensieren. Freud war also beileibe kein Vorreiter des heutigen Feminismus.

Dennoch – indem Freud mit der Erforschung der menschlichen Sexualität begann, indem er mit der Fackel seiner unerbittlichen Wißbegier in Bereiche hineinleuchtete, die die vorangegangenen Zeitalter im Dunkel gelassen hatten, indem er bereit war, das Unaussprechliche auszusprechen, übte er alles in allem doch eine befreiende Wirkung aus. Er ebnete jenen den Weg, die ihn später widerlegen sollten – jenen, die weiter und klarer sahen als er. Auf diese Weise förderte er die Entwicklung der romantischen Liebe, ohne es zu wollen.

Das amerikanische Ideal: Individualismus und romantische Liebe

Wir haben bereits auf die enge Verknüpfung zwischen den Anschauungen des Individualismus und dem Ideal der romantischen Liebe (wie auch immer man sie genau definieren mag) hingewiesen. Von daher ist es leichter zu verstehen, warum dieses Ideal gerade in den Vereinigten Staaten zum erstenmal breiten gesellschaftlichen Einfluß gewinnen konnte und warum es selbst heute noch in vielen Teilen der Welt als typisch amerikanisch angesehen wird.

Obwohl die Einstellung der Amerikaner zur Sexualität von der puritanischen (und später der viktorianischen) Strömung innerhalb der amerikanischen Kultur beherrscht wurde und ihre antiromantische Tradition des «common sense» nicht selten zur Geringschätzung leidenschaftlicher Gefühle führte, genossen die Amerikaner im neunzehnten Jahrhundert im Gegensatz zu anderen Völkern doch eine sehr viel höhere Freiheit, aus Liebe zu heiraten – und damit der übrigen westlichen Welt ein Beispiel zu geben. Burgess und Locke bemerkten 1953 in ihrer historischen Untersuchung ‹*The Family: From Institution to Companionship*› hierzu: «Ihre Rolle als Auftakt und Grundmotiv der Ehe hat die romantische Liebe bisher vielleicht nur, auf jeden Fall aber am umfassendsten, in den Vereinigten Staaten gespielt.»

Auch auf die Gefahr hin, mich zu wiederholen, muß ich noch einmal betonen: Wie wir gesehen haben, liegt das, was die spezifische Sichtweise der Amerikaner kennzeichnet und worin ihre radikale Abkehr von ihrer europäischen Vergangenheit sich ausdrückt, in ihrem beispiellosen Einsatz für die politische Freiheit, ihrem kompromißlosen Individualismus, ihrer Überzeugung vom Vorrang der Rechte des Individuums – und noch genauer: in dem Recht des einzelnen, sein persönliches Glück *hier auf Erden* anzustreben. Man hat die USA zu Recht als die erste wirklich *säkulare* Gesellschaft in der Menschheitsgeschichte bezeichnet, denn dies war die erste Nation der Geschichte, in der der Mensch nicht als Diener einer religiösen Autorität, der Gesellschaft oder des Staates angesehen wurde, sondern als ein Wesen, das dazu berechtigt ist, um seines eigenen Glückes willen zu existieren. Die USA waren die erste Nation, die diesem Grundsatz nachdrücklich politische Geltung verschaffte.

Außer durch philosophische und politische Gesichtspunkte erklärt sich der Anklang, den die romantische Liebe in der amerikanischen Kultur gefunden hat, möglicherweise auch daraus, daß Amerika im wesentlichen als eine Einwanderergesellschaft begonnen hat, für deren Mitglieder es leichter ist, Traditionen hinter sich zu lassen; daß die Wirtschaft in der Zeit der frühen Siedler naturgemäß wagemutiger und aufgeschlossener war; und daß gerade die Härte der anfänglichen Lebensbedingungen in Amerika die Frauen zu etwas besonders Wertvollem machte, und zwar nicht nur in sexueller und wirtschaftlicher, sondern in jeder möglichen Hinsicht.

Im späten neunzehnten und frühen zwanzigsten Jahrhundert wurden die Menschen immer mobiler, wodurch sich für Männer und Frauen die Möglichkeiten, in einer Vielzahl unterschiedlicher Umgebungen und Situationen frei zusammenzutreffen, ständig vergrößerten. Leicht zugängliche empfängnisverhütende Mittel und die zunehmende Billigung der Ehescheidung trieben den Befreiungsprozeß im Bereich der Geschlechterbeziehungen noch weiter voran. Das zwanzigste Jahrhundert erlebte den Rückgang viktorianischer Einflüsse in der Haltung der Menschen zur Sexualität und in jüngster Zeit ein zunehmendes Verständnis für die Eigenart der weiblichen Sexualität und wachsende Anerkennung der Gleichwertigkeit von Mann und Frau.

Wir genießen heute in unserer privaten Lebensführung und insbesondere in unserem Geschlechtsleben einen Grad an Freiheit, wie es ihn noch nie zuvor gegeben hat. Wir lernen allmählich, die Sexualität nicht als «die dunklere Seite» unseres Wesens anzusehen, sondern als normale Ausdrucksform unserer gesamten Persönlichkeit. Wir zeigen weniger Neigung, das Tragische zu verherrlichen, wie es die Romantiker im neunzehnten Jahrhundert getan haben. In dem Maße, in dem der Einfluß der Religion weiter abnimmt, nimmt auch unser Bedürfnis ab, aufzubegehren und unsere «Aufgeklärtheit» durch Ausschweifungen unter Beweis zu stellen. Dementsprechend wird die romantische Liebe heute in weit höherem Maße als «natürlich» akzeptiert als jemals zuvor.

Die Kritiker der romantischen Liebe

Das heißt jedoch nicht, daß es dem Ideal der romantischen Liebe an Kritikern gefehlt hätte. Genau das Gegenteil ist der Fall. So haben zahlreiche sozialwissenschaftliche und psychologische Beobachter argumentiert, der Versuch, eine langdauernde Beziehung wie die Ehe auf gefühlsmäßigen

Grundlagen aufzubauen, sei im besten Falle hochgradig naiv und im schlechtesten krankhaft oder sozial unverantwortlich. Der Anthropologe Ralph Linton schrieb 1936: «Alle Gesellschaften kennen die Tatsache, daß es zwischen Personen unterschiedlichen Geschlechts gelegentlich zu heftigen Gefühlsbeziehungen kommt, doch die zeitgenössische amerikanische Kultur ist praktisch die einzige, die sich bemüht hat, diese Beziehungen zur Grundlage der Ehe zu machen ... Die Seltenheit, mit der solche Beziehungen in den meisten Gesellschaften auftreten, deutet darauf hin, daß es sich dabei um eine abnorme psychische Erscheinung handelt, der unsere Kultur einen außerordentlichen Wert beimißt.»

Einen fundierteren und schwerwiegenderen Angriff führte Denis de Rougemont in seinem Werk ‹*Die Liebe und das Abendland*›: «Keine andere der uns bekannten Kulturen, die seit nahezu siebentausend Jahren aufeinander folgen, hat der *romance* genannten ‹Liebe› eine derartige tägliche *publicity* gegeben ... Keine andere hat aber auch mit einer derartigen naiven Selbstsicherheit das gefährliche Unterfangen versucht, Ehe und so verstandene ‹Liebe› zusammenfallen zu lassen und die erste auf der zweite zu gründen ...

Wenn die romanhafte [romantische] Liebe tatsächlich über eine Anzahl von Hindernissen triumphiert, so gibt es doch eines, an dem sie fast immer zerschellt. Das ist die Zeit. Entweder ist die Ehe eine Institution für die Dauer, oder sie hat keinen Sinn ... Die Ehe auf einer auf Grund ihrer Definition unbeständigen Form der Liebe gründen zu wollen, heißt in der Tat soviel wie für den Staat Nevada* arbeiten ...

Die Romanze nährt sich von Hindernissen, von kurzen

* Scheidungsparadies

Reizen und Trennungen. Die Ehe baut im Gegenteil auf der Gewöhnung auf, auf der täglichen Nähe. Die Romanze will die ‹ferne Liebe› der Troubadoure, die Ehe die Liebe zum ‹Nächsten›.»

Einen noch grundsätzlicheren Vorwurf erheben James H. S. Bossard und Eleanor S. Boll in ihrem Buch ‹*Why Marriages Go Wrong*› (1958): «Wenn man sich seinen Partner nur nach dem Gesichtspunkt des eigenen Glücks und der persönlichen Erfüllung auswählt, dann braucht der Partner nur diese Funktion einmal nicht mehr zu erfüllen, und schon geht die Ehe kaputt ...

Die Grenzen zwischen dem Individualisten und dem Egozentriker sind fließend ... Das Verlangen nach persönlichem Glück entartet zu sozialer Lethargie ...»

Für Bossard und Boll spiegelt sich in der in Amerika gängigen Betonung der romantischen Liebe «die Psychologie des verwöhnten Kindes» wider.

Auf dem 1973 abgehaltenen «Symposium on Love» äußerte ein Teilnehmer die Ansicht vieler, als er sagte: «Auf soziokultureller wie auch auf psychologischer Ebene wirkt die Liebe möglicherweise als eine Krücke und erschwert dadurch das Entstehen neuer Gemeinschaftsformen, die für die Entwicklung einer besseren und befriedigenderen menschlichen Situation und der zukünftigen Gesellschaft so wichtig wären.»

Wenn wir zu der weniger allgemein gehaltenen Kritik übergehen, so ist das 1965 erschienene Werk ‹*The Significant Americans*› von John F. Cuber und Peggy B. Harroff für uns von Interesse. Es ist «eine Studie über das Sexualverhalten der Reichen». In ihrer Untersuchung stellen die Autoren die beiden Ehetypen, auf die sie gestoßen sind, einander gegenüber: die «Nützlichkeitsehe», die durch das Fehlen tieferer gegenseitiger Verbundenheit oder Leidenschaft charakterisiert ist, die durch soziale, finanzielle und familiäre Rücksichten zusammengehalten und durch lange Trennungsphasen, engagierte Mitarbeit bei kommunalen Angelegenheiten und sexuelle Untreue zusammengehalten wird, und auf der anderen Seite die «Gemeinsamkeitsehe», die gekennzeichnet ist durch eine leidenschaftliche gefühlsmäßige und sexuelle Bindung, die grundsätzliche Bereitschaft, die Erfahrungen des Lebens soweit wie möglich miteinander zu teilen und eine Einstellung, die die Beziehung zum Ehepartner als interessanter, reizvoller und erfüllender ansieht als jeden anderen Teilbereich des sozialen Lebens (mit anderen Worten: die romantische Liebe). Den Autoren zufolge neigen die Partner einer «Gemeinsamkeitsehe» dazu, überaus selbstsüchtig mit ihrer Zeit umzugehen, indem sie sich nur widerstrebend an sozialen, politischen, kommunalen oder sonstigen Aktivitäten beteiligen, wenn sie dadurch voneinander getrennt würden, es sei denn, sie wären überzeugt, daß wirklich gute Gründe für eine Mitarbeit sprechen. Sie sind ganz einfach nicht darauf aus, Entschuldigungsgründe zu suchen, um vor dem anderen weglaufen zu können. Während dieser Ehetyp, so die Autoren, bei denen, die in einer «Nützlichkeitsehe» leben, leicht gewisse Neidgefühle hervorruft, so beschwört er andererseits auch ein hohes Maß an Ressentiments und Feindseligkeit herauf. Die beiden Autoren zitieren einen abwertenden Kommentar: «Diese unreifen Menschen» müssen auf irgendeine Art «wieder zur Vernunft gebracht werden». Es folgt der Ausspruch eines Mannes mit einer Psychologieausbildung, der erklärte: «Früher oder später muß man sich endlich doch seinem Alter gemäß verhalten. Menschen, die sich so sehr für sich halten, müssen irgendwelche psychischen Probleme haben – oder wenn sie keine haben, werden sie sie bald bekommen.» In der Studie wird noch ein anderer Psychologe zitiert, der mit Nachdruck beteuerte: «Die Männer und Frauen, die ein *so* enges Verhältnis brauchen, sind doch alle *krank*! Sie brauchen den Partner als Krücke! Sie sind viel zu abhängig! Das ist einfach ungesund.» (Diese negativen Empfindungen decken sich nicht mit der Meinung der Autoren des Buches.)

Kritiker weisen auch gerne darauf hin, daß das Land, in dem die romantische Liebe am verbreitetsten ist, zugleich die höchste Scheidungsrate der Welt hat. Während eine gewaltige Scheidungsrate als solche nicht unbedingt gegen die romantische Liebe spricht (sondern eher darauf hindeutet, daß die Amerikaner das Ideal des ehelichen Glücks so hochhalten, daß sie sich nicht damit abfinden, ihr Leben lang zu leiden), ist es unbestreitbar, daß sehr viele Menschen, die versuchen, in der Liebe Erfüllung zu finden, nur Enttäuschungen und katastrophale Fehlschläge erleben. Ernüchterung und Desillusionierung sind zweifellos weit verbreitet.

Freie Experimente mit lockerem Hin und Her von Beziehung zu Beziehung («swinging»), mit «Gruppenehe», Sexualkommunen, aus mehreren Paaren bestehenden Großfamilien und Dreier-«Ehen» weisen lauter unterschiedliche Wege zu persönlicher Erfüllung, die von immer mehr Menschen ausprobiert werden. Freilich ist bisher niemand aufgetreten, um große Erfolge zu vermelden. Die Veränderungen der Beziehungsstruktur berühren offenbar den Kern des Problems nicht. Das Problem scheint auf einer tieferen Ebene zu liegen, an die derartige «Lösungen» nicht heranreichen.

Das unleugbar vorhandene und überwältigende Problem, in zwischenmenschlichen Beziehungen dauerhaftes Glück zu finden, führt uns drastisch die Notwendigkeit vor Augen, eingehender über die Liebe und über ihre Grundvoraussetzungen nachzudenken.

Doch lassen Sie uns erst einen Augenblick haltmachen und überlegen, warum die romantische Liebe so streng kritisiert worden ist.

Mißverständnisse über die romantische Liebe

Viele der am häufigsten vorgebrachten Urteile über die romantische Liebe entstehen daraus, daß man bei Leuten, die angeblich «verliebt» sind, irrationale und unreife Verhaltensweisen beobachtet, diese verallgemeinert und schließlich die romantische Liebe als Ganzes ablehnt. In diesen Fällen sind die Argumente tatsächlich gar nicht gegen die romantische Liebe gerichtet – zumindest nicht gegen die romantische Liebe, die verstanden wird als «eine leidenschaftliche, umfassend geistig-gefühlsmäßig-sexuelle Zuneigung zwischen Mann und Frau, die auf hoher Wertschätzung des anderen beruht».

So gibt es zum Beispiel Männer und Frauen, die sich sexuell stark voneinander angezogen fühlen, daraus schließen, daß sie «verliebt» sind und auf der Grundlage dieser rein sexuellen Anziehung heiraten, ohne sich weiter darum zu kümmern, daß nur wenige gemeinsame Interessen und Wertvorstellungen sie und ihren Partner verbinden, daß sie kaum aufrichtige Bewunderung füreinander empfinden, daß sie vorwiegend durch Abhängigkeitsbedürfnisse aneinander gebunden sind, sich von Persönlichkeit und Temperament her nicht miteinander vertragen und alles in allem kaum echtes Interesse für die Person des anderen Partners aufbringen. Solche Beziehungen sind selbstverständlich von vornherein zum Scheitern verurteilt. Sie sind keinesfalls typisch für die romantische Liebe, und es wäre eine bewußte Verdrehung, sie zu dieser Kategorie hinzuzuzählen.

Einen anderen lieben heißt, ihn oder sie als ganzen Menschen zu kennen und zu bejahen. Dies setzt jedoch voraus, daß wir überhaupt imstande sind, den anderen mit ausreichender Klarheit zu sehen. Häufig wird behauptet, romantisch Verliebte neigten sehr dazu, ihren Partner zu idealisieren und sich ein falsches, verklärtes Bild von ihm zu machen, indem sie die Vorzüge des Partners vergrößerten und seine Fehler übersähen. Natürlich gibt es das ab und zu. Es gehört jedoch keineswegs zum Wesen der Liebe, den Partner nicht realistisch zu betrachten. Wer von «blinder Liebe» spricht, sagt damit zugleich, es könne zwischen verschiedenen Menschen keine wirkliche und tiefe Wesensverwandtschaft geben, die geeignet wäre, Liebe zu erwecken. Dieses Argument widerspricht den Erfahrungen vieler Männer und Frauen, die die Schwächen und Stärken ihres Partners sehr wohl sehen und ihn dennoch leidenschaftlich lieben.

Außerdem heißt es manchmal, wie zum Beispiel bei de Rougemont (und wie wir gesehen haben, vor ihm bei Freud), das Erlebnis der romantischen Liebe basiere allein auf sexueller Versagung und müsse deshalb nach vollzogener körperlicher Vereinigung rasch zu Ende gehen. Frustration kann zwar zwanghaftes Verlangen erzeugen und das begehrte Objekt vorübergehend als wertvoll erscheinen lassen; doch wer betont, die romantische Liebe könne die sexuelle Erfüllung nicht überdauern, sagt damit nur etwas über sich selbst und beweist zugleich eine außerordentliche Blindheit und Gleichgültigkeit gegenüber den Erfahrungen anderer.

Da die meisten Paare kurz nach der Hochzeit tatsächlich eine gewisse Ernüchterung empfinden, wird häufig argumentiert, die romantische Liebe müsse eine Art Wahnvorstellung sein. Doch viele Menschen erleben auch in ihrer Berufslaufbahn dann und wann Enttäuschungen, ohne daß deswegen jemand auf die Idee käme, es wäre verfehlt, sich für seine berufliche Karriere einzusetzen. Viele Menschen erleben mit ihren Kindern gelegentlich Verdruß, und doch würde niemand behaupten, der Wunsch, Kinder zu haben, wäre unreif und neurotisch. Statt dessen geht man allgemein davon aus, daß es wahrscheinlich schwieriger und anstrengender ist, im Beruf Befriedigung zu finden und seine Kinder gut zu erziehen, als wir gemeinhin annehmen.

Die romantische Liebe ist kein Allheilmittel – wer das glaubt, ist in seiner Entwicklung noch nicht reif für sie. Wenn man bedenkt, welche Vielzahl psychologischer Probleme, wieviel Zweifel, Ängste, Unsicherheiten, wieviel Schwankungen und Risse in der Selbstachtung zahlreiche Menschen in ihre romantischen Liebesbeziehungen einbringen und wie wenig ihnen bewußt ist, daß die romantische Liebe genau wie jedes andere Lebensziel zu ihrem Gedeihen beständig Wachheit, Mut, Wissen und Einsicht erfordert, dann wundert man sich nicht mehr, daß die meisten romantischen Liebesbeziehungen enttäuschend enden. Doch die romantische Liebe deshalb anzuklagen, hieße, sie – sobald «die Liebe allein nicht ausreicht», sobald die Liebe es allein und aus sich selbst heraus nicht mehr vermag, unbegrenzt für Glück und Erfüllung zu sorgen – als verkehrt, als einen Irrtum oder sogar als neurotisch anzusehen. Der Fehler liegt sicher nicht im Ideal der romantischen Liebe, sondern in den irrationalen und unerfüllbaren Forderungen, die an sie gestellt werden.

Es fällt schwer, sich des Eindrucks zu erwehren, daß zumindest hinter einem Teil der Attacken gegen die romantische Liebe nichts weiter steht als bloßer Neid, wie die oben angeführten Zitate aus ‹*The Significant Americans*› beweisen: Was darin zutage tritt, ist Neid, eigenes Unglück und die Unfähigkeit, sich in das Seelenleben von Menschen einzufühlen, die das Leben besser zu genießen wissen als wir selbst.

An dieser Stelle sind noch weitreichendere philosophische Fragen zu berücksichtigen. So wie der Gedanke der romantischen Liebe zum erstenmal in bestimmten philosophischen und historischen Zusammenhängen verfochten wurde, so sind auch die gegenwärtigen Angriffe vor einem bestimmten Hintergrund zu sehen.

Wir haben es hier wieder mit dem Stammesdenken zu tun, das bedeutet, daß wir uns erneut auf das Feld ethischer und politischer Erwägungen begeben müssen. Als ich all die Anschuldigungen nachlas, die zeitgenössische Autoren gegen die romantische Liebe vorgebracht haben, fühlte ich mich ein ums andere Mal an das kollektive Ideal der Nazis erinnert, das in ihrer Parole «Gemeinnutz geht vor Eigennutz» zum Ausdruck kommt. Und ich dachte auch an Hitlers Ausspruch: «... im Jagen nach dem eigenen Glück stürzen die Menschen aus dem Himmel erst recht in die Hölle.»

Einer der tragischen Aspekte der Menschheitsgeschichte liegt darin, daß so gut wie alle Sittenlehren, die jemals auf der Welt größere Bedeutung erlangt haben, im Grunde Variationen des Themas «Selbstaufopferung» darstellen. Selbstlosigkeit wurde stets mit Tugendhaftigkeit gleichgesetzt, während Eigenliebe – die Anerkennung der eigenen Bedürfnisse und Wünsche – als schlechthin böse galt. Eine solche Denkweise macht den einzelnen zum Opfer, entfremdet ihn sich selbst und verlangt von ihm, sich im Dienst einer vorgeblich höheren Instanz aufzuopfern – sei es für Gott, Pharao, Kaiser, König, die Gesellschaft, den

Staat, die Rasse, das Proletariat oder gar für den ganzen Kosmos.

Es ist ein seltsamer Widerspruch unserer Geschichte, daß diese Lehre, die verlangt, daß wir uns als Opfertiere betrachten, gewöhnlich als Ausdruck von Barmherzigkeit und Menschenliebe akzeptiert worden ist. Man braucht sich jedoch bloß die Folgen zu vergegenwärtigen, zu denen diese Forderung geführt hat, um zu beurteilen, um was für eine «Barmherzigkeit» es sich dabei handelt. Von dem ersten Individuum, das vor Jahrtausenden auf dem Altar des Stammeswohls geopfert wurde, über die Ketzer und Nonkonformisten, die man für das Wohl der Massen oder die Ehre Gottes auf dem Scheiterhaufen verbrannte, bis hin zu den Millionen, die in Gaskammern und Zwangsarbeitslagern zum Nutzen der Rasse oder des Proletariats vernichtet worden sind, hat in Vergangenheit und Gegenwart genau diese Moral zur Rechtfertigung sämtlicher Diktaturen und Greueltaten gedient.

Doch ist das Grundpostulat – «Das Wohl des Individuums ist dem Wohl des größeren Ganzen unterzuordnen» –, das dieses Abschlachten anderer Menschen möglich macht, nur von wenigen überhaupt in Frage gestellt worden. Die meisten kämpfen lediglich gegen die Anwendung dieses Prinzips im konkreten Einzelfall und streiten sich darüber, wer wem und zu wessen Nutzen geopfert werden soll. Sie schreien Zeter und Mordio, wenn sie mit der Auswahl der jeweiligen Opfer und Nutznießer nicht einverstanden sind, lassen jedoch das Grundprinzip, das den einzelnen zum Opfertier erklärt, unangetastet.

So stand ich bei der Durchsicht jener Angriffe auf die romantische Liebe, in denen ihr die Vernachlässigung des «übergeordneten Wohls der Gemeinschaft» vorgeworfen wird, immer wieder vor der Frage, wie viele Millionen und aber Millionen von Menschen noch leiden müssen, bis wir endlich einsehen, daß es *kein* höheres Wohl gibt als das des einzelnen.

Wir werden weiter unten zum Thema Liebe und Eigenliebe zurückkehren. Doch welche Lösungswege die Menschheit auch immer beschreiten muß, um die Beziehungen zwischen Mann und Frau erfüllender zu gestalten – die Preisgabe des Rechts, sein persönliches Glück zu verfolgen, gehört sicher nicht dazu.

Um schließlich auf den zu Anfang dieses Abschnitts erwähnten eigenartigen Angriff auf die romantische Liebe zurückzukommen, in dem Linton behauptet, das seltene Auftreten der romantischen Liebe in anderen Kulturen zeige, daß sie möglicherweise eine den Amerikanern eigene «abnorme psychische Erscheinung» darstelle: Dazu kann ich nur sagen, daß wir nach dieser Logik eine ganze Reihe weiterer «abnormer Erscheinungen» innerhalb der amerikanischen Zivilisation verurteilen müßten, wie zum Beispiel den höheren Lebensstandard, die einzigartige Achtung der individuellen Rechte und den höheren Grad an politischer Freiheit – all das sind in Amerika erreichte Fortschritte, die anderswo tatsächlich noch Seltenheitswert besitzen.

Verglichen mit den übrigen Welten haben die Vereinigten Staaten in vielen Bereichen Neues geschaffen. Die Bedeutung, die die Amerikaner der romantischen Liebe beimessen, unterscheidet ihre Kultur zwar grundlegend von der Mehrzahl der anderen Kulturen auf der Welt, doch gewinnt das amerikanische Ideal bei den gebildeten Schichten der anderen Kulturen immer stärker an Anziehungskraft.

Das
Human-Potential Movement

Bevor ich zu unserem eigentlichen Thema zurückkehre, möchte ich noch einen Abstecher (oder vielleicht eine Abschweifung) auf ein Territorium machen, das der romantischen Liebe zwar fernzuliegen scheint, indirekt aber doch mit ihr zusammenhängt. Ich meine das in unserem Jahrhundert aufgekommene «human-potential movement».

Da wir es hier ein weiteres Mal mit der Lehre des Individualismus zu tun bekommen, sollten wir uns zunächst noch genauer über ihre Bedeutung klarwerden. Der Begriff «Individualismus» gehört gleichermaßen zur politischen wie zur psychologischen Ethik. Innerhalb der politischen Ethik vertritt die Lehre des Individualismus den Vorrang der Rechte des Individuums gegenüber denen der Gesellschaft und betrachtet den Menschen grundsätzlich als seinen eigenen Zweck und nicht als Mittel zu den Zwecken anderer. Selbstverwirklichung und Selbsterfüllung sind für sie das eigentliche Ziel des Lebens. Der Individualismus als Konzept der psychologischen Ethik fordert, daß der Mensch selbständig denken und urteilen und nichts und niemand höher stellen solle als die Souveränität seines eigenen Geistes. Diese Anschauung hängt eng mit dem Begriff der Autonomie zusammen (auf sie werde ich später noch näher eingehen).

Neben den bereits geschilderten sozialen und kulturellen Wirkungen hat die historische Strömung des Individualismus in den zurückliegenden Jahrzehnten im Bereich der Psychologie ein hochbedeutsames Phänomen hervorgebracht: das «human-potential movement», die von den USA ausgehende, auf der humanistischen Psychologie aufbauende Psycho-Bewegung, die mit ihren Encounter-

Gruppen, Sensitivity-Trainings und vielfältigen Therapieformen längst auf Europa übergegriffen hat. In dieser Bewegung vereinigt sich das Aufbegehren gegen das verengte und reduktionistische Menschenbild von Psychoanalyse und Behaviorismus mit dem Bemühen um ein breiteres und umfassenderes Verständnis des «Menschlichen» und der Suche nach den «höheren» Möglichkeiten der menschlichen Natur.

Im Gegensatz zur traditionellen Psychologie und Psychiatrie, die sich vor allem mit «Krankheiten» und der Behandlung von «Störungen» befassen, wendet sich das «human-potential movement» den Vorgängen zu, die im Bereich des sogenannten «Normalen» liegen und mit Wachstum, Selbstaktualisierung (aktualisieren meint hier soviel wie verwirklichen, in der Wirklichkeit wirksam werden lassen), mit der Erforschung und Ausschöpfung positiver Potentiale zusammenhängen.

Für unsere Darstellung ist die Tatsache besonders aufschlußreich, daß die Argumente, die heute gegen diese Psychotherapie-Bewegung vorgebracht werden, in bemerkenswerter Weise denen gleichen, die wir bereits bei den Angriffen auf die romantische Liebe kennengelernt haben. Der Bewegung wird angelastet, sie propagiere Ichbezogenheit und Sichgehenlassen und sei «ein Mittelschichtsphänomen». Ihre Wortführer beschuldigt man, über der Beschäftigung mit dem Selbst die Probleme der «Welt als Ganzes» zu vergessen.

Das «human-potential movement» ist ohne Frage ein «Mittelschichtsphänomen», nicht anders als die erste allgemeine Verbreitung der romantischen Liebe es war. Wenn Menschen um ihr physisches Überleben kämpfen und sich tagtäglich mit Krankheit und Hunger herumschlagen müssen, haben sie ganz offensichtlich andere Dinge im Sinn als ihre «Selbstaktualisierung». Diese wird gewöhnlich von jenen angestrebt, die einen gewissen materiellen Wohlstand erreicht haben und nun nach «mehr» verlangen – und dieses «Mehr» ist nicht materieller, sondern spiritueller, psychologischer, gefühlsmäßiger und geistiger Natur. Die Psycho-Bewegung ist in einer reichen Gesellschaft entstanden: sie ist ein amerikanisches Phänomen.

Zugegebenermaßen enthält diese Bewegung so manches, was nicht ganz ernst zu nehmen ist. In ihrer bunten Vielfalt erinnert sie ein wenig an die Besiedlung des wilden Westens: Auf dem Neuland, das sie erschlossen hat, tummeln sich viele Begeisterte, ein paar vereinzelte Genies und eine Menge Scharlatane, die ihr Schlangenöl anpreisen. Doch anders könnte es wohl auch gar nicht sein. Die meisten Anfänge gehen so vor sich.

Leider haben sich viele Vertreter des «human-potential movement» durch den Vorwurf der Selbstbezogenheit immer weiter in entschuldigende und defensive Positionen drängen lassen. *Zweifellos* ist das Streben nach Selbstverwirklichung egoistisch. Das gilt auch für das Streben nach körperlicher oder seelischer Gesundheit, für das Streben nach Glück und schließlich auch für das Atemholen.

Nachdem man die Menschen mehrere Jahrtausende hindurch mit der Moral der Selbstaufopferung indoktriniert hat, wagen sie heute nicht mehr, den Tatsachen ins Auge zu sehen und sich einzugestehen, daß sie ihrem eigenen Interesse folgen, wenn sie sich um inneres Wachstum bemühen, *und zwar mit vollem Recht.* Daher erleben wir häufig das wenig ergötzliche Schauspiel, daß ein Vertreter der Psycho-Bewegung erklärt, er trachte in Wahrheit nur deswegen nach «Selbstvervollkommnung», um der Menschheit besser dienen zu können – womit er unterstellt, daß allein die «soziale» Begründung zählt.

In diesen Angriffen auf die Psychotherapie-Bewegung steckt die Voraussetzung – die übrigens in den Vorwürfen gegen die romantische Liebe genauso auftaucht –, daß das Bemühen um Selbstaktualisierung und persönliche Erfüllung an sich antisozial und gesellschaftlich verantwortungslos sei.

Dieser Behauptung fehlt jede Grundlage, wohingegen überwältigende Beweise die gegenteilige Ansicht stützen. Menschen, die keine Selbstliebe empfinden, sind nur in geringem Maß oder überhaupt nicht dazu fähig, andere zu lieben. Menschen, die keinen Selbstrespekt besitzen, sind kaum oder gar nicht dazu fähig, andere zu respektieren. Menschen, die unter tiefer Unsicherheit und Selbstzweifeln leiden, neigen dazu, andere als angsterregend und feindlich wahrzunehmen. Menschen, die kein oder nur ein verkümmertes Selbst haben, können der Welt nichts geben.

Betrachtet man die Geschichte des menschlichen Fortschritts mit all ihren Stufen und Übergängen vom Höhlenzeitalter bis zu unserem heutigen Zivilisationsstand und bedenkt, welches Maß an Erfindungsgeist, Kühnheit, Wagemut und Schöpferkraft notwendig war, um diesen Prozeß voranzutreiben, so kommt man nicht an der Einsicht vorbei, wieviel wir gerade denjenigen verdanken, die ihr Leben vornehmlich der Aufgabe gewidmet haben, ihr eigenes «Schicksal» zu entdecken und zu erfüllen – den Künstlern, Wissenschaftlern, Philosophen, Erfindern, Unternehmern, deren Lebensweg deutlich auf Selbstaktualisierung (Selbstentwicklung, Selbsterfüllung) ausgerichtet war.

Positiv ist zu verbuchen, daß das «human-potential movement» mit dazu beigetragen hat, ein aufgeschlosseneres geistiges Klima zu schaffen, das uns die Auseinandersetzung mit dem Thema «romantische Liebe» erleichtert. Indem die Verfechter der Bewegung dem reduktionistischmechanistischen Menschenbild (der Auffassung Mensch gleich Maschine) widersprachen, brachten sie Begriffe wie «Geist», «Bewußtsein» und «Ziel» innerhalb der Psychologie wieder zu höherer Geltung. Neue Entdeckungen auf dem Gebiet der Physik und der Biologie entzogen dem Materialismus den Boden und ließen ihn als überholt erscheinen, was unaufhaltsam zur Entwicklung eines Weltbildes führte, das – im Gegensatz zum mechanistischen – häufig als *organismisches* Weltmodell bezeichnet wird. «Ganzheit, Organisation, Dynamik – diese allgemeinen Gesichtspunkte können wir etwa als besonders kennzeichnend für das moderne gegenüber dem mechanistischen Weltbilde der Physik hervorheben», schreibt Ludwig von Bertalanffy in seinem Werk ‹*Das biologische Weltbild*›.

Die Biologie hat auf die Begriffe «Funktion», «Zweck» und «Bewußtsein» nie ganz verzichten können, doch in den letzten Jahrzehnten haben diese Begriffe wieder zunehmend an Ansehen gewonnen. Für den Versuch, den Menschen nur als passiven Automaten zu betrachten und seine Verhaltensweisen, Wertmaßstäbe und Entscheidungen als zwangsläufiges Produkt gesellschaftlicher und instinkthafter Einflüsse zu interpretieren, hat es noch *nie* eine ausreichende Grundlage gegeben. Zuviel Offensichtliches wurde dabei übersehen, zu große Teile der menschlichen Erfahrungswelt wurden verfälscht, zu viele logische Fehlschlüsse dabei in Kauf genommen. Die Philosophie hat das schon aufgezeigt, bevor sich die neuen Entwicklungen in der Physik und der Biologie Bahn brachen. Der Irrglaube, die «strengen Naturwissenschaften» könnten die reduktionistische Denkweise stützen oder in ihrer Glaubwürdigkeit stärken, ist inzwischen im Schwinden begriffen.

Auf dem Boden dieses neu entstehenden Weltverständnisses können wir nun von «spirituellem Streben» und «geistig-seelischer Wesensverwandtschaft» sprechen, ohne damit zugleich theologische, irrationale oder vorwissenschaftliche Untertöne anzuschlagen. Wir können den Menschen heute unvoreingenommener betrachten und erkennen, was schon seit je offen zutage lag: daß der Mensch keine Maschine – oder zumindest nicht *nur* oder *ausschließlich* Maschine – ist.

Roboter empfinden keine romantische Liebe. Auch instinktgesteuerte Marionetten tun das nicht, genausowenig wie Ratten und Tauben, die bevorzugten Versuchstiere der behavioristischen Forscher.

Wir sind die höchstentwickelte Spezies, die es je auf diesem Planeten gegeben hat. Wir verfügen über ein Bewußtsein von noch nicht dagewesener Weite und Vielschichtigkeit. In dieser besonderen Bewußtseinsstufe liegt der Ursprung unserer spezifisch *menschlichen* Bedürfnisse und Fähigkeiten. Diese manifestieren sich unter anderem auch in der Erfahrung der romantischen Liebe.

Die romantische Liebe ist kein mythischer Wunschtraum, den wir aufgeben müßten. Für die meisten von uns ist sie eine neu zu entdeckende Möglichkeit, die darauf wartet, verwirklicht zu werden.

Wir brauchen ein neues Verständnis der romantischen Liebe

Es ist offensichtlich, daß «Liebe allein nicht ausreicht».

Der Umstand, daß zwei Menschen sich lieben, bietet noch lange keine Garantie dafür, daß sie auch imstande sein werden, eine beglückende und befriedigende Beziehung aufzubauen. Daß sie sich lieben, heißt noch nicht, daß sie auch reif und klug wären; doch ohne diese beiden Eigenschaften wird ihre Liebe bald in Gefahr geraten. Durch ihre Liebe erwerben die beiden Partner nicht automatisch auch kommunikative Fähigkeiten, wirkungsvolle Methoden zur Konfliktlösung oder die schwierige Kunst, ihre Liebesbeziehung in ihr übriges Leben zu integrieren. Doch das Fehlen dieser Fertigkeiten kann dazu führen, daß die Liebe zugrunde geht. Die Liebe kann den Liebenden nicht zu Selbstachtung verhelfen; sie kann sie höchstens verstärken, wenn sie bereits vorhanden ist, kann sie aber nicht hervorrufen – und doch wird die Liebe ohne die Selbstachtung der Liebenden auf die Dauer nicht bestehen.

Doch selbst bei reifen, sich selbst aktualisierenden (verwirklichenden) Menschen hält die Liebe nicht unbedingt «ewig».

Im Lauf des kontinuierlichen menschlichen Wachstums- und Entfaltungsprozesses wandeln sich die Bedürfnisse und Wünsche und verlagern ihr Gewicht. Neue Ziele und Sehnsüchte können zum Vorschein kommen und Risse und Sprünge in die Beziehung tragen. Das heißt nicht notwendigerweise, daß die Liebe «gescheitert» sei. Eine Liebesbeziehung, die zwei Menschen Freude, Rückhalt und Anregung geschenkt hat, ist nicht schon deswegen gescheitert, weil sie nicht für immer weiterbesteht – sie kann dennoch eine wertvolle Erfahrung sein, an die man sich gern erinnert.

Zur Zeit der Entstehung des Ehezeremoniells mit seiner Formel «... bis daß der Tod euch scheidet» konnten nur wenige Menschen hoffen, überhaupt ihr dreißigstes Lebensjahr zu erreichen. So konnte ein Mann, der mit sechsundzwanzig starb, es leicht auf drei Ehefrauen gebracht haben, von denen zwei wahrscheinlich im Kindbett gestorben waren. Unter diesen Umständen hatte das «Für Immer» eine andere Bedeutung als heute, da wir damit rechnen können, siebzig oder achtzig Jahre alt zu werden.

Manchmal entsteht das Gefühl der Niederlage nicht, weil die Liebe den beiden Beteiligten nicht genügend Freude und Erfüllung gespendet hätte, sondern weil die Liebenden nicht imstande waren, im richtigen Moment loszulassen. Sie klammerten sich verzweifelt an etwas, was bereits verschwunden war, und nannten die Qual und Enttäuschung ihrer vergeblichen Anstrengungen dann irrigerweise «das Scheitern der romantischen Liebe».

Wir können also nicht umhin, unser Verständnis der romantischen Liebe neu zu überdenken und zu klären, was romantische Liebe ist, was für eine Erfahrung sie uns ermöglicht, welche Bedürfnisse sie erfüllt und auf was für Bedingungen sie beruht.

Wir müssen sie als das sehen, was sie in Wirklichkeit ist, nämlich eine einzigartige Möglichkeit der Begegnung zwischen Mann und Frau, eine einzigartige Erfahrung und ein einzigartiges Abenteuer, das vielleicht (aber nicht unbedingt) zur Ehe führt, vielleicht (aber nicht unbedingt) Kinder mit einschließt, vielleicht (aber nicht unbedingt) sexuelle Ausschließlichkeit bedeutet, vielleicht (aber nicht unbedingt) andauert, «bis daß der Tod euch scheidet».

An dem historischen Punkt, an dem wir heute stehen, befinden wir uns hinsichtlich der romantischen Liebe tatsächlich in einer Krise – nicht weil das Ideal der romantischen Liebe irrational wäre, sondern weil wir immer noch nicht so weit sind, daß wir seine Bedeutung ganz verstanden hätten, weil wir immer noch damit zu tun haben, seine philosophischen Voraussetzungen und psychologischen Erfordernisse zu erkennen.

Wenden wir uns nun im einzelnen den psychologischen

Ursprüngen der romantischen Liebe zu, den menschlichen Bedürfnissen, die sie zu befriedigen sucht, und den Bedingungen, von denen ihr Gelingen oder Fehlschlagen abhängt. Fragen wir nach dem Wesen der Liebe, untersuchen wir, wie Liebe entsteht, warum sie das eine Mal glückt und das andere Mal scheitert.

ZWEITES KAPITEL

Die Ursprünge der romantischen Liebe

Prolog:

Am Anfang steht das Selbst

Wenn ein Mann und eine Frau sich in einer romantischen Liebesbeziehung begegnen, das Erleben des Einswerdens, des Miteinanderverschmelzens und der vertrautesten Berührung suchen, dann kommen sie beide aus der Situation des Alleinseins aufeinander zu. Diesen Punkt müssen wir immer im Auge haben, wenn wir das, was dann folgt, verstehen wollen. Um die romantische Liebe zu erhellen, müssen wir, so paradox es auch scheint, bei der universellen menschlichen Grundsituation des Alleinseins beginnen.

Am Anfang unseres Lebens sind wir allein, doch wir sind uns dessen noch nicht bewußt. Ein Neugeborenes kann noch nicht unterscheiden zwischen sich selbst und seiner Umgebung; es nimmt sich selbst noch nicht bewußt wahr – zumindest nicht in der Weise, wie wir Erwachsenen es tun.

In ihrer Untersuchung *‹Die psychische Geburt des Menschen›* schreiben Mahler, Pine und Bergman: «Die biologische und die psychische Geburt des Menschenkindes fallen zeitlich nicht zusammen. Die erste ist ein dramatisches, beobachtbares und genau umrissenes Ereignis, die zweite ein sich langsam entfaltender intrapsychischer Prozeß.»

Grenzen zu entdecken – zu erkennen, wo das eigene Selbst aufhört und die Außenwelt anfängt, die Tatsache des eigenen *Getrenntseins* zu erfassen und in sich aufzunehmen – ist eine der vordringlichsten Aufgaben, vor die das Kleinkind gestellt ist. Ihre Bewältigung ist Voraussetzung für eine normale Entwicklung.

Die zweite, sich zum Teil mit der ersten überschneidende Aufgabe dieses Reifungsprozesses ist die *Individuation* – der Erwerb jener grundlegenden motorischen und kognitiven Fähigkeiten, die zusammen mit dem allmählich entstehenden körperlichen und persönlichen Identitätsgefühl das Fundament für die innere Autonomie des Kindes bilden (für seine Fähigkeit zu Innenleitung, Selbststeuerung und Selbstverantwortlichkeit). Loslösung und Individuation kennzeichnen die zweite Geburt des Kindes, durch die es erst zum Menschen wird.

Doch sind diese Prozesse nicht auf die ersten Jahre der Persönlichkeitsentwicklung beschränkt. Sie haben eine weiterreichende Bedeutung, die sich den gesamten Lebenszyklus hindurch immer wieder manifestiert.

Wenn wir Loslösung und Individuation nicht als spezifisch kindliche, sondern als von uns allen zu durchlaufende Reifungsprozesse verstehen, vermögen wir sie als gleichbleibende «Grundthemen» unseres Lebens zu erkennen, die in dem Maße, in dem der menschliche Organismus reift und sich entfaltet, auf immer höherer Stufe beständig wiederkehren. Es ist nicht schwer, das Grundmuster zu entdecken, nach dem sich das gelungene Voranschreiten des Kindes bis hin zum Erwachsenenalter – vom Laufenlernen bis zur Berufsentscheidung und Familien- und Existenzgründung – vollzieht. Doch finden wir denselben Prozeß in den inneren Kämpfen einer Frau, die sich zu ausschließlich mit ihrer Rolle als Mutter identifiziert hat und nun, da ihr Kind erwachsen geworden ist, auf einmal vor der bedrängenden Frage steht, wer sie ist ohne das Kind und seine Abhängigkeit von ihr. Auch sie durchläuft einen Prozeß der Loslösung und Individuation, auch sie kämpft um ihre Autonomie. Ebenso findet ein solcher Prozeß statt, wenn eine Ehe durch Scheidung endet oder wenn sich ein Mensch, dessen langjähriger Lebenspartner gestorben ist, die Frage nach seiner Identität außerhalb des festen Rahmens der bisherigen Beziehung stellen muß.

Auch wenn wir versuchen, der Tatsache unseres fundamentalen Alleinseins aus dem Wege zu gehen – sie holt uns doch immer wieder ein. Eine romantische Liebesbeziehung kann uns Kraft und Unterstützung geben, aber sie kann die persönliche Identität nicht ersetzen. Wenn wir uns weigern, diese Wahrheit anzuerkennen, ruinieren wir unsere Beziehungen – durch Abhängigkeit, durch Ausbeutung, durch Machtausübung, durch Unterwürfigkeit, durch unsere uneingestandenen Ängste.

Vielleicht besteht der Kern unserer menschlichen Entwicklung darin, die Grundfrage «Wer bin ich?» auf immer tieferer Ebene zu beantworten. Die Antwort auf diese Frage und die Definition unseres Seins finden wir mit Hilfe des Denkens, Fühlens und Handelns, auf Grund der Bereitschaft, mehr und mehr Verantwortung für unser Leben und Wohlergehen zu übernehmen, und durch das Bemühen, in unserer Arbeit und unseren Beziehungen immer vollständiger auszudrücken, wer wir sind. Dies ist die umfassendere Bedeutung des Begriffs *Individuation.* Sie ist eine Aufgabe, vor die wir unser ganzes Leben lang gestellt sind.

Wenn ein Kind bemerkt, daß seine Wahrnehmungen, Gefühle und Urteile denen seiner Eltern oder anderer Familienmitglieder widersprechen, und die Frage auftaucht, ob es lieber auf seine innere Stimme hören oder sie zugunsten der Stimme anderer verleugnen soll; wenn eine Frau findet, daß ihr Mann in einer grundlegenden Streitfrage unrecht hat, und die Frage auftaucht, ob sie ihre Ansicht äußern oder aus Rücksicht auf die «Nähe» in der Beziehung lieber stillschweigen soll; wenn sich einem Künstler oder Wissenschaftler plötzlich ein Weg öffnet, der ihn (oder sie) weit von den «anerkannten» Meinungen und Werturteilen der Kollegen, weit vom «Hauptstrom» der zur Zeit herrschenden Auffassungen und Ansichten wegführt, und die Frage auftaucht, ob er (oder sie) jenem einsamen Pfad ins Ungewisse folgen oder lieber zurückgehen, das Geschehene vergessen und seine (ihre) Sichtweise auf das beschränken soll, woran die anderen noch leicht teilhaben können – dann entsteht ein Grundproblem, mit dem wir wohl alle schon in ähnlichen Situationen konfrontiert worden sind: Sollte man auf die eigenen inneren Signale vertrauen, oder sollte man sie verleugnen – sollte man sich für Autonomie entscheiden oder für Konformität, für die Äußerung oder Ablehnung der Impulse des eigenen Selbst, für Selbstschöpfung oder Selbstvernichtung?

Erneuerer und schöpferisch Tätige sind Menschen, die den Zustand des Alleinseins besser ertragen können als der Durchschnittsmensch. Ihnen kommt es mehr darauf an, ihrer eigenen Vision zu folgen, auch wenn diese sie weit von den sicheren Bezirken der menschlichen Gemeinschaft wegführt. Unentdeckte Räume schrecken sie nicht, zumindest nicht so sehr wie die anderen um sie herum. Darin liegt ein Geheimnis ihrer Stärke. Was wir «Genie» nennen, beruht zu einem großen Teil auf Tapferkeit und Wagemut, auf *Standhaftigkeit.*

Das Atmen ist keine «soziale Handlung», genausowenig wie das Denken. Selbstverständlich treten wir in Wechselbeziehung, in Interaktion, miteinander: Wir lernen von anderen, wir sprechen eine gemeinsame Sprache, wir äußern unsere Gedanken, schildern unsere Phantasien, teilen einander unsere Gefühle mit; wir wirken aufeinander ein und beeinflussen uns gegenseitig. Doch das Bewußtsein ist seinem Wesen nach unwandelbar persönlich, individuell. *Genau be-*

trachtet ist jeder einzelne von uns eine Insel der Bewußtheit – und in dieser Tatsache wurzelt unser Alleinsein.

Am Leben zu sein heißt, ein Individuum zu sein. Ein Individuum zu sein, das ein Bewußtsein hat, heißt, die Welt aus einer einzigartigen Perspektive zu erleben, zumindest in manchen Zusammenhängen. Ein Individuum zu sein, das nicht nur ein Bewußtsein hat, sondern sich seiner selbst bewußt ist, heißt, immer wieder – wenn auch nur für kurze Augenblicke, wenn auch nur in der abgeschlossenen Welt des eigenen Geistes – auf die unveränderliche Tatsache des eigenen Alleinseins gestoßen zu werden.

Zum Alleinsein gehört Selbstverantwortlichkeit. Kein anderer kann für uns denken, keiner kann für uns fühlen, keiner unser Leben für uns leben, keiner unserem Leben einen Sinn geben. All das sind Dinge, die wir selbst tun müssen. Für die meisten Menschen ist diese Tatsache schreckenerregend. Es gibt wohl keine Realität in ihrem Leben, gegen die sie sich heftiger sträuben, die sie leidenschaftlicher verneinen.

Die Formen, in denen diese Verneinung auftritt, sind vielfältig: manche weigern sich zu denken und folgen unkritisch den Ansichten anderer; manche verleugnen ihre tiefsten Gefühle, um «dazuzugehören»; manche tun so, als wären sie hilflos oder verwirrt oder dumm, um nicht einen eigenen Standpunkt einnehmen zu müssen; manche klammern sich an die Einbildung, daß sie «sterben» müßten, wenn sie nicht die Liebe dieser oder jener Personen erlangen; manche treten in eine Massenbewegung ein oder engagieren sich für eine «Sache», die verspricht, ihnen die Verantwortung für ein selbständiges Urteil abzunehmen, und die es überflüssig macht, selbst ein Gefühl persönlicher Identität zu entwickeln; manche unterwerfen sich geistig einem Führer; manche töten oder lassen sich töten für Glaubenssätze und abstrakte Ideen, die ein ruhmreiches und sinnerfülltes Leben versprechen, ohne daß man selbst etwas anderes dazu tun müßte als gehorchen; manche konzentrieren ihre Energie darauf, andere so zu manipulieren, daß sie ihnen «Liebe» schenken.

In mannigfacher Hinsicht sind wir freilich nicht allein, doch das widerspricht keineswegs dem oben Gesagten. Als Menschen sind wir mit allen anderen Mitgliedern der menschlichen Gemeinschaft verbunden. Als Lebewesen sind wir mit allen anderen Formen des Lebens verbunden. Als Bewohner des Weltalls sind wir verbunden mit allem, was existiert. Wir stecken in einem bis ins Unendliche reichenden Netz von Beziehungen. Getrenntheit und Verbundenheit sind die beiden Pole unseres Seins; das eine wäre nicht möglich ohne das andere.

Unbestreitbar sind wir alle Teil des einen Universums – doch innerhalb dieses Universums ist jeder von uns nur ein einzelner, mit Bewußtsein versehener Punkt, ein einzigartiges Ereignis, eine abgeschlossene, unwiederholbare Welt für sich.

Solange wir das nicht begreifen, bleibt uns unverständlich, was im Erlebnis des Verbundenseins und Miteinanderverschmelzens, im Erlebnis der größten Verzauberung mit uns geschieht, was sich in jenen herausgehobenen Augenblicken voll Heiterkeit und Glückseligkeit vollzieht, wenn wir uns eins fühlen mit allem, was existiert. Und wir wissen nicht, was in der Ekstase der romantischen Liebe mit uns vorgeht.

Die tragische Ironie des Menschenlebens (dieser Punkt kann nicht deutlich genug hervorgehoben werden) liegt darin, daß jede Verleugnung der Realität unseres Alleinseins zugleich die Möglichkeit der Liebe leugnet. Was für einen Sinn hat die Liebe, wenn es gar kein «Ich» gibt, das liebt?

Am Anfang steht das Selbst – erst danach eröffnet sich die Möglichkeit der Begegnung: Welches Entzücken, wenn ein Selbst einem anderen begegnet!

Vorüberlegungen zu einer Definition der Liebe

Wir sind noch nicht so weit, daß wir unmittelbar von der romantischen Liebe sprechen könnten. Zuerst müssen wir uns über die Liebe im allgemeinen, über die Liebe als solche, klarwerden. Innerhalb dieser weiteren Kategorie stellt die romantische Liebe sozusagen einen Spezialfall dar. Es gibt eine ganze Reihe unterschiedlicher Arten von Liebe, die wir anderen entgegenbringen können: von der romantischen Liebe über die Liebe zwischen Eltern und Kindern und die Freundesliebe bis hin zu der Liebe eines Menschen zu einem Tier, und so weiter. Doch es gibt bestimmte Feststellungen, die auf *sämtliche* Arten der Liebe zutreffen, bestimmte universelle Wahrheiten über die Liebe an sich, und diese bilden das Fundament, auf dem jede Erörterung der romantischen Liebe notwendigerweise aufbauen muß.

Liebe im allgemeinsten Sinn ist unsere gefühlsmäßige Reaktion auf das, was wir hochschätzen. Sie ist die Freude, die wir angesichts der Gegenwart des geliebten Objekts empfinden, die Freude, in seiner Nähe zu sein, das Vergnügen, mit dem geliebten Wesen in eine Wechselbeziehung zu treten und in seine Existenz einbezogen zu sein. Lieben heißt, sich an dem Wesen, das man liebt, zu erfreuen, Vergnügen an seiner Gegenwart zu empfinden und im Zusammensein mit ihm Befriedigung und Erfüllung zu erleben.

Wir empfinden das geliebte Wesen als eine Quelle der Befriedigung fundamental wichtiger Bedürfnisse. (Jemand, den wir lieben, tritt ins Zimmer: Unsere Augen beginnen zu leuchten, das Herz wird uns warm. Wir schauen die Person an und fühlen eine freudige Erregung in uns aufsteigen. Wir wenden uns ihr zu, um sie zu berühren. Wir fühlen uns froh und befriedigt.)

Doch die Liebe ist mehr als nur ein Gefühl; sie ist Beurteilung oder Wertung, sie ist Bereitschaft und Neigung zu handeln. Tatsächlich hat *jede* Gefühlsregung einen Wertungsvorgang und eine Handlungsbereitschaft zur Folge.

Das erste, was wir über Gefühle wissen müssen, ist, daß es sich dabei um *Wertungsreaktionen* handelt. *Gefühlsregungen sind automatische, geistige wie physiologische Momente umfassende psychische Reaktionen auf die in unserem Unterbewußtsein stattfindende Einschätzung dessen, was wir als günstige oder nachteilige Beziehung zwischen einem bestimmten Aspekt der Realität und unserer eigenen Person wahrnehmen.*

Wenn wir eine Weile über emotionale Reaktionen im allgemeinen (zum Beispiel über Liebe, Furcht oder Wut) nachdenken, so werden wir feststellen, daß jede Gefühlsreaktion ein *doppeltes* Werturteil beinhaltet. Jedes Gefühl spiegelt die innere Einschätzung «für mich» oder «gegen mich» und dazu «in welchem Ausmaß» wider. Unsere Gefühle unterscheiden sich also hinsichtlich ihres *Gehaltes* und ihrer *Intensität* voneinander. Genau genommen geht es dabei gar nicht um zwei getrennte Werturteile. Vielmehr sind beide Einschätzungen integrale Bestandteile desselben Urteils und werden als einheitliche Reaktion erlebt.

Die Liebe ist der höchste und intensivste Ausdruck der Einstufung «für mich», «gut für mich», «nützlich für mein Leben». (In der Person des geliebten Menschen finden wir außergewöhnlich viele jener Züge und Eigenschaften, die wir als dem Leben – so wie wir es sehen und erfahren – angemessen und damit als für unser eigenes Wohlergehen und Glück am erstrebenswertesten empfinden.)

Jeder Gemütsbewegung wohnt eine Handlungsbereitschaft inne – ein Impuls, eine auf diese Gemütsbewegung bezogene Handlung auszuführen. Mit dem Gefühl der Furcht reagiert ein Mensch auf etwas, was er als Bedrohung seiner Werte empfindet; zu diesem Gefühl gehört die Handlungsbereitschaft, das gefürchtete Objekt zu meiden oder vor ihm zu fliehen. Zum Gefühl der Liebe gehört die Handlungsbereitschaft, mit dem geliebten Wesen in Kontakt zu kommen, eine wechselseitige Beziehung aufzubauen und an seinem Leben Anteil zu nehmen. (Manchmal äußert ein Liebender die berechtigte Klage: «Du sagst, daß du mich liebst, aber in dem, *was du tust*, kann ich deine Liebe nicht erkennen. Du willst nie mit mir allein sein, du willst nicht mit mir sprechen – was wäre denn überhaupt der Unterschied, wenn du mich *nicht* liebtest?»)

Schließlich können wir die Liebe in einem noch elementareren Sinn als eine *Orientierung* (eine Haltung, einen psychologischen Zustand) in bezug auf das geliebte Wesen beschreiben, die tiefer reicht und dauerhafter ist als der von Augenblick zu Augenblick wechselnde Strom der Gefühle und Empfindungen. So gesehen *ist die Liebe eine Bereitschaft, das geliebte Wesen als die Verkörperung fundamentaler persönlicher Werte und entsprechend als wirkliche oder mögliche Quelle des Glücks zu erleben.*

Die Liebe zwischen Mutter und Kind

Wollen wir verstehen, was Liebe ist, dann sollten wir, so rät uns Aristoteles, die Zuneigung zwischen *Freunden*, die ungefähr gleich weit entwickelt und durch gemeinsame Wertvorstellungen, gemeinsame Interessen und wechselseitige Bewunderung verbunden sind, als «Vorbild» für eine Beziehung zwischen zwei Menschen und als Vergleichsmaßstab für andere Beziehungsformen betrachten. Wir werden sehen, daß dieser Gesichtspunkt einiges für sich hat, insbesondere dann, wenn es uns um das Verständnis der romantischen Liebe geht.

Doch merkwürdigerweise wird immer wieder eine völlig andere Beziehung, nämlich die zwischen Mutter und Kind, als geeigneter Bezugsrahmen herangezogen, um das Wesen der Liebe und darüber hinaus ganz allgemein «gesunder» oder «wünschenswerter» menschlicher Beziehungen zu klären. Zum Beispiel nimmt auch der Anthropologe Ashley Montagu diesen Standpunkt ein, wenn er erklärt: «Es dürfte wohl eine allgemein anerkannte Tatsache sein, daß in der Mutter-Kind-Beziehung mehr als in jeder anderen menschlichen Beziehung zum Ausdruck kommt, worin das Wesen der Liebe besteht.» Ich halte diese Ansicht für falsch, und ich möchte kurz begründen, warum.

Zunächst: Sieht man sich die im Laufe der letzten Jahrhunderte von Philosophen und Psychologen vorgelegten Untersuchungen und Betrachtungen über die Liebe näher an und erinnert man sich an die zahlreichen Kontroversen um die jeweiligen Standpunkte, dann wird deutlich, daß Montagus Auffassung keineswegs «allgemein anerkannt» ist. Sie hat jedoch so viele Anhänger, daß sie es wert ist, widerlegt zu werden.

Die Überlegungen, über die Montagu zu seinen Schlußfolgerungen gelangt, sind folgende: «Vom Augenblick der Geburt an ist der Säugling auf den Austausch von Liebesbezeugungen mit seiner Mutter angewiesen. Das Kind ist von Anfang an in der Lage, der Mutter von wirklichem Nutzen zu sein – *vorausgesetzt*, daß die Mutter-Kind-Beziehung sich ungestört entwickeln kann ... Läßt man das Kind nach der Geburt bei der Mutter und legt es ihr zum Stillen an die Brust, dann werden drei Schwierigkeiten, die schon viel Kummer und Leid verursacht haben, in den meisten Fällen sofort behoben ... Gebärmutterblutungen, die sich häufig nach der Entbindung einstellen, lassen nach, der Uterus bildet sich in Minutenschnelle fast bis auf seine normale Größe zurück, die Plazenta löst sich und wird ausgestoßen ... Natürlich ist es auch für das Kind vorteilhafter ...

In Anbetracht der Vorteile, die sich für Mutter und Kind ergeben, können wir vielleicht sagen, *daß Liebe die Beziehung zwischen Menschen ist, bei der jeder Partner zum Wohlergehen und zur persönlichen Entfaltung des anderen Partners beiträgt.*»

Daß in dem Verhältnis zwischen Kind und Mutter jeder der beiden beteiligten Partner körperlichen und seelischen Nutzen davonträgt, ist unbestreitbar. Wenn ich jedoch hingehe und ein Buch kaufe und der Besitzer des Buchladens einen Teil seiner Einnahmen dazu verwendet, seine eigene Weiterbildung zu finanzieren, dann sind wir genauso unbestreitbar in ein Verhältnis zueinander getreten, in dem jeder zum Wohlergehen und zur Persönlichkeitsentwicklung des anderen beiträgt. Doch deswegen lieben der Besitzer des Buchladens und ich uns noch lange nicht. Dieses Gegenbeispiel macht unzweideutig klar, daß Montagus Definition der Liebe ein wesentliches Element außer acht läßt.

Außerdem handelt die Mutter zwar in der *Absicht*, dem

Wohl des Kindes zu dienen, das Kind hingegen hat der Mutter gegenüber keineswegs diese *Absicht*. Das Kind hat ursprünglich noch gar kein Bewußtsein davon, daß die Mutter als ein von ihm getrenntes Wesen existiert. Woher nimmt man dann die Berechtigung, zu behaupten, das Kind «liebe» die Mutter?

Halten wir deshalb fest, daß gerade die Mutter-Kind-Beziehung ein extremes Beispiel für eine Beziehung unter *Ungleichen* ist. Sie ist eine Beziehung, in der auf der Ebene bewußter Absicht der eine fast ausschließlich Gebender und der andere fast ausschließlich Nehmender ist. Bei Erwachsenen wird eine solche Beziehung gewöhnlich als ausbeuterisch und parasitär angesehen. Für die Mutter-Kind-Dyade gilt diese Bewertung aus offensichtlichen biologischen Gründen natürlich nicht.

Die Bedeutung, die die Mutter-Kind-Beziehung für unser Verständnis der Liebe im allgemeinen und der romantischen Liebe im besonderen hat, liegt auf einer ganz anderen Ebene.

Die Mutter oder die an die Stelle der Mutter tretende Pflegeperson ist für das Kind der erste Mensch – der «Repräsentant des Menschen». Bei ihr kann der Säugling das Gefühl der Sicherheit und Geborgenheit entwickeln. Bei ihr kann der Säugling lernen, einem anderen Menschen Vertrauen entgegenzubringen. Bei ihr kann er lernen, einen anderen Menschen als Quelle der Freude und Befriedigung wahrzunehmen. Solche Erfahrungen bilden eine außerordentlich wertvolle *Vorbereitung* auf die Liebe. Im Idealfall erwirbt das Kind die emotionale Grundlage seiner späteren Liebesfähigkeit. Doch sollten wir diesen Prozeß nicht mit der Liebe selbst verwechseln, denn diese setzt einen Grad an Reife voraus, der den des Kindes weit übersteigt.

Und selbst wenn sich das Kind später so weit entwickelt

hat, daß es fähig ist, zu lieben und als Liebender zu handeln, bleibt das Eltern-Kind-Verhältnis zu sehr «Spezialfall», als daß es als Urform der Liebe gelten könnte. Zumindest bis das Kind erwachsen wird, bleibt das Problem der Ungleichheit bestehen mit all den Beschränkungen, die die Ungleichheit der Partner einer Beziehung auferlegt.

Das Bedürfnis und das Verlangen, zu lieben

Bei unserem Versuch, das Wesen der romantischen Liebe zu verstehen, müssen wir zuerst nach den psychischen Bedürfnissen fragen, die durch sie befriedigt werden. Und wir wollen versuchen, den Ursprung dieser Bedürfnisse zu klären.

Richten wir unser Augenmerk zunächst auf unser Bedürfnis nach menschlicher *Gemeinschaft*, auf den Wunsch, mit Menschen umzugehen, die wir respektieren, bewundern und hochschätzen und mit denen wir in vielfältiger Weise und auf unterschiedlichen Ebenen unseres Seins kommunizieren können. Fast jeder von uns empfindet das Bedürfnis nach Gemeinschaft, Freundschaft und Liebe als eine Grundgegebenheit der menschlichen Natur, deren Vorhandensein keiner Erklärung bedarf. Hin und wieder wird die Scheinerklärung angeboten, der Mensch besäße so etwas wie einen «Herdentrieb», dem er gehorche. Doch diese Entwicklung macht nichts klarer.

Man könnte unser Bedürfnis nach Gemeinschaft vielleicht zum Teil aus der Tatsache herleiten, daß das Zusammenleben und Miteinanderumgehen im Sozialverband und das Austauschen von Gütern, Dienstleistungen und ähnlichem uns unvergleichbar günstigere Überlebenschancen sichert als wir sie allein auf einer einsamen Insel oder als Bewirtschafter eines völlig autarken Bauernhofes jemals erreichen könnten. Wir empfinden es offensichtlich als vorteilhaft, mit Männern und Frauen zu tun zu haben, deren Wertvorstellungen und Charaktereigenschaften in wesentlichen Punkten den unseren ähnlich sind, während wir vor Menschen mit gegensätzlichen Wertvorstellungen und Charaktereigenschaften eher zurückscheuen. Normalerweise entwickeln wir Gefühle des Wohlwollens und der Zuneigung gegenüber den Menschen, die unsere Wertorientierung teilen und sich auf eine Art und Weise verhalten, die unseren Lebensinteressen förderlich ist. Es ist jedoch leicht einzusehen, daß diese menschliche Reaktion die Grundfrage, um die es uns hier geht, nicht berührt. Praktische Existenzrücksichten wie diese reichen nicht aus, um das Phänomen der romantischen Liebe zu erklären.

Das Bedürfnis nach Gemeinschaft und Liebe entstammt Beweggründen, die zum Wesenskern eins jeden Menschen gehören und deren innerster Antrieb letztlich eher psychologischer als existentieller Natur ist. Fast jeder von uns empfindet bewußt den Wunsch nach Gemeinschaft, nach einer Person, mit der er sprechen, mit der er zusammensein kann, die ihn versteht und seine Erlebnisse mit ihm teilt – kurz: den Wunsch nach *gefühlsmäßiger Nähe und Intimität mit einem anderen Menschen* –, wobei freilich die Intensität, mit der dieser Wunsch erlebt wird, bei den einzelnen Individuen stark variiert.

Konzentrieren wir uns als erstes auf das Bedürfnis und den Wunsch *zu lieben*. Der Wunsch zu lieben wurzelt in dem tiefen Bedürfnis, etwas *als wertvoll zu erleben*, auf der Welt etwas zu finden, was unsere Anteilnahme weckt, was uns fasziniert und begeistert. Es sind die als wertvoll erlebten Menschen und Dinge, die uns an die Welt binden und uns dazu bewegen, weiterzuleben. Jede unserer Handlungen dient dem Zweck, etwas zu erlangen oder zu schützen, von dem wir meinen, daß es unserem Leben nützt und unser Lebensgefühl intensiviert.

Was könnte einen Menschen, der vom Kleinkindalter an in einer Umgebung aufwachsen muß, in der er keine Zuwendung und Förderung findet, keine Erlebnisse hat, die Lebensfreude in ihm wecken und bestärken, dazu bringen, den Kampf ums Dasein weiter durchzuhalten? Ist sein Wachstums- und Entwicklungsprozeß nicht schon von vornherein behindert? Einem Menschen, dem nichts am Herzen liegt, liegt auch nichts an seinem Leben.

Das Leben ist – auf jeder Altersstufe – in genau dem Maße lebenswert, in dem es uns gelingt, bestimmte Werte oder Ziele zu finden, die anzustreben sich lohnen. Ein Kind, das in seiner Umwelt nichts vorfindet, was ihm Spaß macht, worauf es mit Bejahung, Interesse, Neugier und freudiger Erregung antworten könnte, ist in einer nahezu aussichtslosen Lage. Es könnte die ersten Lebensjahre nicht überleben.

Kinder brauchen eine Umwelt, in der sie Lebensfreude empfinden können, in der sie vielerlei spannende Aktivitäten entfalten, abenteuerlustig ihre äußere Umgebung erforschen und entdecken können, daß das Zusammenleben mit anderen Menschen Glück verspricht. Das Kind ist ein aktiv handelndes und nicht nur passiv aufnehmendes Wesen. Das Bedürfnis des Kindes, andere zu lieben, ist wahrscheinlich ebenso stark wie sein Bedürfnis, Liebe zu empfangen – vielleicht sogar stärker. Das gilt auch für die Jahre zunehmender und erreichter Reife.

Viele von uns haben als Erwachsene die quälende Erfahrung machen müssen, daß sie die eigene Liebesfähigkeit nirgends ausleben konnten. Wir alle haben den Wunsch, zu bewundern; wir alle sehnen uns danach, Menschen und menschliche Leistungen zu finden, die wir aufrichtig anerkennen und respektieren können. Bleibt dieses Sehnen unerfüllt, dann versinken wir in Entfremdung und Depression. Wir leben auf dieser Welt; wir wollen auf die Möglichkeiten, die sie uns bietet, vertrauen können. Wir sind lebendig und möchten erleben, wie das Leben triumphiert. Wir sind Menschen und wollen mit anderen Menschen zusammenleben, die uns begeistern und mitreißen.

Wenn wir über eine gesunde Portion Selbstachtung verfügen, ist die Wahrscheinlichkeit sehr groß, daß wir uns dieser Wünsche bewußt sind. Falls wir jedoch unter tiefen Unsicherheitsgefühlen leiden, wird das Bedürfnis nach lebendigem und erfüllendem Kontakt mit anderen oftmals überlagert von Regungen des Neids, der Eifersucht und der Verstimmung gegenüber denjenigen, deren Leben erfüllter ist als das unsere. Doch das Bedürfnis bleibt dennoch bestehen.

Schon oft habe ich Menschen, die nach Jahren harten Ringens Erfolg hatten, über ihre Niedergeschlagenheit sprechen hören, als sie entdecken mußten, daß die anderen Erfolgreichen «an der Spitze» keineswegs interessantere und anregendere Menschen sind als die, mit denen sie früher verkehrt hatten. Und ebensooft haben mir hochtalentierte und gebildete Menschen bekannt, wie schmerzlich sie sich danach sehnen, mit Menschen oder Dingen in Berührung zu kommen, denen sie leidenschaftliche Bewunderung entgegenbringen können.

In dieser Hinsicht sind wir alle Kinder – voller Hoffnung, in der Welt um uns herum jene Lichter zu entdecken, die unseren Weg erhellen und uns durch ihren Glanz zugleich zeigen, daß unser Kampf der Mühe wert ist.

Die leidenschaftliche Liebe bietet uns die Chance, unsere Liebesfähigkeit auszuleben. Sie schafft unserer Energie ein Ventil. Sie ist eine nie versiegende Quelle der Inspiration, setzt unserem Dasein Glanzlichter auf und offenbart uns, wie reich und lebenswert das Leben ist.

Aber der Wunsch, zu lieben und geliebt zu werden, enthält noch weitere Komponenten. Sehen wir also weiter.

Der Kern der romantischen Liebe – das Muttnik-Prinzip

An dieser Stelle möchte ich zwei Begebenheiten aus meinem eigenen Leben schildern, die mein Verständnis von der Liebe und den zwischenmenschlichen Beziehungen entscheidend geprägt haben. Ich kann mir keine bessere Überleitung zu dem vorstellen, was ich für den wesentlichen Gehalt der romantischen Liebe halte.

Wir stoßen hier auf ein Phänomen, das ich zunächst als «Muttnik-Prinzip» und später – akademisch korrekter – als «Prinzip des seelischen Sichtbarseins» bezeichnet habe. Die intensive Erfahrung *wechselseitiger seelischer Sichtbarkeit* ist, wie wir noch sehen werden, der zentrale Punkt der romantischen Liebe. Untersuchen wir, was dieses Prinzip bedeutet und warum es so wesentlich ist.

An einem Nachmittag im Jahre 1960 saß ich allein in meinem Wohnzimmer und betrachtete gedankenverloren und mit Freude die große Philodendronpflanze, die an der Wand stand. Das war ein Vergnügen, das ich nicht zum erstenmal erlebte, doch diesmal begann ich mich auf einmal zu fragen: Was für ein Vergnügen ist das, und wodurch entsteht es?

Ich hätte mich damals nicht als «Naturliebhaber» bezeichnet, obwohl ich in der Folgezeit einer geworden bin. Ich war mir bewußt, daß mein nachdenkliches Betrachten des Philodendrons von positiven Gefühlen begleitet wurde; ich hätte jedoch nicht erklären können, was für Gefühle das waren.

Das Vergnügen war nicht vorrangig ein ästhetisches. Hätte ich festgestellt, daß die Pflanze künstlich war, wäre der ästhetische Eindruck zwar derselbe geblieben, aber meine Reaktion hätte sich radikal gewandelt; die besondere Freude, die ich empfunden hatte, wäre versiegt. Es war offensichtlich, daß mein Vergnügen ganz wesentlich auf dem Wissen basiert, daß die Pflanze vor Gesundheit strotzte und strahlend *lebendig* war. Ich empfand ein Gefühl der Verbundenheit, fast der Verwandtschaft, mit der Pflanze; umgeben von lauter leblosen Gegenständen waren wir vereint durch die Tatsache unseres Lebendigseins. Ich sann darüber nach, aus welchen Gründen selbst Menschen, die unter den allerärmlichsten Bedingungen leben, auf ihrem Fensterbrett Blumen züchten. Es muß, überlegte ich, die Freude daran sein, etwas wachsen zu sehen. Offensichtlich empfindet es der Mensch als Gewinn, geglücktes Leben zu beobachten.

Angenommen, so überlegte ich weiter, ich wäre auf einem toten Planeten, auf dem ich zwar alle materiellen Vorbedingungen zum Überleben vorfände, auf dem es aber nichts Lebendiges gäbe. Ich käme mir im metaphysischen Sinn ausgesetzt und fremd vor. Was wäre aber, wenn ich dort eine lebende Pflanze vorfände? Ich würde sicherlich hocherfreut darüber sein. *Warum?*

Weil, so wurde mir allmählich klar, alles Leben immer auch Kampf ist, und zum Kampf gehört auch die Möglichkeit des Scheiterns. Deshalb suchen und begrüßen wir handgreifliche Beispiele für geglücktes Leben, die uns in unserem Glauben bestärken, daß so etwas wie «gelungenes

Leben» überhaupt möglich ist. Es geht dabei tatsächlich um eine *metaphysische* Erfahrung. Wir sehnen uns nach dieser Erfahrung, und zwar nicht nur, um unsere Zweifel zu beschwichtigen und uns selber zu bestätigen, sondern um das, was wir abstrakt und theoretisch wissen, auch auf der Wahrnehmungsebene, im Bereich der unmittelbaren Realität, zu erfahren und zu bekräftigen.

Wenn ein Pflanze uns dieses Gefühl geben kann, überlegte ich, dann muß uns die Gegenwart eines anderen Menschen noch eine viel intensivere Erfahrung dieser Art ermöglichen. Die Erfolge und Leistungen unserer Mitmenschen, die sich in ihrer Person oder ihrer Arbeit dokumentieren, wirken also als Ansporn und Inspiration für unsere eigenen Anstrengungen und unser eigenes Streben. Dies ist vielleicht eine der größten Gaben, mit denen ein Mensch einen anderen beglücken kann. Ein größeres Geschenk als Barmherzigkeit, ein größeres Geschenk als alle Lehren und Ratschläge: die Möglichkeit, bei anderen Lebensfreude, Gelingen, Erfolg und Erfüllung mitzuerleben.

Den nächsten wichtigen Schritt in meinen Überlegungen machte ich ein paar Monate später, als ich eines Nachmittags auf dem Fußboden saß und mit Muttnik, meinem Drahthaarterrier, spielte.

Wir knufften und stießen uns gegenseitig in vorgetäuschtem Kampfeifer. Besonders begeisterte und faszinierte mich dabei, wie genau Muttnik das Spielerische meiner Absicht zu erfassen schien. Sie wälzte sich herum, schnappte nach mir und zahlte mir meine Hiebe heim, ohne auch nur einen einzigen Augenblick die Vorsicht zu vergessen und mich ernsthaft anzugreifen. Ihr Verhalten zeigte absolutes und furchtloses Vertrauen. Die Situation war keineswegs ungewöhnlich, den meisten Hundebesitzern wird sie vertraut sein. Doch plötzlich stellte ich mir eine Frage, an die ich bisher noch nie gedacht hatte: Warum eigentlich macht mir dieses Spiel solchen Spaß? Was ist das für ein Vergnügen, das ich empfinde, und woher kommt es?

Zu einem Teil, so erkannte ich, war meine Reaktion einfach Befriedigung darüber, die von gesundem Selbstvertrauen getragenen Lebensäußerungen eines anderen Lebewesens beobachten zu können. Doch das war noch nicht das wesentliche Moment. Entscheidend war die Interaktion zwischen uns, das Wechselspiel zwischen mir und dem Hund, das mir das Gefühl gab, mit einem lebendigen Bewußtsein in Beziehung zu treten und mich mit ihm verständigen zu können.

Sähe ich in Muttnik nur einen Automaten ohne Bewußtsein und Bewußtheit, würde ich ihre Vorgehensweisen und Reaktionen nur als rein mechanische Abläufe betrachten, dann wäre das Spiel mit ihr auf einmal ohne Reiz. Das Moment des Bewußtseins war also von entscheidender Bedeutung.

Dann stellte ich mir vor, auf einer unbewohnten Insel ausgesetzt zu sein. Unter solchen Umständen wäre Muttniks Anwesenheit von ungeheurer Bedeutung für mich, und zwar nicht, weil sie konkret zu meinem physischen Überleben beitragen könnte, sondern weil sie mir eine Möglichkeit der *Gemeinschaft* böte. Sie wäre für mich ein anderes, mit Bewußtsein ausgestattetes Wesen, mit dem ich kommunizieren könnte, so wie ich es eben getan hatte. *Warum jedoch ist das etwas Wertvolles?*

Die Antwort auf diese Frage würde, so dachte ich, viel mehr erklären als bloß das freundschaftliche Verhältnis zwischen einem Menschen und einem Haustier, denn sie berührt das psychologische Prinzip, das unserem Verlangen nach *menschlicher* Gemeinschaft zugrunde liegt, das Prinzip, das erklären kann, warum ein bewußtes Wesen die Gegenwart anderer bewußter Wesen sucht und schätzt – *warum ich als Bewußtseinswesen fremdes Bewußtsein als wertvoll empfinde*.

Als ich die Antwort gefunden hatte, nannte ich sie – wegen der Situation, in der ich auf sie gestoßen war – das «Muttnik-Prinzip». Betrachten wir dieses Prinzip jetzt etwas genauer.

Der Schlüssel zum Verständnis meiner freudigen Reaktion auf das Spiel mit Muttnik liegt in der Möglichkeit des Selbstgewahrwerdens auf Grund der Reaktionen des Tieres. Vom ersten Augenblick an, in dem ich Muttnik zu «boxen» begann, reagierte sie spielerisch. Ich konnte keinerlei Anzeichen dafür feststellen, daß sie sich bedroht fühlte. Was sie nach außen zu erkennen gab, war Vertrauen, Vergnügen und freudige Erregung. Hätte ich ein lebloses Objekt geschubst oder geknufft, wäre seine Reaktion eine rein mechanische gewesen. Es hätte überhaupt nicht auf *mich* reagiert und wäre niemals in der Lage gewesen, die Bedeutung meiner Handlungen zu erfassen, meine Absicht zu erkennen und sich in seinem Verhalten darauf einzustellen. Ein solches Miteinander-Kommunizieren und Aufeinander-Reagieren ist nur unter bewußten Wesen möglich. So vermittelte Muttniks Verhalten mir das Gefühl, *gesehen* zu werden, für ein anderes Wesen – wenn auch in bescheidenem Ausmaß – *seelisch sichtbar* zu sein. Muttnik reagierte nicht wie ein Gegenstand auf mich, sondern wie eine Person.

Es ist ein Teil desselben Vorgangs, daß ich dadurch *für mich selbst* in höherem Grade sichtbar wurde: Mir wurde eine spielerisch Komponente meiner Persönlichkeit zugänglich, die ich in jenen Jahren im allgemeinen streng unter Verschluß zu halten pflegte, so daß die Interaktion also auch Elemente des *Sich-selbst-Entdeckens* enthielt. Ich werde in Kürze auf dieses Thema zurückkommen.

Als besonders bedeutsam ist hervorzuheben, daß Muttnik auf mich als Person in einer Weise reagierte, die mir objektiv angemessen erschien, das heißt, die mit meiner Vorstellung von mir selbst und von dem, was ich der Hündin gegenüber ausdrücken wollte, übereinstimmte. Hätte sie sich bei meinen Annäherungsversuchen ängstlich geduckt, hätte ich das Gefühl gehabt, von ihr falsch wahrgenommen zu werden, und das Spiel mit ihr hätte mir kein Vergnügen mehr gemacht.

Dieses Beispiel einer Interaktion zwischen einem Menschen und einem Hund mag vielleicht sehr primitiv erscheinen, aber ich meine doch, daß darin das Muster sichtbar wird, das sich potentiell bei jedem Zusammentreffen zweier bewußter Wesen, die wechselseitig aufeinander reagieren können, zeigt. Alle positiven zwischenmenschlichen Interaktionen rufen bis zu einem gewissen Grad das Gefühl des Gesehenwerdens hervor. In der romantischen Liebe erreicht dieses Gefühl seinen Gipfel.

Es erhebt sich nun die Frage: Warum empfinden wir die Erfahrung des Sich-selbst-Gewahrwerdens und des seelischen Sichtbarseins, die durch angemessene Reaktionen beziehungsweise Feedback eines fremden Bewußtseins ausgelöst werden kann, als wertvoll und als wohltuend?

Denken wir daran, daß wir uns selbst normalerweise als in der Entwicklung begriffen wahrnehmen – insofern, als unser Bewußtsein selbst einen Entwicklungsprozeß, eine niemals zur Ruhe kommende Aktivität darstellt und die Inhalte unserer Geistestätigkeit einen bewegten Strom unterschiedlicher Wahrnehmungen, Bilder, Körperempfindungen, Phantasien, Gedanken und Gefühle bilden. Unser Geist ist kein sich stets gleichbleibender Gegenstand, den wir objektiv, also als unmittelbares Objekt der Erfahrung, ins Auge fassen könnten, so wie wir die Gegenstände in der Außenwelt betrachten.

Natürlich haben wir für gewöhnlich ein Bewußtsein unserer selbst und unserer Identität, doch wir erleben es eher auf gefühlsmäßiger als auf gedanklicher Ebene, als ein sehr verschwommenes Gefühl, das sich mit allen unseren übrigen Gefühlen verschränkt und, wenn überhaupt, nur mit Mühe abzugrenzen und isoliert zu betrachten ist. Unser «Selbstbild» besteht nicht aus einem einheitlichen Bild, sondern aus einem ganzen Bündel von Bildern und gedanklichen Entsprechungen unserer verschiedenen (realen wie vorgestellten) Eigenarten und Charakterzüge, die wir zu keiner Zeit in ihrer Totalität in unserem Blickfeld halten können; unser Selbstbild als Ganzes erleben wir, doch wir können es nie als solches *wahrnehmen*.

Die Werte, Ziele und Aufgaben unseres Lebens formen sich zunächst in unserem Geist; das heißt, sie existieren erst als Bewußtseinsinhalte und werden dann – in dem Maße, in dem uns das Leben gelingt – in die Tat und in die objektive Wirklichkeit umgesetzt. Unsere Bewußtseinsinhalte werden zu einem Teil des «Draußen», zu einem Bestandteil unserer Wahrnehmungswelt. Was zuerst nur im Bewußtsein vorhanden war, erlangt Gestalt und materielle Realität. Dies ist ein der menschlichen Existenz eigentümliches und notwendig vorgegebenes Muster. *Ein glückliches, ausgefülltes Leben führen heißt, sich selbst in die Welt zu geben und die eigenen Gedanken, Wertvorstellungen und Ziele zum Ausdruck zu bringen.* Unser Leben ist in dem Maße ungelebt, in dem dieser Äußerungsvorgang unterbleibt.

Allerdings fügt sich unser höchster Wert – gleichgültig, ob wir ihn nun Charakter, Seele, Selbst, spirituelles Sein oder anders nennen – streng genommen nicht in dieses Grundmuster der menschlichen Existenz, da er an unser Bewußtsein gebunden ist und außerhalb der Grenzen unseres Bewußtseins nicht existieren kann. Wir können diesen

Kern unserer Persönlichkeit nie als einen Teil des «Draußen» wahrnehmen. Doch wir *sehnen* uns nach einer Möglichkeit objektiven Sich-selbst-Gewahrwerdens, ja, wir *brauchen* diese Erfahrung.

Wir selbst sind der Antrieb unseres Handelns; das Bild der Person, die wir sind, der Person, die wir entwickelt haben, steht im Mittelpunkt unserer gesamten Handlungsmotivation. Wir hegen deswegen den Wunsch und das Bedürfnis, das reale und objektive Vorhandensein dieser Person – unseres Selbst – so intensiv und umfassend wie möglich zu erfahren.

Wenn wir uns vor den Spiegel stellen, können wir unser eigenes Gesicht als ein Objekt der gegenständlichen Realität wahrnehmen, und in der Regel bereitet es uns Vergnügen, jenes Ding der materiellen Welt, das wir sind, zu betrachten. Es ist für uns eine wertvolle Erfahrung, uns selbst anschauen zu können und zu sagen: «Das bin ich.» Der Gewinn liegt in dem Erlebnis des objektiven Charakters unserer Existenz, das uns dadurch ermöglicht wird.

Um es noch einmal zu sagen: Es macht das Wesen geglückten Lebens aus, das eigene Innere in objektivierter Form nach außen zu geben, zu externalisieren. Wir alle wollen es erleben, daß unser *Selbst* an diesem Vorgang teilhat.

Und *mittelbar* ist es auch daran beteiligt, und zwar jedesmal, wenn wir nach unserem eigenen Ermessen handeln, jedesmal wenn wir sagen, was wir denken und fühlen und meinen, jedesmal wenn wir unsere innere Wirklichkeit, unser inneres Sein in Wort und Tat aufrichtig ausdrücken.

Doch in welcher Weise drückt sich unser Selbst *unmittelbar* aus? Gibt es einen Spiegel, in dem wir unser *psychisches* Selbst erkennen, in dem wir sozusagen unsere eigene Seele wahrnehmen können? Es gibt ihn: Ein solcher Spiegel ist ein anderes bewußtes Wesen.

Als einzelne Individuen können wir uns – zumindest bis

zu einem gewissen Grad – gedanklich begreifen. Ein anderes Bewußtsein kann uns jedoch die Möglichkeit bieten, uns als konkrete Gegenstände der Außenwelt, des «Draußen», vermittels unserer Wahrnehmung zu erfahren.

Zweifellos ist das Bewußtsein mancher Menschen dem unseren so fremd, daß sie uns – wie Zerrspiegel – nur grotesk entstellte Bilder zurückwerfen. Stärkere Sichtbarkeit kann nur dann erfahren werden, wenn das spiegelnde Bewußtsein in ausreichendem Maße mit dem unseren übereinstimmt.

Hier zeigen sich Muttniks Grenzen, oder überhaupt die eines Tieres. Gewiß fand ich in der Reaktion meiner Hündin eine schmalen Ausschnitt meiner eigenen Persönlichkeit widergespiegelt. Ein umfassendes Gewahrwerden unserer eigenen Person, eine umfassende Sichtbarkeit erreichen wir jedoch nur im Umgang mit einem Bewußtsein, das über denselben Grad an Bewußtheit verfügt wie wir – das heißt, mit einem anderen Menschen.

An dieser Stelle scheint mir ein Wort der Klärung notwendig zu sein. Ich vertrete nicht die Auffassung, daß wir zunächst vollkommen unabhängig von jedweden menschlichen Beziehungen ein Identitätsgefühl entfalteten und erst *danach* in der Interaktion mit anderen die Erfahrung des Gesehenwerdens suchten. Unser Selbstbild ist nicht die Schöpfung anderer, wie manche Autoren behauptet haben, doch offensichtlich gehen unsere Beziehungen sowie das Feedback, die Reaktionen, die wir von anderen erhalten, in das Selbstgefühl ein, das wir uns aufbauen. Wer wir sind, erfahren wir alle in erster Linie in unseren Beziehungen. Wenn wir einen Menschen kennenlernen, bringen wir unter anderem die Spuren vieler vergangener Begegnungen und Erlebnisse und zahlreiche internalisierte Reaktionen anderer Partner in die neue Beziehung ein. Unsere *Begegnungen* sind es, durch die wir wachsen und uns weiterentwickeln.

In einer glücklichen romantischen Liebesbeziehung sind die Liebenden vom Wesen und von der Persönlichkeit des Partners tief erfüllt und fasziniert. Dadurch wird jedem von ihnen eine einzigartige intensive Erfahrung des Gesehenwerdens ermöglicht. Selbst wenn die seelische Sichtbarkeit nicht optimal verwirklicht wird, kann sie immer noch in einer Intensität auftreten, wie die Liebenden sie noch nie zuvor erlebt haben. Daraus entspringt der Reiz, den die romantische Liebe auf uns ausübt, und der innere Rückhalt, den sie uns bietet.

Doch über den *Vorgang* des seelischen Sichtbarwerdens – darüber, wie er hervorgerufen wird und welche Folgen er hat – ist noch vieles mehr zu sagen.

Unsere fundamentalen Voraussetzungen und Wertbegriffe, unser Lebensgefühl, unser Intelligenzgrad, unsere charakteristische Art, Erlebtes zu verarbeiten, unser biologischer Grundrhythmus und andere Merkmale manifestieren sich in unserer Persönlichkeit. «Persönlichkeit» ist das nach außen sichtbare Ganze aller psychologischen Züge und Charakteristika, die einen Menschen von allen anderen unterscheiden.

Unser Seelenleben drückt sich in unserem Verhalten, in dem, was wir sagen und tun und in der Art unseres Sprechens und Handelns aus. In diesem Sinne ist unser Selbst ein Objekt der Wahrnehmung unserer Mitmenschen. Wenn andere auf uns, auf ihre Wahrnehmung von unserer Person und unserem Verhalten reagieren, drückt sich das, was sie von uns wahrnehmen, wiederum in *ihrem* Verhalten aus, in der Art, wie sie uns ansehen, mit uns sprechen, auf uns reagieren. Wenn ihr Bild von uns mit unserer tiefsten Vorstellung von dem, was wir sind (und das kann etwas anderes sein, als wir zu sein vorgeben), übereinstimmt und wenn dieses Bild in ihrem Verhalten uns gegenüber erkennbar wird, dann fühlen wir uns verstanden, haben das Empfinden, sichtbar zu sein. Wir entwickeln ein Gefühl für die Objektivität unseres Selbst und unsers psychischen Seins. Wir erkennen das Spiegelbild unseres Selbst im Verhalten der anderen. Auf diese Weise können andere Menschen ein psychologischer Spiegel für uns sein.

Genauer gesagt: Dies ist eine der Arten, auf die andere Personen psychologische Spiegel für uns sein können. Es gibt jedoch noch eine weitere.

Wenn wir einer Person begegnen, die genauso denkt wie wir, die bemerkt, was wir bemerken, die schätzt, was wir schätzen und deren Reaktionen auf ganz unterschiedliche Situationen häufig den unseren gleichen, dann empfinden wir nicht nur ein starkes Gefühl der Affinität, der Wesensverwandtschaft mit dieser Person, sondern können zugleich auch unser Selbst wahrnehmen, indem wir diese Person wahrnehmen. Dies ist eine andere Form der Erfahrung von Objektivität. Dies ist eine andere Weise, unser Selbst in der Welt, gewissermaßen außerhalb unseres Bewußtseins, wahrzunehmen. Und als solche stellt sie auch eine andere Form des Erlebens seelischen Sichtbarseins dar. Das Vergnügen und die freudige Erregung, die wir in Gegenwart einer solchen Person empfinden, mit der uns das Gefühl der Wesensverwandtschaft verbindet, unterstreicht den Rang des Bedürfnisses, das dabei befriedigt wird.

Die Erfahrung des Gesehenwerdens hängt also nicht nur davon ab, wie ein anderer auf uns reagiert, sondern ebenso davon, wie jener andere auf die Welt reagiert. Diese Überlegungen gelten in gleicher Weise für alle Formen des Gesehenwerdens, vom zufälligen Zusammentreffen bis hin zur intensivsten Liebesbeziehung.

So wie unsere Persönlichkeit, unser Innenleben viele verschiedene Seiten hat, so können wir uns auch in verschiedenen menschlichen Beziehungen in unterschiedlicher Weise gesehen fühlen. Wir können dabei einen höheren oder geringeren Grad der Sichtbarkeit oder einen breiteren oder schmaleren Ausschnitt unserer Gesamtpersönlichkeit erfahren, je nach Art der Person, mit der wir es zu tun haben und je nach Art der Interaktion zwischen uns und ihr.

Einmal betrifft der Aspekt, unter dem wir uns gesehen fühlen, vielleicht einen fundamentalen Charakterzug, ein anderes Mal vielleicht die Absicht, mit der wir etwas getan haben; oder es sind die Beweggründe, die hinter einer bestimmten emotionalen Reaktion stehen, oder ein Problem, das unser Lebensgefühl berührt, oder eine Frage, die unsere Arbeit betrifft; oder vielleicht unsere Sexualität oder unsere ästhetischen Wertvorstellungen. Die Möglichkeiten sind nahezu unbegrenzt.

Alle Formen zwischenmenschlicher Kommunikation, seien sie nun spirituell, intellektuell, gefühlsmäßig oder körperlich, wirken zusammen und vermitteln uns den sinnlich wahrnehmbaren Beweis unserer Sichtbarkeit oder rufen im Umgang mit bestimmten Menschen den Eindruck des Nichtgesehenwerdens in uns hervor. Die meisten von uns nehmen den Vorgang, durch den das geschieht, kaum je bewußt wahr; wir bemerken allenfalls seine Folgen. So kommt uns vielleicht zu Bewußtsein, daß wir uns in Gesellschaft eines bestimmten Menschen «heimisch» fühlen, oder wir werden gewahr, daß das bei einem anderen nicht der Fall ist. Oder es wird uns bewußt, ob wir anderen gegenüber ein Gefühl der Affinität, des wechselseitigen Verständnisses oder der gefühlsmäßigen Zuneigung empfinden oder nicht.

Schon die bloße Unterhaltung mit einem anderen Menschen bringt ein flüchtiges Erlebnis des Gesehenwerdens mit sich, selbst wenn dieses nur darin besteht, als bewußtes

Wesen wahrgenommen zu werden. In intimen Beziehungen mit Menschen, die wir zutiefst bewundern und mögen, erwarten wir jedoch ein viel weitreichenderes Gesehenwerden, das höchst individuelle und persönliche Aspekte unseres Innenlebens miteinschließt.

Über die Faktoren, die die Sichtbarkeit in individuellen Beziehungen bestimmen, wird noch zu sprechen sein. Doch es liegt auf der Hand, daß eine deutliche Übereinstimmung der intellektuellen Fähigkeiten und Interessen, der elementaren Werte und der grundlegenden Lebenseinstellungen beider Partner die Vorbedingung dafür bildet, daß jener Spiegelungseffekt wechselseitiger Sichtbarkeit zustandekommt, der das Wesen echter Freundschaft und namentlich der romantischen Liebe ausmacht. Ein Freund, sagt Aristoteles, ist ein zweites Selbst. Dies ist es, was Liebende in stärkstem Maße erleben. Indem ich dich liebe, begegne ich mir selbst. Im Idealfall reagiert der Geliebte oder die Geliebte genauso auf uns, wie wir auf unser eigenes Selbst in der Person eines anderen reagieren würden. In den Reaktionen des Geliebten nehmen wir also unser eigenes Selbst wahr. Wir erkennen unsere eigene Person auf Grund der Wirkungen, die sie auf das Bewußtsein und damit auf das Verhalten unseres Partners ausübt.

Hier haben wir also eine der Hauptwurzeln des menschlichen Wunsches nach Gemeinschaft, Freundschaft und Liebe freigelegt, nämlich *das Verlangen, unser Selbst als ein Ding der realen Welt wahrzunehmen und mit Hilfe der Reaktionen und Antworten anderer Menschen die Erfahrung von Objektivität machen zu können.*

Der darin enthaltene Grundsatz, das Muttnik-Prinzip – nennen wir es von nun an das Prinzip des *seelischen Sichtbarseins* – läßt sich wie folgt zusammenfassen: *Die Menschen wünschen und brauchen die Erfahrung des Sich-selbst-Gewahr-*

werdens, die durch die Wahrnehmung des Selbst als ein Objekt entsteht und die sie durch die Interaktion mit dem Bewußtsein anderer Lebewesen erreichen können.

Sichtbarsein und Selbstentdeckung

Wenn von seelischem Sichtbarsein die Rede ist, geht es stets um die Frage des Grades. Von Kindheit an bekommen wir von anderen Menschen in einem mehr oder weniger großen Ausmaß ein angemessenes Feedback auf unser Verhalten. Jedes Kind macht bis zu einem gewissen Grad die Erfahrung, von anderen wahrgenommen zu werden, sichtbar zu sein. Wäre das nicht so, könnte es nicht überleben. Eine statistisch gesehen geringe Zahl von begünstigten Kindern erfährt in ihren frühen Jahren ein hohes Maß an Sichtbarkeit von seiten der Erwachsenen, die ihnen ein ausreichendes Feedback geben. In meiner Arbeit mit Klienten in der Psychotherapie und mit Studenten in meinen Intensivkursen über «Selbstachtung und Lebenskunst» fällt mir immer wieder auf, wie häufig die Qual des Nichtgesehenwerdens während der Kinderjahre in der Familie offensichtlich den Kernpunkt der Entwicklungsschwierigkeiten und der Unsicherheits- und Unzulänglichkeitsgefühle, die diese Menschen in ihren Beziehungen erleben, bildet.

Während das Kind heranwächst, geben ihm die Reaktionen und Antworten seiner Umwelt in dem Ausmaß, in dem ihm eine seinen Fähigkeiten und Bedürfnissen angemessene Entwicklung gelingt, Gelegenheit zu vielfältigen Selbstbeobachtungen, die in positiver Weise zu der Ausarbeitung seines Selbstbildes beitragen. Mitunter gehen diese Beobachtungen über das hinaus, was das Kind selbst weiß oder für wahr hält. Gesehenwerden führt oftmals zu Selbstentdeckung.

Dieser selbe Aspekt ist auch in den Beziehungen zwischen Erwachsenen von überragender Bedeutung. In einer intimen Beziehung, in der wir uns von einem anderen Menschen wirklich gesehen fühlen, entstehen ständig vielerlei Anstöße zur Selbstentdeckung, zur Wahrnehmung bisher unerkannter Fähigkeiten, latenter Möglichkeiten und Charakterzüge, die noch nicht bis zur Ebene des bewußten Erkennens aufgestiegen sind.

Ich weiß noch, wie ich mich als Achtzehnjähriger zum erstenmal verliebte. Es erfüllte mich mit ungeheurer Freude und Faszination, jemanden gefunden zu haben, mit dem ich die Dinge, die mir wichtig waren und die mich interessierten, teilen konnte. Ich empfand ein stärkeres Gefühl seelischen Sichtbarseins als jemals zuvor. Gleichzeitig und damit zusammenhängend *erweiterte* sich mein Bewußtsein von der Person, die ich war. Da der «Jemand», um den es ging, eine Frau war, führte mich unser Umgang miteinander in tieferen Kontakt mit meiner eigenen Männlichkeit und bewirkte eine entsprechende Erhöhung meines Selbstgefühls.

Die anhaltende Erfahrung des Gesehenwerdens in einer Beziehung bringt uns unweigerlich mit neuen Dimensionen unserer Persönlichkeit in Berührung. Wenn das Gesehenwerden auch tieferliegende Aspekte unseres Selbst einschließt – und besonders, wenn es über längere Zeit andauert –, regt es zur Selbstentdeckung an. Die Möglichkeit zu erweiterter Selbstwahrnehmung ist eine der aufregendsten Komponenten jeder menschlichen Begegnung. Wenn ich die bedeutsamen Beziehungen in meinem Leben überschaue, die jener ersten Liebe gefolgt sind, dann erkenne ich, daß ich mit jeder von ihnen zu einem tieferen Verständnis meiner Person gelangt bin.

Während meiner fünfzehn Jahre währenden Beziehung zu Patrecia hatte ich sowohl vor als auch nach unserer Heirat ständig das Gefühl, mich auf einer Entdeckungsfahrt zu meinem eigenen Selbst zu befinden. Es war ein Entwicklungsprozeß, der zwischen uns beiden ablief und den ich als den eigentlichen Inhalt unserer Beziehung erlebte. Es war ein Abenteuer, eine Herausforderung, immer tiefer in das Wesen des anderen einzudringen.

Als wir uns kennenlernten, lebte Patrecia viel stärker «in ihrem Körper» als ich, und sie hatte einen viel direkteren Zugang zu ihren Gefühlen. Ihre emotionale Offenheit und Bereitschaft, sich unverstellt zu zeigen, machten es mir leichter, allmählich in einen intensiveren Kontakt mit meinem eigenen Innenleben zu kommen. Durch sie faßte ich den Mut, verletzbar sein zu dürfen, den Mut, anderen ohne Abwehr oder Entschuldigung offen zu zeigen, wer ich bin und was ich empfinde. Ich entdeckte das Kind in mir – nicht nur, weil Patrecia mit dem Kind in ihr in Berührung stand, sondern weil sie auch das Kind in mir sehr deutlich sah. Seltsamerweise entwickelte ich gleichzeitig ein tieferes Verständnis für meine eigene Härte und half Patrecia, an die Härte in ihr heranzukommen. «Ich liebe die Frau in dir», sagte sie manchmal und half mir damit, einen Teil von mir zu integrieren, von dem ich bis dahin nichts gewußt hatte. Manchmal regte ich mich auf wegen irgendwelcher Dinge, die ich in Wirklichkeit ohne weiteres bewältigen konnte, so daß Patrecia mich mahnte: «Tu doch nicht so, als wärst du nicht Nathaniel Branden!» Zu Anfang unserer Beziehung sagte sie einmal zu mir: «Manchmal bist du wirklich schrecklich arrogant!» – «Wie findest du das?» fragte ich. «Ganz gut, glaube ich, denn dadurch traue auch ich mich, diesen Teil meiner Person zu akzeptieren», antwortete sie. Als ich nach ihrem Tod für immer von ihr Abschied nahm, konnte ich nichts anderes herausbringen als: «Ich danke dir. Ich danke dir. Ich danke dir.»

Während ich nun am Schreibtisch sitze und diese Worte schreibe, sehe ich sie vor mir, wie sie spitzbübisch lächelt – sie lacht beinahe –, und es ist, als ob sie sagen wollte: «Schreibst du das jetzt, um deinen Gedankengang zu erläutern, oder versuchst du, einen Liebesbrief an mich in das Buch zu schmuggeln?» – «Ich weiß nicht so recht, Patrecia.» – «Na gut, laß es mal drin. Manchmal, wenn du voller Eifer etwas erklären willst, wirst du leicht ein wenig abstrakt und abgehoben. Zeige den Lesern *dich selbst* und nicht bloß deine Ideen.»

Sichtbarkeit – oder Pseudo-Sichtbarkeit?

Bei der Begegnung zweier Menschen hängt der Grad, in dem sich jeder von ihnen sichtbar fühlen wird, grundsätzlich von ihrer *Bereitschaft* und *Fähigkeit* ab, den anderen unvoreingenommenen zu *sehen.*

Darüber hinaus sind noch zwei weitere wesentliche Faktoren zu nennen. Es handelt sich dabei einmal um das Ausmaß, in dem die beiden Partner in ihren geistigen Fähigkeiten und Wertvorstellungen übereinstimmen, und um den Grad, in dem ihre Ansichten, ihre Lebenseinstellung und ihre Bewußtseinsentwicklung einander ähnlich sind. Der andere Faktor berührt die Frage, wieweit das Selbstbild jedes der Partner den tatsächlichen Realitäten seines (ihres) psychischen Seins entspricht, wieweit beide in der Lage sind, sich selbst realitätsgemäß zu erkennen und wahrzunehmen, und wieweit sich ihr inneres Bild von sich selbst mit der im Verhalten nach außen hin dargestellten Persönlichkeit deckt.

Um den ersten dieser beiden Faktoren zu verdeutlichen, nehmen wir an, daß eine mit Selbstvertrauen und gesundem Durchsetzungsvermögen ausgestattete Frau auf einen ängstlichen, feindseligen und unsicheren Mann trifft. Der Mann begegnet ihr mit Mißtrauen und Ablehnung. Sie kann sagen und tun, was sie will, er legt es stets zu ihren Ungunsten aus. Der Mann sieht in ihrer Selbstsicherheit nur den Wunsch, ihn zu beherrschen und unter ihre Kontrolle zu bringen. Unter diesen Umständen hat die Frau nicht das Gefühl, sichtbar zu sein. Wahrscheinlich fühlt sie sich genarrt, ist verwirrt oder entrüstet darüber, so gröblich mißverstanden zu werden. In Wirklichkeit nimmt der Mann sie kaum wahr – die Kluft zwischen der unterschiedlichen Orientierung der beiden ist zu groß. Aber stellen wir uns vor, daß ein anderer Mann, der diese Begegnung beobachtet hat, der Frau durch ein Lächeln signalisiert, daß er ihre Gefühle versteht und ihre Haltung unterstützt: schon löst sich ihre Verspannung, sie lächelt zurück – mit einemmal hat sie das Gefühl, sichtbar zu sein.

Als Beispiel für den zweiten Faktor denken wir uns einen Mann, der dazu neigt, sein Verhalten zu rationalisieren und auf Phantasien, die jeder realen Grundlage entbehren, eine *vorgetäuschte* Selbstachtung aufzubauen. Natürlich muß dieses auf Selbsttäuschung beruhende Bild seiner Person mit seinem wirklichen Selbst, das er seiner Umwelt durch seine Handlungen offenbart, in Konflikt geraten. Die Folge ist, daß dieser Mann sich in seinen menschlichen Beziehungen ständig frustriert und unverstanden fühlt, da er das Feedback, das er von anderen erhält, nicht mit seinem Anspruch vereinbaren kann. Ironischerweise würde er sich auch dann nicht wahrgenommen und verstanden fühlen, wenn ein anderer auf «seinen Bluff hereinfiele», denn irgendwo tief in seinem Innern kommt er nicht um das Eingeständnis herum, daß er eine Fassade zur Schau trägt. Doch wenn es jemand gelänge, ohne Verachtung und Verdammungsurteil hinter die Fassade dieses Mannes zu blicken und die Unsicherheit zu sehen, die der von ihm empfundenen Notwendigkeit, seiner Umwelt etwas vorzutäuschen, zugrunde liegt, dann hätte dieser Jemand auch die Macht, ihm das Erlebnis echter Sichtbarkeit zu vermitteln.

Zwei unreife Menschen, deren Leben beiderseitig auf massiven Täuschungen aufgebaut ist, können sich bisweilen gegenseitig die Illusion von Sichtbarkeit vermitteln, indem jeder der beiden Beteiligten die Vorspielungen und Selbsttäuschungen des anderen unterstützt und dafür «als Gegenleistung» seinerseits entsprechende Unterstützung erhält. Selbstverständlich wird dieser «Tauschhandel» auf mehr oder weniger unbewußter Ebene abgewickelt. Es ist interessant festzuhalten, daß in derartigen Beziehungen – sie sind keineswegs selten – dem, was man oberflächliche Pseudo-Sichtbarkeit nennen könnte, eine echte Erfahrung des Gesehenwerdens zugrunde liegt. Tief in seinem Innern ist sich jeder der beiden Partner darüber klar, daß der andere genau weiß, was vorgeht. Die Basis, auf der beide miteinander umgehen und einander bestärken, ist eine unausgesprochene Übereinkunft. Ich betrachte eine solche Beziehung nicht als romantisch, sondern als *unreife Liebe*. Wir werden diese Form der Liebe später noch genauer unter die Lupe nehmen.

Diese Beispiele sollen nur die wesentlichen Faktoren eines Entwicklungsprozesses erkennbar machen. Sie können und sollen nicht die ganze Komplexität einer wirklichen zwischenmenschlichen Beziehung wiedergeben, in der echte und Pseudo-Sichtbarkeit, tatsächlich vorhandene und phantasierte Wesensmerkmale nicht selten ineinander übergehen und sich miteinander vermischen – wobei am einen

Ende der Skala optimales Realitätsbewußtsein und am anderen fast totale Selbsttäuschung steht.

Sichtbarkeit und Verstehen

Unser Verlangen danach, von anderen geliebt zu werden, ist untrennbar mit dem Verlangen, wahrgenommen und verstanden zu werden, verknüpft. Wenn jemand beteuerte, er liebe uns, dann aber erklärte, er finde vor allem solche Eigenschaften an uns liebenswert, die wir gar nicht zu besitzen meinen, die wir nicht besonders schätzen oder mit denen wir persönlich gar nichts anfangen können, dann würden wir uns wohl kaum bestärkt und geliebt fühlen. Wir möchten nicht blindlings, sondern aus ganz bestimmten Gründen geliebt werden. Und wenn ein anderer vorgibt, uns aus Gründen zu lieben, die mit unserer Selbstwahrnehmung, unseren Werten und Normen nichts zu tun haben, dann fühlen wir uns nicht befriedigt, nicht wirklich geliebt, weil wir nicht das Gefühl haben, daß der andere uns so sieht, wie wir sind, daß er wirklich auf *uns* reagiert.

Der Wunsch, für andere sichtbar, erkennbar zu sein, wird häufig als Wunsch, verstanden zu werden, erlebt. Wenn ich mit freudigem Stolz auf eine eben vollbrachte Leistung zurückschaue, dann möchte ich, daß die Menschen, die mir nahestehen und die ich mag, meine Leistung und ihre persönliche Bedeutung für mich erkennen, daß sie die Beweggründe meiner Gefühle verstehen und wichtig nehmen. Wenn mir eine Freundin ein Buch bringt und sagt, es würde mir bestimmt gefallen, dann empfinde ich Freude und Befriedigung, wenn sich ihr Urteil als richtig herausstellt, denn dadurch fühle ich mich gesehen und verstanden. Wenn ich einen Menschen verliere, ist es für mich wertvoll zu wissen, daß die Menschen um mich herum meinen Schmerz verstehen und meinen Gefühlszustand als wirklich erleben.

Von Patrecia fühlte ich mich mehr geliebt als jemals zuvor, und ich fühlte mich besser verstanden. Im Sich-verstanden-Fühlen liegt der Kern der Sichtbarkeit. Vor etlichen Jahren machte mir auf einer Party ein Mann in sehr unterwürfiger, sich selbst verleugnender Weise Komplimente. Nachdem er gegangen war, sagte Patrecia zu mir: «Es muß sehr unangenehm für dich sein, von so verängstigten und unsicheren Leuten immer wieder auf eine Art angesprochen zu werden, die sie für schmeichelhaft halten. Ich hätte ihm eine Abfuhr erteilt. Ich bin sicher, daß du dich in seinen Augen sehr höflich und mitfühlend verhalten hast. Auf mich hast du aber eher wie ein unerfahrener, einsamer Junge gewirkt.»

Bei reifen Menschen kann «blinde» Liebe zwar Ängste beschwichtigen, aber sie kann nicht unser Verlangen nach dem Gefühl stillen, erkannt und verstanden zu werden. Wir brauchen nicht unbedingte und voraussetzungslose Unterstützung, sondern *Bewußtheit*, Aufmerksamkeit und Verständnis.

Es kann sein, daß ein Mensch, der uns das Erlebnis der Sichtbarkeit vermittelt, uns zugleich Anteilnahme, Einfühlung, Mitgefühl, Respekt, Wertschätzung, Bewunderung, Liebe oder irgendeine beliebige Kombination dieser Gefühle entgegenbringt. Gesehenwerden heißt jedoch nicht notwendigerweise auch schon Geliebtwerden. Liebe ohne gegenseitige Sichtbarkeit freilich ist eine Illusion.

Der Wunsch nach Bestätigung

Manchmal verwechseln Menschen den Wunsch, wahrgenommen zu werden, sichtbar zu sein, mit dem Verlangen nach Bestätigung. Beide Bedürfnisse sind jedoch klar voneinander zu trennen.

In seinem Wesen und Verhalten bestätigt, bestärkt und anerkannt werden zu wollen, ist ein normales Bedürfnis. Ich würde diesen Wunsch erst dann als krankhaft bezeichnen, wenn er in der Wertehierarchie eines Menschen so weit nach oben rückt, daß er ihm seine Aufrichtigkeit und Integrität opfert, was wiederum auf einen starken Mangel an Selbstachtung hinweist. Doch auch in seinen gewöhnlichsten und realistischsten Ausprägungen muß dieser Wunsch von dem Verlangen nach Sichtbarkeit unterschieden werden, obwohl es im Bereich der unmittelbaren Erfahrung zweifellos so etwas wie einen «Überlaufeffekt» gibt.

Der Wunsch nach Sichtbarkeit ist keineswegs Ausdruck eines schwachen, unsichtbaren Ichs oder geringer Selbstachtung. Im Gegenteil: Je niedriger unsere Selbstachtung ist, desto stärker ist unser Bedürfnis, uns zu verstecken, und desto ambivalenter ist unsere Einstellung gegenüber dem Gesehenwerden – wir ersehnen und fürchten es zugleich. Je mehr Stolz auf unsere eigene Person wir empfinden, desto eher sind wir bereit, aufrichtig, «transparent» zu sein – ich bin versucht zu sagen: desto mehr sind wir auf diese Transparenz *erpicht*.

Sich selbst zu achten heißt, auf die eigene Tüchtigkeit und den eigenen Wert zu vertrauen. Eines der Kennzeichen mangelnder Selbstachtung und fehlenden Zutrauens zu der eigenen Denk- und Urteilsfähigkeit ist das übermäßige Bemühen, die Zustimmung anderer zu erringen und ihre Mißbilligung zu vermeiden, ist das ständige Verlangen nach Bestätigung und Unterstützung. Manche erträumen sich dies von der «romantischen Liebe». Doch da es dabei vor allem um ein inneres Problem geht, weil der Betroffene nicht an sich selbst glaubt, kann eine von außen kommende Unterstützung dieses Verlangen höchstens eine kurze Zeitlang befriedigen. Dieses Bedürfnis richtet sich nicht auf Sichtbarkeit, sondern auf Selbstachtung. Diese kann jedoch nicht von anderen vermittelt werden. Die romantische Liebe verhilft uns unter anderem dazu, unsere Selbstachtung zu genießen, doch sie kann uns nicht zu ihr verhelfen.

Viele Psychologen (darunter zum Beispiel auch Harry Stack Sullivan) vertreten die Auffassung, daß wir die Anerkennung anderer brauchen, um uns selbst anerkennen zu können. So weitverbreitet und populär dieser Standpunkt auch sein mag – er wird durch die Realität nicht bestätigt.*

In dem Maße, in dem uns die Entwicklung zur Autonomie (die Fähigkeit, uns selbst treu zu sein, auf uns selbst zu vertrauen, uns selbst zu lenken) gelingt, hoffen und erwarten wir, daß die anderen unseren Wert *erkennen*, aber *erzeugen* können und sollen sie ihn nicht. Wir wollen, daß die anderen uns so sehen, wie wir wirklich sind, ja sogar, daß sie uns helfen, uns selbst klarer zu sehen, aber wir wollen nicht, daß sie sich nach ihren eigenen Phantasien ein Bild von uns machen. Für den, der über einen sicheren Realitätsbezug verfügt, haben solche Erfindungen wenig Reiz.

* Selbstverständlich kann die Unterstützung und Achtung der Erwachsenen einem Kind eine außerordentlich günstige Ausgangsposition für seine weitere Entwicklung verschaffen. Es ist jedoch nachweisbar, daß daneben noch zahlreiche andere Faktoren eine Rolle spielen, unter denen der kreative Beitrag, den das Individuum zu seiner eigenen Entwicklung leistet, keineswegs gering zu veranschlagen ist.

Wenn wir die Gefahr einer zu starken Vereinfachung in Kauf nehmen, können wir durch folgende Beobachtung die Denkweise des reifen und autonomen Individuums von der des (verhältnismäßig) unreifen und abhängigen Individuums abheben. Wenn eine autonome Person eine neue Bekanntschaft macht, wird sie sich als erstes fragen: «Was halte ich von diesem Menschen?» Der Unreife oder Abhängige dagegen wird sich fragen: «Was hält dieser Mensch von mir?»

Wie wir gesehen haben, fühlen wir uns in verschiedenen Beziehungen in unterschiedlicher Hinsicht und in unterschiedlichem Ausmaß sichtbar. Eine Zufallsbegegnung mit einem Fremden bietet uns nicht den Grad von Sichtbarkeit, den wir im Umgang mit einem Bekannten erleben. Eine Beziehung mit einem Bekannten wiederum bietet uns nicht den Grad von Sichtbarkeit, den wir im Zusammensein mit einem vertrauten Freund empfinden.

Eine Form der menschlichen Beziehung jedoch bringt eine in Umfang und Tiefe einzigartige Sichtbarkeit mit sich: die romantische Liebe. Keine andere Beziehung schließt so große Teile unseres *Selbst* ein. In keiner anderen Beziehung kommen so viele unterschiedliche Seiten des Selbst zum Ausdruck. In der romantischen Liebe rückt das Selbst der zwei beteiligten Menschen so weit in den Vordergrund und findet so viel Beachtung wie in keinem anderen Lebenszusammenhang.

Um ganz zu verstehen, wie und warum es dazu kommt, müssen wir uns fragen, welche Rolle die Sexualität im Leben der Menschen spielt.

Die Rolle der Sexualität

Das Verlangen nach sexueller und seelischer Vereinigung ist eines der charakteristischen Merkmale der romantischen Liebe. Doch über die Bedeutung der sexuellen Wechselbeziehungen zwischen Mann und Frau wissen wir nicht allzuviel. Bevor ich auf die sexuelle Begegnung innerhalb der romantischen Liebe eingehe, möchte ich deshalb ein paar allgemeine Bemerkungen über die Rolle der Sexualität im menschlichen Leben vorausschicken.

Ich brauche wohl nicht besonders hervorzuheben, daß die Sexualität für den Menschen von außerordentlicher Bedeutung ist. Wir alle verbringen einen Großteil unserer Zeit damit, sexuellen Vorstellungen und Tagträumereien nachzuhängen, Filme anzusehen, in denen es um Sex geht, und Bücher zu lesen, in denen von sexuellen Beziehungen die Rede ist – von unseren eigentlichen sexuellen Aktivitäten ganz zu schweigen.

Welches Gewicht der Sexualität in unserem Leben zukommt, wird darüber hinaus auch aus der Tatsache deutlich, daß wohl in jedem sozialen System feste Regeln für das Sexualverhalten bestehen, geschriebene und ungeschriebene Gesetze, die festlegen, was die Mitglieder einer Gesellschaft, eines Volkes, eines Stammes im sexuellen Bereich zu tun und zu lassen haben. Ohne Zweifel haben die Moralgesetze der Menschen und insbesondere die religiösen Verhaltensvorschriften dem Sexualverhalten immer eine unverhältnismäßig große Aufmerksamkeit gewidmet. Zum Teil kann diese besondere Beachtung natürlich aus ihrer Funktion als Mittel der Geburtenkontrolle heraus erklärt werden. Doch ist das bei weitem nicht der einzige Grund, warum die Urheber sozialer und religiöser Gesetzeswerke stets darauf bedacht gewesen sind, den Sexualtrieb und seine Äußerungsformen in gelenkte Bahnen zu leiten. Einige der damit zusammenhängenden, weiterreichenden philosophischen Fragen wurden im ersten Kapitel bereits erörtert.

Die grundlegende Bedeutung der Sexualität liegt in dem intensiven Lusterleben, das sie uns ermöglicht. Lust ist für den Menschen kein Luxus, sondern eine elementare seelische Notwendigkeit. Lust (im weitesten Sinne des Wortes verstanden) ist eine metaphysische Begleiterscheinung des Lebens, ist Belohnung und Folge erfolgreichen Handelns, so wie Schmerz andererseits auf Versagen, Zerstörung und Tod hindeutet.

Das Leben stellt uns vor die Notwendigkeit, zu handeln, zu kämpfen, um die Ziele zu erreichen, die zu seiner Erhaltung notwendig sind. Das Erleben von Genuß, von Lebensfreude und Lust, verleiht uns die Gewißheit, daß das Leben sinnvoll und lebenswert ist, daß es sich lohnt, alle Mühen auf sich zu nehmen. Freude ist der emotionale Anreiz zu leben. Wenn es uns gelingt, Ziele zu erreichen, die unser Leben schöner, lebenswerter machen, dann steigert sich automatisch auch unsere Lebensfreude.

Die Lust enthält jedoch noch eine weitere wichtige psychologische Bedeutung. Sie vermittelt uns die direkte Erfahrung unseres Geschicks, mit den Gegebenheiten unseres Lebens umzugehen, voranzukommen, unsere Ziele zu erreichen – mit einem Wort: unsere Lebenstüchtigkeit. Unausgesprochen läßt uns jedes Lusterleben spüren und begreifen: «Ich halte mein Leben fest in der Hand. Meine Beziehung zur Realität bereitet mir in diesem Augenblick große Freude.» Lust bringt ein Gefühl persönlicher Wirksamkeit mit sich, genauso wie Schmerz mit dem Empfinden von Ohnmacht und Wirkungslosigkeit einhergeht und uns unterschwellig spüren und begreifen läßt: «Ich bin hilflos.»

Sexualität und Selbstgenuß

Die Lust ermöglicht uns also zwei Erfahrungen, die für unsere Entfaltung und Entwicklung von entscheidender Bedeutung sind: das Gefühl, daß das *Leben* von Wert ist, und das Gefühl, daß *wir selbst* einen Wert darstellen (daß wir lebenstüchtig sind und selbst über unser Leben bestimmen). Kein Wissen ist wesentlicher für uns als das um den Wert des Lebens und um den Wert unseres Selbst, und wir erlangen es durch Lust und Freude, *durch die Lebendigkeit und Intensität unserer unmittelbaren Erfahrung.*

Die hervorragende Rolle, die die Sexualität in unserem Leben spielt, verdankt sie der Intensität und Intimität des Lust- und Glückserlebens, das sie uns ermöglicht. Unter allen Genüssen unseres Lebens ist sie einzigartig in ihrer Fähigkeit, Körper und Seele zu integrieren. In der sexuellen Begegnung werden unsere Wahrnehmungen, Gefühle, Werte und Gedanken zu einer Einheit verschmolzen. Wir erfahren die Totalität unseres eigenen Wesens in intensivster Form und dringen zum tiefsten und innersten *Empfinden unseres Selbst* vor. Dies ist, so sei betont, eine *potentielle* Auswirkung der sexuellen Begegnung. Die Voraussetzung ist, daß das sexuelle Erleben nicht durch Konflikte, Schuldgefühle, Entfremdung vom Partner und ähnliche Beeinträchtigungen gedämpft und geschmälert wird.

Beim Geschlechtsverkehr wird unsere eigene Person unmittelbar zur Quelle, zum Vermittler und zur Verkörperung von Genuß. Der Sexualakt liefert uns eine direkte, *sinnlich erfahrbare Bestätigung* dafür, daß Glück erreichbar ist. Mehr als bei allen anderen Aktivitäten unseres Lebens spüren wir beim Sex, das jeder von uns *sein eigener Zweck* und unser persönliches Glück der Sinn des Lebens ist. Selbst wenn die Motive, die uns zu einer sexuellen Begegnung geführt haben, unreif und widersprüchlich sind und wir danach von Scham und Schuldgefühlen gequält werden, – solange wir überhaupt fähig sind, den Sexualakt zu genießen, setzen sich das Leben und das Recht auf Lebensgenuß in uns durch. Sex ist die höchste Form der *Selbst*durchsetzung.

Dies gilt prinzipiell auch dann, wenn wir uns innerlich nicht an unseren Partner gebunden fühlen. Es tritt jedoch in geradezu überwältigender Weise hervor, wenn der Sexualakt Ausdruck der Liebe ist. Sex ist dann am intensivsten, wenn er gleichzeitig unsere Liebe zum eigenen Selbst, unsere Liebe zum Leben und unsere Liebe zu unserem Partner ausdrückt. Er ist am intensivsten, weil wir uns unter dieser Voraussetzung am stärksten als *eine* Person empfinden.

Sexualität und Selbstwahrnehmung

Im Sexualakt erleben wir eine einzigartige und intensive Form des Sich-selbst-Gewahrwerdens, die aus dem Akt selbst und aus der sprachlichen, emotionalen und körperlichen Kommunikation zweier Partner entsteht. Wie wir uns selbst in einer beliebigen Situation wahrnehmen, hängt vom Wesen der Kommunikation und von der Art und dem Grad der Sichtbarkeit ab, die wir dem anderen vermitteln und unsererseits von ihm vermittelt bekommen. In dem Maße, in dem wir uns und unseren Partner deutlich als geistig und gefühlsmäßig wesensverwandte und überdies als einander sexuell harmonisch ergänzende Persönlichkeiten empfinden, erschließt sich uns die weitestreichende Erfahrung unseres Selbst, die Erfahrung seelischer und körperlicher Nacktheit und das daraus entstehende Gefühl tiefer, triumphierender Freude.

Wenn wir uns jedoch von unserem Partner geistig und (oder) sexuell entfernt und entfremdet fühlen, dann erleben wir auch die sexuelle Begegnung als beziehungslos und fremd (im besten Fall) oder (im schlechtesten Fall) als langweilig und sinnlos.

Das soll nicht heißen, daß sich in sexueller Hinsicht jeder nach romantischer Liebe sehnte und von jedem weniger intensiven Gefühl automatisch enttäuscht würde. Es bedeutet jedoch, daß uns in dem Maße, in dem wir von unserem eigenen Selbst, unserer Sexualität und unserem Partner entfremdet sind, auch die Möglichkeiten größter Ekstase, die die sexuelle Vereinigung bietet, verschlossen bleiben.

Der Sex gewährt uns die lustvollste Form der Selbsterfahrung. Wenn ein Mann und eine Frau, die sich lieben, zeigen, daß sie diese Erfahrung miteinander machen wollen, dann ist dies die höchste und intimste Huldigung, die ein Mensch verschenken oder empfangen kann, und zugleich die rückhaltloseste gegenseitige Würdigung.

Ein entscheidendes Moment dieser Erfahrung liegt in der Erkenntnis, daß wir in der Lage sind, dem geliebten Partner Genuß zu bereiten. Wir fühlen, daß es unsere ganze Person und nicht allein unser Körper ist, der das Lustempfinden unseres Partners hervorruft. Wir möchten nicht bloß als gute Sexualtechniker geschätzt werden. Vielmehr haben wir das Gefühl: «Nur weil ich bin, was ich bin, kann ich in ihm (oder ihr) die Gefühle hervorrufen, die er (oder sie) gerade empfindet.» Auf diese Weise werden die Gefühlsregungen auf dem Gesicht unseres Partners zu einem Spiegel, der uns unsere eigene Seele und ihren Wert reflektiert.

Wenn die sexuelle Begegnung auch Selbstgenuß ist, wenn wir uns danach sehnen, beim Sex spontan, offen in unseren Gefühlen und ungehemmt sein zu können, unser Recht auf Genuß zu behaupten und die Freude an unserem eigenen Selbst ohne Scheu zu zeigen, dann ist der Mensch, den wir am stärksten begehren, zugleich derjenige, bei dem wir uns am freisten fühlen, zu sein, wer wir sind, derjenige, den wir (bewußt oder unbewußt) für uns als geeigneten Spiegel unserer Seele ansehen, derjenige, der uns in dieser Widerspiegelung den tiefsten Einblick in uns selbst und unser Leben ermöglicht. *Das ist der Mensch, der uns hilft, unsere sexuellen Wünsche optimaler zu verwirklichen.*

Mann und Frau

Wenn ein Mann und eine Frau leidenschaftliche Liebe füreinander empfinden, dann wird die intensive, zärtliche Beziehung, die sie sich wünschen, durch die sexuelle Begegnung noch erweitert und vertieft. Das ersehnte «Kennenlernen» des anderen ist allumfassend.

Wir möchten den Geliebten mit unseren Sinnen erfahren, möchten ihn berühren, schmecken und riechen. Mit dem geliebten Menschen erforschen und teilen wir unsere Gefühle und Gemütsbewegungen in ausgedehnterer, tiefgreifenderer und regelmäßigerer Weise als in fast allen anderen menschlichen Beziehungen. Die Phantasien unseres Partners können auf einmal in den Mittelpunkt unseres elementarsten persönlichen Interesses rücken. Ebenso können sich die verschiedenen Eigenarten, Charakterzüge und Unternehmungen unseres Partners mit einer geistigen, intellektuellen, emotionalen oder sexuellen Bedeutung aufladen.

Die Polarität von männlich und weiblich erzeugt eine spezifische kraftvolle Spannung. Sie ruft eine Neugierde und Faszination in uns wach, die einerseits völlig von ihrem Objekt gefesselt ist und andererseits unserem elementarsten und allerpersönlichsten Egoismus entspringt. Darin besteht die große Vollkommenheit der Liebe: daß unser Egoismus sich erweitert, um unseren Partner miteinzubeziehen.

Wir alle sind nicht einfach nur Menschen, sondern Menschen eines bestimmten Geschlechts. Und wer die Bedeutung dieser Tatsache herunterspielt oder ihren überwältigenden Einfluß auf unser Leben leugnet, der irrt sich – genauso wie jemand, der ihre Bedeutung überschätzt.

Im Selbstbild eines jeden Menschen ist auch das Bewußtsein, männlich oder weiblich zu sein, enthalten. Unsere sexuelle Identität bildet normalerweise einen wesentlichen und sehr persönlichen Teil unserer individuellen Identitätserfahrung. Wir erleben uns selber nicht nur als Menschen, sondern immer als Mann oder Frau.

Obwohl unsere sexuelle Identität – unsere Männlichkeit oder Weiblichkeit – in den Gegebenheiten unserer biologischen Natur wurzelt, besteht sie nicht bloß darin, daß wir körperlich männlichen oder weiblichen Geschlechtes sind, sondern hängt auch davon ab, wie wir unsere Männlichkeit oder Weiblichkeit psychisch *erleben*.

Wenn zum Beispiel ein Mann im Umgang mit anderen stets aufrichtig ist, dann ist dies ein Charakterzug, der ihm «als Mensch» eigen ist. Wenn er sich hingegen Frauen gegenüber selbstsicher fühlt, dann ist dies ein spezifisch männlicher Charakterzug. Wenn er sich jedoch bei jeder persönlichen Begegnung mit einer Frau gefühlsmäßig überfordert und unzulänglich fühlt, dann deutet das auf Probleme mit seiner Männlichkeit hin. Wenn eine Frau den Penis als bedrohlich und erschreckend erlebt, dann würden wir darin eine Störung ihrer Entwicklung zur reifen Weiblichkeit erblicken.

Unsere psychosexuelle Identität und sexuelle Persönlichkeit ist Ergebnis und Abbild der Art und Weise, wie wir auf die natürliche Gegebenheit unserer Sexualität zu reagieren gelernt haben, genauso wie unsere persönliche Identität im weiteren Sinne Ergebnis und Abbild des Prozesses darstellt, in dem wir die natürliche Gegebenheit unseres Menschseins verarbeitet haben.

Als Geschlechtswesen werden wir alle unweigerlich mit bestimmten Fragen konfrontiert, selbst wenn wir uns kaum je bewußt mit ihnen auseinandersetzen. In welchem Maße nehme ich mich selbst als geschlechtliches Wesen wahr? Welche Einstellung habe ich zur Sexualität, welche Bedeutung messe ich ihr bei? Wie stehe ich zu meinem Körper? (Dieser letzte Punkt meint nicht: Wie schätze ich meinen Körper ästhetisch ein? Sondern: Erlebe ich meinen Körper als wertvoll, als eine Quelle des Genusses?) Wie sehe ich das andere Geschlecht? Wie stehe ich zur sexuellen Begegnung von Mann und Frau? Wieweit bin ich in der Lage, mich in einer sexuellen Begegnung frei zu verhalten und direkt zu reagieren? Die – wenn auch unausgesprochenen – Antworten auf solche Fragen umreißen die Psychologie unserer individuellen Sexualität.

Es bedarf kaum der Erwähnung, daß sich unsere Haltung gegenüber den Problemen der Sexualität nicht in einem psychischen Vakuum bildet. Im Gegenteil: Vielleicht mehr als alle anderen Lebensbereiche ermöglicht uns die Sexualität, sämtliche Seiten unserer Persönlichkeit auszudrücken. Mehrere Untersuchungen haben ergeben, daß wir – unter gleichen Bedingungen – um so eher unverkrampft und bejahend mit unserer Geschlechtlichkeit und dem Phänomen der Sexualität insgesamt umgehen, je höher unsere fundamentale Selbstachtung ist.

Die Sexualität ist von Natur aus Teil unseres Menschseins; das reife, entwickelte Individuum erlebt seine Sexualität daher als untrennbaren Bestandteil des eigenen Wesens und den Sexualakt als eine der natürlichen Formen, in denen sich das eigene Wesen ausdrückt. Erfüllung in der romantischen Liebe finden wir nur, wenn wir unsere Sexualität in unsere Gesamtpersönlichkeit integrieren können.

Gesunde Männlichkeit und Weiblichkeit ist Ergebnis oder Ausdruck einer bejahenden Einstellung zu unserer sexuellen Natur. Dazu gehört ein klares, zustimmendes Empfinden gegenüber der eigenen Sexualität, eine positive (von Angst und Schuldgefühlen freie) Haltung gegenüber Sex im allgemeinen, die Bereitschaft, Sex als *Äußerungsform* des Selbst und nicht als fremd, geheimnisvoll, unbegreiflich, sündig oder «schmutzig» anzusehen, eine positive und von Selbstrespekt getragene Einstellung zum eigenen Körper, Gefallen am andersgeschlechtlichen Körper und die Fähigkeit, die sexuelle Begegnung frei, spontan und genußbringend zu erleben.

In einer Therapiegruppe, die ich vor vielen Jahren leitete, sprachen einige Klienten über die unterschiedlichen Auffassungen von Männlichkeit und Weiblichkeit, die in verschiedenen Kulturen und zu verschiedenen Zeiten gegolten hätten. Einer der Teilnehmer fragte mich, was die Anschauungen über Männlichkeit und Weiblichkeit für mich persönlich bedeuteten. Ohne lange zu überlegen, antwortete ich, Männlichkeit bestehe in der Überzeugung des Mannes, die Erschaffung der Frau sei die beste Idee der Natur, und Weiblichkeit bestehe in der Überzeugung der Frau, die Erschaffung des Mannes sei die beste Idee der Natur! Natürlich ließ diese Formulierung an wissenschaftlicher Eleganz zu wünschen übrig, aber ich bin mir gar nicht so sicher, ob ich es heute präziser ausdrücken könnte.*

* Selbstverständlich trägt jeder von uns in seinem Bewußtsein eine Vielzahl von Nebenbedeutungen und Assoziationen mit sich herum,

Was sich auf jeden Fall leicht beobachten läßt, ist die grenzenlose Befriedigung, die es dem Mann bereitet, sich als Mann zu fühlen mit einem männlichen Körper, ist die grenzenlose Befriedigung, die es der Frau bereitet, sich als Frau zu fühlen mit einem weiblichen Körper, ist die unsagbare Freude, den Körper und die Person des anderen zu finden und in der Begegnung des Mannes mit der Frau, der Frau mit dem Mann, in Leidenschaft und Intimität zu entdecken, daß «der andere» in Wirklichkeit *die andere Hälfte des eigenen Selbst* ist.

So wie unsere sexuelle Persönlichkeit wesentlich unser Identitätsgefühl bestimmt, so bestimmt sie auch das Bild von uns, das wir in unseren menschlichen Beziehungen objektivieren, das wir widergespiegelt und sichtbar gemacht sehen möchten. Die Erfahrung *vollständiger Sichtbarkeit* und *vollständiger Selbstobjektivierung* schließt ein, daß wir von anderen und von uns selbst nicht nur als so oder so gearteter Mensch, sondern auch als so oder so gearteter Mann oder als so oder so geartete Frau gesehen werden.

Tatsächlich wollen wir beides – wollen als eine bestimmte Art Mensch *und* als bestimmte Art Mann oder Frau wahrgenommen werden.

So wird sich ein Mann vielleicht wünschen, daß die Frau in seinem Leben seine Stärke bemerkt; außerdem wird er

die mit «männlich» und «weiblich» verbunden sind. Zum Zustandekommen dieser persönlichen Bedeutungen haben Ereignisse unserer Lebensgeschichte beigetragen, männliche und weibliche Vorbilder, die uns beeinflußt haben, verschiedene, in unserer Kultur vorherrschende Standpunkte, die eigenen Gedanken, die wir uns über dieses Thema gemacht haben, und schließlich, obwohl keineswegs nebensächlich, tief in unserem Organismus wirkende biologische Kräfte, deren wortlose Botschaften wir erst nach und nach zu entschlüsseln lernen.

wollen, daß sie seine Sensibilität wahrnimmt, seine Verletzbarkeit, sein Bedürfnis, von Zeit zu Zeit einmal nicht «verantwortungsbewußt» und «Herr der Lage» zu sein, und er wird wollen, daß sie diese unterschiedlichen Seiten seines Wesens nicht als unvereinbar und widersprüchlich empfindet. Eine Frau wird vielleicht ihre Sensibilität und ihr intuitives Erfassungsvermögen gewürdigt sehen wollen; sie wird sich auch wünschen, daß der Mann ihre Stärke und Angriffslust wahrnimmt und daß er diese Eigenschaften nicht als unvereinbar und widersprüchlich ansieht.

Nur in der Wechselbeziehung mit einem Menschen des anderen Geschlechts ist eine optimale Erfahrung der Sichtbarkeit und Selbstobjektivierung möglich. Wir alle tragen männliche und weibliche Züge in uns; doch herrscht im Mann normalerweise das männliche und in der Frau das weibliche Prinzip vor. Der Umgang mit dem anderen Geschlecht eröffnet uns die Möglichkeit, das ganze Spektrum unseres Wesens zu erfahren. *Diese volle Wahrnehmung unserer selbst wird durch die Polarität zwischen den Geschlechtern hervorgerufen und verstärkt.*

Natürlich gibt es auch Bereiche unserer Selbstwahrnehmung, zu denen wir am besten in der Kommunikation mit Angehörigen des eigenen Geschlechts Zugang finden. Ein Mann hat ein Empfinden dafür, was es heißt, ein Mann zu sein, in das keine Frau sich je hineinversetzen kann; eine Frau hat ein Empfinden dafür, was es heißt, eine Frau zu sein, in das kein Mann sich je hineinversetzen kann. Doch der Kontakt mit Menschen des anderen Geschlechts eröffnet uns *vielfältigere Möglichkeiten*. Er ist ein komplexeres Instrument, auf dem wir *mehr Töne hervorbringen* und eine klangvollere Melodie spielen können.

Ein Angehöriger des anderen Geschlechts, mit dem uns

eine hohe Übereinstimmung in der Denkweise und den Wertvorstellungen und viele fundamentale Ähnlichkeiten ebenso wie komplementäre Unterschiede verbinden, ist in der Lage, uns gleichzeitig als Mensch und als sexuelles Wesen wahrzunehmen und zu behandeln. Die einzigartige, geschlechtsgeleitete Sehweise, die Mann und Frau in die Begegnung mit dem anderen Geschlecht einbringen, eröffnet zumindest potentiell die größtmögliche Basis wechselseitigen «Sichkennens».

Ich möchte im Rahmen dieses Buches nicht auf die schwierigen und komplexen Fragen von Homosexualität und Bisexualität eingehen. Es geht mir in diesem Zusammenhang allein um heterosexuelle Liebesbeziehungen. Wir befassen uns mit dem Grundmuster der Beziehungen zwischen Männern und Frauen, obwohl ein großer Teil des Gesagten natürlich auch auf homosexuelle Liebesbeziehungen zutrifft. Betrachtet man Homosexualität oder Bisexualität als ebenso ausgereifte Entwicklungsstufen wie die Heterosexualität, dann mögen manche der zuvor gemachten Feststellungen unannehmbar sein. Wenn man hingegen – so wie ich – der Auffassung ist, daß Homosexualität und Bisexualität nichts «Unmoralisches» oder «Unrechtes» seien, was verboten werden müßte, sondern daß sie im allgemeinen Umwege oder Blockierungen auf dem Weg zur vollen Reife als erwachsener Mensch darstellen, dann wird meine Argumentation, meine ich, an Überzeugungskraft gewinnen. Alle zusätzlichen Erläuterungen hierzu würden mich weiter vom Thema wegführen, als mir lieb ist.

Sexuell begehrt zu werden, heißt in einer romantischen Liebesbeziehung – nicht unbedingt aber in einem loseren Verhältnis –, gesehen und gewollt zu werden als das, was man als Person ist, einschließlich dessen, was man als Mann oder Frau ist. In ihrem Kern drückt die Haltung des romantisch Liebenden folgendes aus: «Ich sehe dich als Person, und weil du bist, wie du bist, liebe oder begehre ich dich, um meiner Lebensfreude und sexuellen Befriedigung willen.»

Unser geistiges, emotionales und sexuelles Eingehen auf unseren Partner ist die Folge davon, daß wir ihn oder sie als Verkörperung unserer höchsten Werte und als entscheidend wichtig für unser persönliches Glück ansehen. Mit «höchst» ist in diesem Zusammenhang nicht «edelst» oder «erhabenst» gemeint, sondern «wichtigst», im Sinne unserer persönlichen Bedürfnisse und Wünsche und alles dessen, was wir in unserem Leben zu finden und zu erfahren hoffen. Unsere Haltung unserem Partner gegenüber beruht zu einem wesentlichen Teil darauf, daß wir ihn für unsere *sexuelle* Befriedigung als entscheidend wichtig empfinden. Die Bedürfnisse unseres Geistes und unseres Körpers verschmelzen miteinander, und wir empfinden ein äußerst beglückendes Gefühl von *Ganzheit*.

Das romantische Liebesempfinden

Wenn wir auf die Strecke, die wir bis hierhin zurückgelegt haben, zurückblicken, können wir uns die grundlegenden Bedürfnisse, die die romantische Liebe befriedigen kann, noch einmal zusammenfassend vor Augen führen.

Da ist das einfache Bedürfnis nach Gemeinschaft. Da ist das Bedürfnis, zu lieben und zu bewundern. Da ist das Bedürfnis, geliebt zu werden und sich sichtbar zu fühlen. Da ist das Bedürfnis nach Selbstentdeckung. Da ist das Bedürfnis nach sexueller Erfüllung. Da ist das Bedürfnis, sich selbst durch und durch als Mann oder als Frau zu erfahren.

Und wenn wir unsere Erkundung fortsetzen, werden wir sehen, daß noch mehr Bedürfnisse unser Sehnen nach romantischer Liebe anregen. Da ist das Bedürfnis nach einem privaten Universum, nach einem Zufluchtsort vor den Kämpfen der Welt, das die romantische Liebe in einzigartiger Weise zu erfüllen vermag. Da ist das Bedürfnis, unsere Lebenslust mit einem anderen Menschen zu teilen – und uns von der Lebenslust des anderen anstecken und stärken zu lassen.

Alle diese Bestrebungen bezeichnen wir als «Bedürfnisse» – nicht, weil wir ohne ihre Erfüllung unweigerlich sterben würden, sondern weil sie für unser Wohlbefinden und die Erhaltung unserer Lebenstüchtigkeit eine bedeutende Rolle spielen. Diese Bedürfnisse haben *Überlebenswert.*

Normalerweise legen wir uns über die Bedürfnisse, die durch die romantische Liebe befriedigt werden, kaum Rechenschaft ab. Wir empfinden sie einfach, ohne bewußt und in klaren Begriffen über sie nachzudenken. Der praktische Nutzen einer solchen Bewußtmachung liegt jedoch nicht allein in neuen Erkenntnissen über das Wesen der Liebe, sondern auch in der Erarbeitung von Kriterien, mit deren Hilfe wir unsere Beziehungen einschätzen können. Wenn wir zum Beispiel in einer Beziehung mit einem Menschen, der vorgibt, uns zu lieben, und den zu lieben wir vorgeben, feststellen, daß wir uns nicht sichtbar, von ihm nicht wahrgenommen fühlen, dann können wir klarer erkennen, daß in dieser Beziehung etwas fehlt – *wenn wir uns der Bedeutung des Sichsichtbarfühlens bewußt sind.* Wir werden im vierten Kapitel erneut auf dieses Thema zurückkommen.

Wir können die Hintergründe der romantischen Liebe nicht völlig verstehen, solange wir nicht die besonderen

Faktoren berücksichtigen, die uns dazu bringen, uns gerade in diesen bestimmten Menschen zu verlieben und nicht in einen anderen. Das heißt, wir müssen nach dem Auswahlvorgang fragen, der bestimmt, in wen wir uns «verlieben». Dieser Frage wollen wir uns nun zuwenden.

DRITTES KAPITEL

Die Partnerwahl in der romantischen Liebe

Prolog:

Der Schock des Wiedererkennens

In einer glücklichen Beziehung zwischen einem Mann und einer Frau fließen die Gefühle der Liebe, des Begehrens und der Lust nicht einfach in eine Richtung, sondern bilden einen beide Partner umschließenden Kreislauf ständiger wechselseitiger Verstärkung. Wenn wir einen Menschen lieben, sehen wir ihn als Quelle wirklichen oder möglichen Glücks. Unser Begehren erwacht. Das Begehren führt uns zu Handlungen, die uns Lust und Freude bereiten – durch den Umgang mit der geliebten Person. Die Lust wiederum bewirkt durch einen Rückkoppelungseffekt, daß Begehren und Liebe weiter anwachsen, und so weiter. Auf diese Weise entwickelt und verstärkt sich die Liebe.

Faszination, Anziehung, Leidenschaft mag auf den ersten Blick hin entstehen – Liebe nicht. Liebe erfordert Wissen, und Wissen erfordert Zeit. Wenn manche Menschen behaupten, sie hätten sich «auf den ersten Blick verliebt», so mag es tatsächlich aus der Rückschau so *scheinen*, nachdem die überwältigende Gefühlsreaktion des ersten Augenblicks durch spätere Erfahrungen in einer Weise bestätigt und bekräftigt worden ist, daß sich daraus Liebe entwickelt hat.

Dennoch kommt es nicht selten vor, daß zukünftige Liebende schon in den ersten Stadien einer neuen Beziehung, ja manchmal bereits im Augenblick des ersten Zusammentreffens einen jähen «Schock des Wiedererkennens», ein eigenartiges Gefühl der Vertrautheit erleben, so als ob sie den Partner in irgendeiner rätselhaften Sphäre und in scheinbar unerklärlicher Weise bereits gekannt hätten. Dabei wird die Fremdheit «des anderen» zwar als faszinierend erlebt, doch tritt daneben sehr oft das fast entgegengesetzte Gefühl, auf etwas unbestimmt, aber tief im Innern deutlich *Bekanntes* zu treffen – als ob etwas, was vorher als Potential innerhalb der eigenen Psyche vorhanden war, nun auf einmal konkrete Gestalt angenommen hätte. Im Schock des Wiedererkennens erblicken die Liebenden diesen «anderen», der zugleich *kein* «anderer» ist.

Wir müssen fragen, wodurch diese anfängliche Anziehung ausgelöst wird und worauf sich die entstehende Bindung gründet. Ich habe weiter oben erwähnt, daß leidenschaftliche Liebe auf einer bedeutsamen «Übereinstimmung in der Denkweise und den Wertvorstellungen» beruht. Das ist eine sehr abstrakte Feststellung. Wir müssen nun genauer untersuchen, worin diese Übereinstimmung besteht, wie sie sich zeigt und wie es möglich ist, daß sie manchmal schon in den allerersten Augenblicken einer Begegnung erkennbar wird. Die Antworten auf diese Fragen werden uns Aufschluß darüber geben, warum sich jemand gerade in diesen Menschen verliebt – und nicht in jenen.

Lebensgefühl

Der Begriff «Lebensgefühl» ist meiner Meinung nach eine wesentliche Voraussetzung für das Verständnis der romantischen Liebe und des Vorgangs, der zur Wahl eines Partners führt. Ohne ein tiefes und beiden Liebenden gemeinsames Lebensgefühl ist romantische Liebe nicht möglich.

Unser Lebensgefühl ist die emotionale Form, in der wir unsere Existenz und unsere Beziehung zur Existenz am tiefsten zu erfahren vermögen. Im Grunde genommen ist es die gefühlsmäßige Entsprechung einer Metaphysik – unserer *persönlichen* Metaphysik sozusagen – und reflektiert die im Unterbewußten gespeicherte Summe unserer allgemeinsten und fundamentalsten Einstellungen und Überzeugungen hinsichtlich der Welt, des Lebens und unserer eigenen Person.

So kann unser Lebensgefühl zum Beispiel gesunde und kräftige Selbstachtung und ungebrochenes Zutrauen in die Sinnhaftigkeit unseres Daseins spiegeln und auf der Überzeugung beruhen, daß das Universum unseren Gedanken und Anstrengungen lohnende Wirkungsmöglichkeiten bietet. Es kann aber auch von der Qual des Selbstzweifels und dem beklemmenden Gefühl geprägt sein, in einer Welt leben zu müssen, die uns unbegreiflich und feindselig erscheint. Es mag von der Ansicht bestimmt sein, unser Leben sei ein einziger Freudentaumel, oder der Einstellung entspringen, daß es sinnlos, gemein, ein «Jammertal» sei. Unser Lebensgefühl kann sich auf Eifer und Selbstvertrauen gründen, auf Selbstzweifel, Verbitterung und Groll, auf sehnsüchtiges Verlangen oder angstvolle, traurige Verweigerung oder verhaltene, klaglose Resignation oder aggressive Ohnmacht oder vorsätzlich verstocktes Märtyrertum – oder auf fast jede denkbare Kombination dieser Haltungen in allen möglichen Mischungsverhältnissen und Abstufungen.

Die Bildung unseres Lebensgefühls beginnt in der frühen Kindheit, lange bevor wir in der Lage sind, die Welt und das Selbst auf der Ebene begrifflichen Denkens zu erfassen. Von Kindheit an werden wir in unserer Entwicklung unvermeidlich mit bestimmten fundamentalen Gegebenheiten der Realität und Wahrheiten über das Wesen unserer Existenz und die Beschaffenheit des menschlichen Lebens konfrontiert, auf die wir in unterschiedlicher, mehr oder weniger realitätsbewußter und angemessener Weise reagieren. Aus der Gesamtheit dieser immer wieder erfolgenden Reaktionen setzt sich unser individuelles Lebensgefühl zusammen. Wenn wir erwachsen sind, wirken sich unsere entfaltete Beobachtungsfähigkeit und unser Wissensstand natürlich bis zu einem gewissen Grad auf unsere Lebenseinstellung aus, doch erweisen sich die noch vor dem Erwerb «harter» Fakten früh im Leben gebildeten Standpunkte als erstaunlich zäh und unveränderlich.

Nehmen wir ein einfaches Beispiel: Niemand von uns kommt an der Tatsache vorbei, daß *Bewußtheit und zielgerichtete Wahrnehmung* zu den Notwendigkeiten unseres Daseins gehören, das heißt, daß wir ohne Wissen nicht auskommen können, und um Wissen zu erwerben, die Anstrengung begrifflichen Denkens auf uns nehmen müssen. Die Haltung, die der junge Mensch diesem Problem gegenüber entwickelt, erwächst nicht aus einem bewußten Entschluß oder einer einmaligen Entscheidung. Vielmehr verfestigt sie sich als Folge einer langen Reihe von Entscheidungen und Reaktionen in bestimmten Situationen, die Nachdenken und eine Erweiterung des Bewußtseinsfeldes erfordern. Es geht mir in diesem Zusammenhang nicht um die Frage, wie viele Faktoren im ganzen an der Entstehung eines bestimmten Verhaltensmusters beteiligt sind, sondern allein um die Tatsache, *daß sich überhaupt ein Verhaltensmuster herausbildet.*

Durch die Einflüsse vieler verschiedener Faktoren lernen wir vielleicht, positiv und freudig auf die Herausforderung zu reagieren und die Übung unserer geistigen Fähigkeiten als Vergnügen zu erleben. Oder wir gewöhnen uns daran, uns nur widerstrebend und unter Zwang geistigen Anstrengungen zu unterziehen und sie als «notwendiges Übel» zu betrachten. Vielleicht begegnen wir geistigen Anforderungen aber auch mit Desinteresse und Scheu, sehen sie als unnötige Belastung an und nehmen uns vor, ihnen so gut es geht auszuweichen.

Was sich also im Laufe der Zeit nach und nach in unserer Psyche formt und verfestigt, ist eine Tendenz, eine Vorgehensweise, eine Gewohnheit – eine *durch Folgerungen zustande gekommene* innere Einstellung. Auf diese Weise entstehen alle Haltungen, aus denen sich unser Lebensgefühl zusammensetzt.

Von den vielen Gesichtspunkten, die in das Lebensgefühl des Individuums hineinspielen, seien hier nur ein paar Grundzüge angeführt:

Es ist eine unumstößliche Tatsache, daß wir Menschen weder allwissend noch unfehlbar sind. Schon sehr früh erfahren wir, daß wir nicht nur durch zielgerichtete Wahrnehmungen Wissen erwerben müssen, sondern daß es auch niemals die Sicherheit gibt, daß unser Bemühen zwangsläufig und automatisch zum Erfolg führt. So lernen wir vielleicht, die Verantwortung für unser Denken und Urteilen bereitwillig, realitätsbewußt und mehr oder weniger furchtlos anzunehmen und – wohl wissend, daß es zu diesem Vorgehen keine vernünftige Alternative gibt – die Folgen unserer Schlüsse und der daraus abgeleiteten Handlungen zu tragen. Oder aber wir reagieren mit Angst und mit dem Verlangen, unserer Verantwortlichkeit zu entfliehen – indem wir den Bereich, auf den sich unsere Wahrnehmung, unser Denken und Handeln erstreckt, einschränken, um so das «Risiko» eines möglichen Irrtums zu verkleinern, und (oder) indem wir anderen die Verantwortung zuschieben, die wir zu fürchten gelernt haben, so daß wir am Ende von den Gedanken, Urteilen, Werten und Schlüssen anderer leben.

Wenn zwei Menschen aufeinandertreffen, die in radikal entgegengesetzter Weise auf die Herausforderung reagiert haben, dann trennt sie eine Kluft, die ein gewaltiges Hindernis für das Entstehen einer romantischen Liebesbeziehung zwischen ihnen bildet.

Es ist eine unumstößliche Tatsache, daß wir unser Leben auf langfristige Sicht einrichten müssen, daß wir unsere Ziele auf die Zukunft hin entwerfen und hart arbeiten müssen, um sie zu erreichen, und daß dieses Überschauen langer Zeiträume uns die Fähigkeit und Bereitschaft abverlangt, wenn nötig unmittelbare Befriedigungen zurückzustellen und unvermeidliche Frustrationen auszuhalten. Selbst die einfachste Existenzform erfordert, daß wir die Konsequenzen unseres Handelns bedenken. Wir kommen um die Tatsache, daß es immer ein Morgen gibt, nicht herum. (Mit dem Irrtum derjenigen, die auf Kosten der Gegenwart «allein in der Zukunft» leben, hat es eine andere Bewandtnis, die unseren Gedanken hier nicht berührt.) Vielleicht lernen wir zu akzeptieren, daß es ein Morgen gibt und daß Handlungen stets Folgen haben, so daß wir es fertigbringen, diesen Tatsachen realistisch und ohne Selbstmitleid ins Gesicht zu sehen und unseren Ehrgeiz für die Verwirklichung unserer Werte aufzusparen. Vielleicht rebellieren wir aber auch voller Groll gegen eine Welt, die nicht alle unsere Wünsche augenblicklich erfüllt, indem wir aus blinder Empörung gegenüber der Wirklichkeit nur noch nach solchen Werten suchen, die rasch und mühelos in die Tat umgesetzt werden können.

Es ist eine unumstößliche Tatsache, daß jeder Mensch im Laufe seines Lebens ein gewisses Maß an Leid an sich selbst erfahren, aber auch bei anderen miterleben wird. Was jedoch nicht unvermeidbar vorgegeben ist, ist die Rolle, die wir dem Leiden zuweisen, das heißt, die Bedeutung, die wir ihm in unserem Leben und in unserer Lebensanschauung einräumen. So können wir uns ein relativ ungetrübtes Gefühl für den Wert unserer Existenz bewahren, obwohl wir viele leidvolle Erfahrungen machen. Wir können in der Not an der Überzeugung festhalten, daß Glück und Erfolg normal und natürlich, Schmerz, Niederlagen, Unglück und Enttäuschung dagegen anomale und zufällige Erfahrungen sind (genauso wie wir auch Gesundheit und nicht Krankheit als unseren Normalzustand ansehen). Andererseits können wir aber auch zu der Auffassung gelangen, daß Leid und Niederlagen das eigentliche Wesen unseres Daseins ausmachen, während Glück und Erfolg eher vorübergehende, ungewöhnliche und zufällige Ereignisse sind.

Es liegt im Wesen des lebenden Organismus, daß er handeln muß, um sein Leben und Wohlbefinden zu erhalten. Es gehört zur spezifischen Eigenart menschlicher Organismen, daß sie sich dafür *entscheiden* müssen, ihr Leben und Glück genügend wichtig zu nehmen, um überhaupt das Maß an Bewußtheit, Überlegung, Anstrengung und Aktivität aufzubringen, das zu seiner Aufrechterhaltung notwendig ist. Bei uns Menschen läuft dieser Prozeß nicht automatisch ab; wir sind biologisch keineswegs darauf «programmiert», die richtige Entscheidung zu treffen, die Entscheidung, die unserem Wohlergehen dient. Wir können also entweder den jedem Lebewesen angemessenen lebensbejahenden Selbstrespekt entfalten und ernsthaft danach streben, glücklich zu werden und unseren persönlichen Werten treu zu bleiben. Oder wenn uns die Mühe und Verantwortung, die Integrität und Kühnheit, die solch rationaler Egoismus und Respekt vor dem Wert des eigenen Selbst erfordert, Angst einjagen, beginnen wir vielleicht, uns von unserem innersten, persönlichsten Kern zu entfernen, noch bevor er sich dauerhaft geformt hat, indem wir auf eigenes

Streben, auf Glück und die Verwirklichung bestimmter Werte verzichten.

Unser Lebensgefühl spielt eine ausschlaggebende Rolle bei der Herausbildung unserer fundamentalen Werte, da alle Wertentscheidungen implizit auf dem Bild des Wesens, das wertet, und der Welt, in der dieses Wesen handeln muß, beruhen. Wie eine Art Leitmotiv der Seele oder Grundthema der Persönlichkeit liegt unser Lebensgefühl allen unseren Gefühlen und emotionalen Reaktionen zugrunde. *Darin* liegt die herausragende Bedeutung des Lebensgefühls für die romantische Liebe. Ein «Seelenfreund» oder eine «Seelenfreundin» ist jemand, der unser Lebensgefühl in wesentlichen Punkten teilt.

Wenn wir einen anderen Menschen kennenlernen, fühlen wir, was für eine Melodie in ihm klingt. Wir spüren, wie er sich selbst wahrnimmt, wie freudig, ängstlich oder defensiv er mit dem eigenen Leben umgeht. Wir spüren, wieweit der andere lebensfroh oder abgestumpft ist, und unser Körper und unsere Gefühle reagieren schneller auf diese Wahrnehmungen, als wir sie gedanklich erleben und in Worte fassen können.

In romantischen Liebesbeziehungen ist die wechselseitige Bejahung des Lebensgefühls beider Partner – die manchmal bereits in den ersten Momenten des Zusammentreffens vorhanden ist – entscheidend für das Aufkeimen der Liebe und die Projektion wechselseitiger Sichtbarkeit. Oft ist diese Bejahung der Funke, an dem die Beziehung sich entzündet. In einer romantischen Liebesbeziehung spüren wir, ohne daß es ausgesprochen zu werden brauchte: «Mein Partner sieht das Leben genauso wie ich. Er (oder sie) steht dem Leben genauso gegenüber wie ich. Er (oder sie) empfindet die Tatsache des Am-Leben-Seins genauso wie ich.»

Mein Intensivkurs über «Selbstachtung und romantische

Beziehungen» enthält eine Übung, die den Teilnehmern bewußtmachen soll, wieviel wir tatsächlich voneinander wissen, wieviel wir fast augenblicklich von unserem Gegenüber wahrnehmen und in unsere eigene Reaktion einbeziehen, ohne uns darüber im klaren zu sein. Bei dieser Übung setzt sich jeder der Anwesenden einem anderen, ihm völlig fremden Teilnehmer gegenüber auf den Boden und blickt ihn, ohne zu sprechen und ohne sich zu bewegen, ganz ruhig an, sieht ihn einfach nur an und versucht, das Wesen des anderen in sich aufzunehmen, Eindrücke und Phantasien von der Person des anderen völlig ungehindert und unzensiert in sich aufsteigen zu lassen und sich vorzustellen, wie er wohl als Kind gewesen ist, was er wohl für einen Geliebten oder Gefährten abgäbe, was für Konflikte oder Kämpfe er wohl ausfechten und wie er wohl zu sich selbst stehen mag, und so fort. Nach einer Weile beginnt dann einer der beiden, seine Gedanken, Phantasien und Eindrücke mitzuteilen, während der andere schweigend zuhört, weder zustimmt noch bestreitet, weder bestätigt noch Einspruch erhebt. Dann geht es anders herum: Derjenige, der eben gesprochen hat, schweigt nun, während der, der zugehört hat, nun seinerseits spricht und seine Eindrücke und Phantasien über den Partner mitteilt. Dann werden beide aufgefordert, Stellung zu nehmen und anzugeben, in welcher Hinsicht der andere ihrer Meinung nach recht und in welcher Beziehung er unrecht hatte. An diesem Punkt kommt es fast jedesmal zu großer Überraschung und Aufregung unter den Teilnehmern. Die «Treffsicherheit» ist sehr hoch; alle sind freudig erregt und mitunter auch erstaunt, wie sensibel sie sind, wieviel sie wissen und vom anderen sehen können. Die meisten waren sich dieser Fähigkeit vorher nicht bewußt.

Unter den vielen verschiedenen Möglichkeiten, das eigene Lebensgefühl auszudrücken, ist die eindeutige, begriffliche Aussage wohl die seltenste. Indem sich die Beziehung entwickelt, bieten sich natürlich Erkenntnisse in anschaulicheren Formen: Beispielsweise entdecken zwei Menschen ihre Wesensverwandtschaft, indem sie ihre beiderseitigen Werte und Unwerte kennenlernen, indem sie ihre beiderseitige Art zu sprechen, zu lächeln, zu stehen, sich zu bewegen, Gefühle auszudrücken, auf Ereignisse zu reagieren und so weiter beobachten. Sie entdecken ihre Verwandtschaft in der Art, wie sie aufeinander reagieren, in dem, was ausgesprochen und nicht ausgesprochen wird, in den Erklärungen, die sie nicht zu geben brauchen, in den plötzlichen, unerwarteten Signalen wechselseitigen Sichverstehens. Diese Erfahrung kennt jeder von uns.

Manchmal zeigt sich die Affinität des Lebensgefühls am überzeugendsten in gemeinsamen Vorlieben und Abneigungen im Bereich der Kunst. Deutlicher als bei jeder anderen menschlichen Aktivität geht es in der Kunst vor allem um den Ausdruck unterschiedlicher «Lebensgefühle». Es hängt in entscheidendem Maß vom Lebensgefühl des einzelnen ab, welche Haltung er der Kunst gegenüber einnimmt.

Der geistige Austausch zwischen zwei Menschen ist keineswegs nebensächlich. Er kann sogar von sehr großer Bedeutung sein. Diese Tatsache sollte nicht verleugnet oder beiseite geschoben werden. Rein abstrakte, intellektuelle Übereinstimmung über bestimmte Themen allein reicht jedoch nicht aus, um von echter Verwandtschaft des Lebensgefühls zu sprechen. Vielmehr kann eine solche Übereinstimmung zwischen zwei Menschen sogar in die Irre führen und beide in der Täuschung wiegen, sie hätten mehr Gemeinsamkeiten, als tatsächlich vorhanden sind. Ich habe häufig miterlebt, wie Leute irrigerweise heirateten, weil sie eine weitgehende Übereinstimmung in weltanschaulichen Fragen als ausreichende Basis für eine intime Beziehung ansahen und über die tieferliegenden, beide Partner trennenden Unterschiede im Lebensgefühl einfach hinwegsahen.

Ohne eine Verwandtschaft des Lebensgefühls beider Partner kann es in einer Beziehung keine umfassende elementare und intime Erfahrung des Gesehenwerdens geben. Würde uns ein Mensch mit einem fremden Lebensgefühl auch unserer besonderen Qualitäten wegen bewundern, so wäre unser Gefühl der Befriedigung, falls überhaupt vorhanden, doch äußerst begrenzt: Wir hätten den Eindruck, aus den falschen Gründen bewundert zu werden.

Ich denke dabei zum Beispiel an einen Mann mit einem selbstsicheren, bejahenden Lebensgefühl, der einer schwierigen und herausfordernden Arbeit nachging und von einer Frau bewundert wurde, deren eigenes Lebensgefühl von unglücklicher Verweigerung gekennzeichnet war, so daß die Bewunderung, die sie für den Mann empfand, einem heroischen, aber zum Untergang verurteilten Märtyrer galt. Der Mann fühlte sich denn auch nicht in befriedigender Weise von ihr gesehen und verstanden, da das auf ihn projizierte Bild seinem eigenen, keineswegs tragischen Lebensgefühl zuwiderlief.

Im Idealfall werden wir in einer romantischen Liebesbeziehung wegen der Eigenschaften bewundert, die wir selbst als bewunderswert ansehen, und – was genauso wichtig ist – die Bewunderung wird uns in einer Art und Weise und aus einer Sichtweise heraus entgegengebracht, die sich mit unserer eigenen Lebenssicht vereinbaren läßt. In diesem Bereich grundlegender Ähnlichkeiten liegt also das wesentliche Fundament der leidenschaftlichen und anhaltenden romantischen Anziehung. *Wir fühlen uns hingezogen zu einem fremden Bewußtsein, das dem unseren gleicht.*

Doch wenn wir es hierbei bewenden ließen, ergäbe sich noch kein vollständiges Bild. Was wir suchen, ist keineswegs ein reines Spiegelbild unserer selbst. Die grundlegenden Ähnlichkeiten zwischen den Partnern bilden das *Fundament* einer Beziehung, einander ergänzende Unterschiede dagegen ihre *Faszination*. Beides zusammen erst ist der Nährboden, auf dem die romantische Liebe wächst.

Komplementäre Unterschiede

In der gegenseitigen Anziehung zwischen Mann und Frau läßt sich das Prinzip der grundlegenden Übereinstimmung bei einander ergänzenden Unterschieden in elementarster Form beobachten. Abstrakt betrachtet besteht die Affinität, also die wesentliche Übereinstimmung, ohne die es keine Liebe geben kann, in der Tatsache, daß beide Partner *Menschen* sind. Der komplementäre Unterschied, der der Begegnung beider eine einzigartige Faszination verleiht, liegt darin, daß der eine Partner *männlichen* und der andere *weiblichen* Geschlechtes ist.

Mehr ins einzelne gehend können wir sagen: Wenn wir einem anderen Menschen begegnen, dessen erlernte Überlebensstrategien den unseren ähneln, dessen persönliche Weise des In-der-Welt-Seins uns innig vertraut ist, dessen Problemlösungs- und Anpassungsverhalten dem unseren gleicht – dann erleben wir im Schock des Wiedererkennens das Gefühl einer tiefgehenden Verbundenheit, das die eigentliche Ausgangsbasis und das Fundament für das zu errichtende Gebäude einer Beziehung bildet. Ohne dieses Fundament kann sich keine echte und reife Liebe zwischen Mann und Frau entwickeln. Doch keine zwei Menschen sind durch und durch gleich. Keine zwei Menschen durchlaufen eine identische Entwicklung. Keine zwei Menschen aktualisieren (verwirklichen in ihrem Handeln) genau dasselbe Potential. So wie wir uns beruflich spezialisieren, so gibt es auch in unserer Persönlichkeitsentwicklung Bereiche, in denen wir uns besonders stark entfalten, während wir andere vernachlässigen.

Zur Verdeutlichung: Die eine Person aktualisiert ihre sprachlichen, intellektuellen Fähigkeiten in höherem Maße als der Durchschnitt; die andere bemüht sich mehr darum, ihre intuitiven Fähigkeiten zu entwickeln. Die eine Person ist vorwiegend handlungsorientiert, die andere eher kontemplativ. Die eine Person hegt mehr künstlerische Neigungen, die andere ist eher «weltlich». Die eine Person hat eine starke Bindung an die Vergangenheit, die zweite lebt fast ausschließlich in der Gegenwart, die dritte überwiegend in der Zukunft. Ist die eine Person fast ausschließlich auf berufliche Leistung hin orientiert, so ist die andere vor allem auf das Anknüpfen und Pflegen menschlicher Beziehungen bedacht. Fühlt sich die eine Person unwiderstehlich zu den physischen, materiellen Seiten des Leben hingezogen, so geht eine andere eher im intellektuellen, eine dritte im spirituellen Bereich auf. Alle diese Potentiale besitzen und aktualisieren wir in unterschiedlichem Ausmaß. Alle diese Möglichkeiten sind bis zu einem gewissen Grad in jedem von uns angelegt, doch die Formel, die ihre genaue Kombination bei jedem von uns wiedergäbe, wäre so unwiederholbar und individuell wie das Linienmuster unserer Fingerabdrücke.

Wir werden uns aller Wahrscheinlichkeit nach in einen Menschen verlieben, bei dem wir im Verhältnis zu uns selbst gleichzeitig grundlegende Affinitäten und komplementäre Unterschiede wahrnehmen. Wenn ein Mann und eine Frau ihre wechselseitigen Unterschiede als einander ergänzend empfinden, dann erleben sie sie als eine stimmulierende, herausfordernde und aufregende dynamische Kraft, die das Gefühl, lebendig zu sein, sich zu erweitern und zu wachsen, verstärkt.

Es versteht sich von selbst, daß die Unterschiede zwischen den Menschen keineswegs nur komplementär sind; manchmal mögen sie durchaus auch antagonistisch, das heißt, als unversöhnliche Gegensätze, aufeinandertreffen. Es zeugt daher von einer oberflächlichen, zu stark vereinfachenden Betrachtungsweise, wenn manche Psychologen erklären: «Gegensätze ziehen sich an.» Mit dem gleichen Wahrheitsanspruch könnte man sagen: «Gegensätze stoßen sich ab.» Bei manchen Männern und Frauen sind der kognitive Stil (die Art zu denken und Erfahrungen zu verarbeiten), die Art, wie sie mit der Zeit umgehen und handeln, ihre Einstellung zur Welt insgesamt so unterschiedlich, daß es schwerlich etwas anderes als Spannung, Unduldsamkeit und Irritation zwischen ihnen geben kann – vor allem, wenn sie versuchen, eine intime Beziehung aufzubauen.

Die zur romantischen Liebe gehörende geglückte Intimität kann nur gelingen, wenn beide Partner ihre Unterschiedlichkeit als Bereicherung und Anstoß erleben, ihre beiderseitigen ungenutzten Potentiale zu entwickeln, so daß ihre Begegnung zu einem Abenteuer erweiterten Bewußtseins und gesteigerter Lebendigkeit wird.

Zwei Menschen, von denen der eine einen stärker intellektuellen und der andere einen eher intuitiven kognitiven Stil besitzt, können eine bereichernde und anregende Beziehung zueinander eingehen, wenn jeder den kognitiven Stil des anderen respektiert und anerkennt. Wenn die Partner ihre jeweiligen kognitiven Stile allerdings als antagonistisch erleben, muß es zwangsläufig zu Konflikten und Unstimmigkeiten zwischen ihnen kommen.

Ob zwei Partner, von denen der eine überwiegend handlungsorientiert und der andere überwiegend spirituell orientiert ist, ihre Verschiedenheit als Ergänzung oder als unversöhnlichen Gegensatz empfinden, hängt ganz wesentlich von ihrer Bereitschaft und Fähigkeit ab, der Orientierung des jeweils anderen aufgeschlossen zu begegnen und sie als wertvoll anzuerkennen. Dies wiederum setzt die Bereitschaft und Fähigkeit der Partner voraus, die eigene latente oder untergeordnete Komponente zu akzeptieren und hochzuachten.

Verweilen wir einen Augenblick bei diesem letzten Punkt. Oft genug sind wir denjenigen gegenüber am intolerantesten, die genau die Eigenschaften oder Entfaltungsmöglichkeiten besitzen, von deren Vorhandensein wir bei unserer eigenen Person nichts wissen wollen. So kenne ich zum Beispiel eine Frau, die es nicht fertigbringt, zu ihrer eigenen Aggressivität zu stehen, und die sich immer wieder über diesen Charakterzug ihres Freundes aufregt. Ich kenne einen Mann, der mit seiner eigenen Sensibilität nichts anfangen kann und merkwürdig ungeduldig wird, wenn er einer sensiblen Frau begegnet. Häufig klagen sich streitende Eheleute wegen genau der Eigenschaften an, die sie selbst besitzen und bei sich nicht akzeptieren können. Ich denke zum Beispiel an einen Mann, der so gut wie jedes Gefühl, außer Hilflosigkeit, bei sich zulassen konnte. Jedesmal wenn seine Frau sich hilflos zeigte, reagierte er mit einem Wutanfall. Er war sich nicht bewußt, wieviel es für ihn bedeutete, daß sie bei sich Gefühle der Hilflosigkeit zulassen konnte und im Grunde genommen diesen Gefühlszustand für ihn mit auslebte. Einmal hatte ich eine überaus aktive und ehrgeizige Frau als Klientin, die sich zwar gelegentlich über die Passivität ihres Mannes beschwerte, in Wirklichkeit aber gerade diesen Zug bei ihm besonders schätzte. Mittels seiner Person erlaubte sie sich, Passivität indirekt zu erleben, als ob dieses Gefühl ein geheimer Luxus wäre, den sie sich nicht offen gönnen durfte.

Vielfach besteht die romantische Liebe neben und trotz solcher Reibungen, wie ich sie eben beschrieben habe. Jeden Tag verlieben sich Menschen, die manche der zwischen ihnen bestehenden Wesensunterschiede als komplementär und andere als antagonistisch empfinden, aufrichtigen Herzens ineinander. Entscheidend ist, daß Konflikte häufig gelöst werden können, wenn es uns gelingt, die Merkmale und Charakterzüge, die uns bei unseren Partnern frustrieren oder ärgern, bei uns selbst zu erkennen und anzunehmen. Wenn wir lernen, diese Eigenschaften bei uns selbst zu akzeptieren, können wir sie auch bei anderen besser akzeptieren.

Zwischen Partnern, die sich selbst und den anderen akzeptieren, können komplementäre Unterschiede als kraftvoller Impuls wirken, der die innere Weiterentwicklung und die Selbstentdeckung fördert. In diesem Fall eröffnet jeder der Partner dem anderen den Zugang zu neuen Welten. Dies geschieht mit um so größerer Wahrscheinlichkeit, je stabiler die Selbstachtung der Beteiligten ist, denn sie sind dann weniger geneigt, ihre Unterschiedlichkeit als bedrohlich zu empfinden.

Manchmal erkennen wir im anderen Menschen die Verkörperung eines Teils unserer selbst, der sich in uns entwikkelt hat und nun nach Äußerung drängt. Wenn der andere in uns eine ähnliche Möglichkeit wahrnimmt, dann kann die Liebe ungehindert wachsen und durch Berührung, Anteilnahme und wechselseitigen Umgang ein aufregendes Gefühl vermehrter Lebendigkeit in uns auslösen.

Tatsächlich können wir einen tieferen Einblick in unsere Liebesbeziehungen gewinnen, wenn wir uns fragen: *Mit welchen Teilen meines Selbst bringt mich mein Liebespartner neu in Kontakt? Wie erfahre ich mich selbst in dieser Beziehung? Welcher Teil in mir fühlt sich am lebendigsten an, wenn ich mit meinem Partner zusammen bin?* Die Antworten auf diese Fragen weisen uns den Weg zu den wesentlichsten Gründen, die uns dazu veranlaßt haben, uns in eine bestimmte Person zu verlieben.

Eines möchte ich noch klären, bevor wir weitergehen. Wesensunterschiede können sich nur dann ergänzen und zum Gelingen einer Beziehung beitragen, wenn die Eigenarten der beiden Partner wertvoll und wünschenswert sind. Positive und negative Werte sind *nicht* komplementär. Wir werden kaum eine leidenschaftliche Liebe zwischen einem Menschen mit hoher Selbstachtung und einem Menschen mit niedriger Selbstachtung finden, genausowenig wie zwischen einem hochintelligenten und einem auffallend begriffsstutzigen Partner. Derartige Unterschiede sind ihrem Wesen nach antagonistisch und wirken keineswegs stimulierend. Die Unterschiede zwischen zwei Partnern sind nur dann komplementär und nicht antagonistisch, wenn sie in den Bereich des *Beliebigen* fallen. Mit anderen Worten: Sie dürfen die Grundlagen unserer Existenz nicht berühren. In diesem Sinn ist der Unterschied zwischen Selbstachtung und Selbsthaß und der zwischen Aufrichtigkeit und Unaufrichtigkeit ganz und gar nicht «beliebig». Aufrichtigkeit und Unaufrichtigkeit stellen keine gleichwertigen Orientierungen oder Seinszustände dar. Der Unterschied zwischen ihnen ist grundlegend. Im Bereich solcher fundamentalen Werte wünschen wir uns Übereinstimmung mit unserem Partner. Solange es um solche Dinge wie den kognitiven Stil oder persönliche Verhaltensweisen geht, können wir Unterschiede zwischen uns und unserem Partner innerhalb gewisser Grenzen gutheißen und sogar genießen, weil Unterschiede in diesem Bereich die gleiche Wertigkeit besitzen.

Manchmal kommt es vor, daß eine unaufrichtige Person von der Aufrichtigkeit einer anderen oder eine unsichere Person von der Selbstachtung einer anderen angezogen wird, weil sie nach dem sucht, was ihr selbst fehlt. Doch in solchen Fällen bleibt die Anziehung einseitig und unerwidert. Aufrichtigkeit fühlt sich nicht zu Unaufrichtigkeit, Selbstachtung nicht zu Selbstzweifel hingezogen. Die Grundlage für gegenseitige Liebe ist nicht gegeben.

Wenn die Basis für eine gegenseitige Liebe vorhanden und zwischen einem Mann und einer Frau eine geeignete Kombination grundlegender Affinitäten und komplementärer Unterschiede gegeben ist – und wenn beide überdies zu diesem Zeitpunkt ihres Lebens frei sind, so daß sie eine Liebesbeziehung eingehen können –, dann beginnt sich die Liebe zu entfalten, lange bevor die Partner die Gründe der wechselseitig erlebten Anziehung in Worte fassen können. Unzählige Männer und Frauen, die schon jahrelang zusammenleben, machen die Erfahrung, daß sie immer wieder neue Gründe für ihr Verliebtsein entdecken, Gründe, die sie intuitiv oder im Unterbewußten schon sehr früh erfaßten, aber erst nach längerer Zeit sprachlich zum Ausdruck bringen. Es würde natürlich niemandem gelingen, *alle* Gründe beim Namen zu nennen, und das ist auch überhaupt nicht notwendig. Für Paare, die dieses Terrain erforschen möchten, ist es jedoch nützlich, sich zu fragen: *In welchen Punkten gleichen wir uns? In welchen Punkten, die wir als angenehm und anregend erleben, sind wir verschieden?*

Vielleicht sollte ich noch erwähnen, daß die bloße Aufzählung der Wesenszüge eines anderen für sich allein nie restlos befriedigen kann. Es kommt stets auf das Zusammenspiel dieser Züge innerhalb der jeweiligen Persönlichkeit, auf den Intensitätsgrad, mit dem sie auftreten, und auf das Gleichgewicht zwischen ihnen an. «Gleichgewicht» und «Grad» sind Kernbegriffe. So hat es mir zum Beispiel immer gefallen, wenn die Persönlichkeit der Frauen, die ich mochte, auch einen gewissen «männlichen» Anteil aufwies. Doch offensichtlich besteht ein gewaltiger Unterschied zwischen einer Frau, die völlig eins ist mit ihrer Weiblichkeit und zugleich in ihrer Persönlichkeitsstruktur ein «männliches» Element besitzt, und einer anderen, bei der das «männliche» Element so hervorstechend ist, daß man sich immer wieder daran erinnern muß, daß sie ja eine Frau ist. Ich habe es immer so empfunden, daß Frauen, die keine Spur eines «männlichen» Prinzips in sich tragen, als Frauen recht uninteressant sind. Umgekehrt haben mir viele Frauen bestätigt, daß sie einen Mann, der keine Spur von «Weiblichkeit» in seiner Persönlichkeit aufweist, ebenfalls ziemlich reizlos finden. Auf jeden Fall spielt die Frage des Grades auch hier wieder die entscheidende Rolle.

Bis hierher sind wir bei der Frage, warum wir uns in diese und nicht in jene Person verlieben, stillschweigend von der Voraussetzung ausgegangen, daß wir fähig sind, reife romantische Liebe zu empfinden. Doch gilt das Prinzip der grundlegenden Affinitäten und komplementären Unterschiede gleichermaßen für unreife Liebesbeziehungen. Angesichts der statistischen Häufigkeit unreifer Beziehungen erscheint es an dieser Stelle angebracht, kurz auf sie einzugehen, um das Prinzip, mit dem wir uns gerade befassen, noch weiter zu erläutern und aufzuzeigen, in welcher Weise die unreife Liebe von der in diesem Buch vertretenen Vorstellung der romantischen Liebe abweicht.

«Reife» und «Unreife» sind Begriffe, die sich auf die gelungene oder mißglückte biologische, geistige und psychische Entwicklung des Individuums vom Säugling bis zum Erwachsenen beziehen.

In reifen Liebesbeziehungen meinen «komplementäre Unterschiede» in erster Linie sich ergänzende *Stärken*. In unreifen Beziehungen meinen «komplementäre Unterschiede» dagegen eher sich ergänzende *Schwächen*. Schwächen dieser Art sind Bedürfnisse, Wünsche und andere Persönlichkeitsmerkmale, die auf ein Mißlingen der gesunden Entwicklung und der psychischen Reifung hindeuten. Wie wir noch sehen werden, geht es hier in der Hauptsache um die Frage von Loslösung und Individuation, das heißt um das Gelingen oder Mißlingen der Aufgabe, die dem Erwachsenenalter gemäße Stufe der Autonomie zu erreichen.

Viele Menschen begegnen dem Leben mit einer Einstellung, die, würde man sie in Worte fassen (was allerdings so gut wie nie vorkommt), auf die Erklärung hinausliefe: «Als ich fünf Jahre alt war, sind wichtige Bedürfnisse von mir unerfüllt geblieben – und solange sich das nicht ändert, habe ich keine Lust, sechs zu werden!» Diese Menschen sind auf einer elementaren Ebene sehr passiv, auch wenn sie in oberflächlicheren Bereichen zuweilen ganz aktiv und «aggressiv» erscheinen mögen. Im tiefsten Innern verharren sie in Wartestellung. Sie warten darauf, daß jemand kommt und sie rettet. Sie warten darauf, daß jemand ihnen sagt, daß sie wirklich artige Jungen und Mädchen sind. Sie warten darauf, daß irgendeine äußere Instanz sie bestätigt und bestärkt.

So dreht sich das ganze Leben dieser Menschen um den

Wunsch, zu gefallen und umsorgt zu werden oder, umgekehrt, zu herrschen und zu bestimmen, zu manipulieren und die Befriedigung ihrer Bedürfnisse und Wünsche zu *erzwingen*, da sie an der Echtheit der Liebe und Fürsorge zweifeln, die ihnen von anderen entgegengebracht wird. Sie haben kein Vertrauen, daß das, was sie ohne ihre Fassade und ohne ihre herrschaftssichernden Manipulationen sind, wirklich *ausreicht*.

Ob sie nun nach außen die Rolle des Hilflosen und Abhängigen spielen oder sich eher beherrschend, überbehütend, «verantwortungsbewußt» und «erwachsen» geben – immer liegt der Vorspiegelung ein Gefühl der Unzulänglichkeit zugrunde, das Bewußtsein eines namenlosen, grundlegenden Defekts, der nun von anderen Menschen ausgeglichen werden soll. Unreife Menschen sind von ihren inneren Kraftquellen abgeschnitten. Sie können sich nicht selbst innerlich Halt geben, sind sich ihrer eigenen Kraft nicht bewußt.

Ob unreife Menschen nun durch Machtausübung oder Unterwerfung, durch Herrschen oder Beherrschtwerden, durch Befehlen oder Gehorchen nach Ergänzung und Erfüllung streben – sie werden in jedem Falle von dem gleichen fundamentalen Gefühl der Leere zu ihren Handlungen getrieben, als ob sich im Mittelpunkt ihres Wesens ein Vakuum und an der Stelle, an der sich kein autonomes Selbst bilden konnte, ein tiefes Loch befände. Diese Menschen haben die menschliche Grunderfahrung des Alleinseins niemals wirklich in sich aufgenommen und sich zu eigen gemacht. Die Individuation in einem ihrer chronologischen Entwicklung entsprechenden Maße ist unterblieben.

Unreife Menschen haben es nicht fertiggebracht, die Bildungsinstanz in ihrem Leben von außen nach innen, in ihr eigenes Selbst, zu verlegen. Sie haben es nicht fertiggebracht, Selbstverantwortlichkeit zu entwickeln. Sie haben es nicht fertiggebracht, sich mit der unabänderlichen Tatsache ihres fundamentalen Alleinseins abzufinden, und sind deshalb in ihren Versuchen, sich an andere Menschen zu binden, schwer behindert.

Unreife Menschen nehmen andere mit Mißtrauen, Feindseligkeit und einem Gefühl der Entfremdung wahr, oder aber sie erleben andere als Rettungsringe, die sie davor bewahren, in der stürmischen See ihrer eigenen Ängste und Unsicherheiten zu versinken. Unreife Menschen neigen dazu, andere nicht als eigenständige Personen, sondern in erster Linie, wenn nicht sogar ausschließlich, als Quelle der Befriedigung ihrer Wünsche und Bedürfnisse wahrzunehmen – etwa so, wie ein Kleinkind seine Eltern erlebt. Ihre Beziehungen sind deshalb häufig durch Abhängigkeit und Manipulation gekennzeichnet. In ihnen trifft kein autonomes Selbst auf ein anderes autonomes Selbst, so daß beide sich frei fühlten, sich einander offen zu zeigen, und in der Lage wären, dem Wesen des anderen aufgeschlossen zu begegnen und sich daran zu freuen. Statt dessen treten in unreifen Beziehungen zwei unvollständige Wesen aufeinander zu, die darauf aus sind, sich irgendwie von ihren inneren Defekten zu befreien, auf magische Weise das unabgeschlossene Geschehen ihrer Kindheit zu Ende zu bringen, die Löcher in ihrer Persönlichkeit auszufüllen und die «Liebe» als Ersatz für die Entwicklung zu Reife und Selbstverantwortlichkeit zu benutzen.

Dies sind einige der «grundlegenden Ähnlichkeiten», die zwischen unreifen Verliebten bestehen. Wenn wir verstehen, warum sich diese unreife Form der Liebe entwickelt, dann können wir auch verstehen, warum sie in den meisten Fällen so rasch wieder erstirbt.

Wenn eine unreife Frau ihren Geliebten anblickt, meldet sich tief in ihrer Seele der Gedanke: «Mein Vater hat mich abgelehnt – aber du wirst an seine Stelle treten und mir geben, was ich von ihm nicht bekommen habe. Dafür werde ich dir ein Heim schaffen, werde dein Essen kochen und dir Kinder gebären. Dafür werde ich dein braves kleines Mädchen sein.»

Oder eine Frau hat das Gefühl, von einem Elternteil oder von beiden Eltern nicht geliebt oder abgelehnt worden zu sein. Sie bringt es nicht fertig, die Schwere ihrer Kränkung oder das Ausmaß ihrer selbstherabsetzenden Gefühle anzuerkennen. Sie erreicht zwar eine Art *Schein*-Erwachsensein, doch das Gefühl des Unabgeschlossenen, das Gefühl, ein unvollständiger Mensch zu sein, bleibt erhalten und beeinflußt unter der Oberfläche der bewußten Wahrnehmung auch weiterhin ihre Handlungen. Sie «verliebt sich» in einen Mann, der wesentliche Charakterzüge des ablehnenden Elternteils beziehungsweise der ablehnenden Eltern teilt. Vielleicht ist er kalt, gefühllos, unfähig oder unwillens, Liebe zu zeigen. Wie ein glückloser Spieler, den es immer wieder an den Ort seiner vergangenen Niederlagen zieht, fühlt sich die Frau zu diesem Mann hingezogen. *Dieses Mal wird sie nicht verlieren.* Sie wird ihn erweichen. Sie wird einen Weg finden, um ihn zu erweichen. Sie wird einen Weg finden, all die Gefühlsreaktionen aus ihm herauszulocken, die sie als Kind ersehnt und nicht bekommen hatte. Dadurch, so glaubt sie, wird sie ihre Kindheit zurückgewinnen und endlich ihre Vergangenheit überwinden.

Ihr bleibt unklar, daß – falls nicht andere Faktoren ins Spiel kommen und eine positive Veränderung ihres seelischen Zustandes herbeiführen – der Mann in dem Drama, das sie aufführt, nur so lange nützlich und brauchbar für sie ist, wie er ein wenig abseits, ein wenig lieblos, ein wenig distanziert bleibt. Würde er anfangen, ihr Wärme und Liebe entgegenzubringen, wäre er als Ersatzfigur für Vater und Mutter nicht mehr geeignet und könnte die Rolle, die sie ihm zugedacht hat, nicht mehr richtig ausfüllen. Während sie einerseits also um Liebe fleht, tut sie andererseits doch alles, um die Distanz zu ihrem Partner aufrechtzuerhalten, so daß er ihr gerade das, was sie unbedingt möchte, nicht geben kann. Wenn er aus irgendeinem Grunde trotz ihrer Anstrengungen weiterhin liebevoll und zärtlich wäre, würde sie aller Wahrscheinlichkeit nach verunsichert den Rückzug antreten, und ihre Verliebtheit wäre dahin. «Warum nur vernarre ich mich immer in Männer», beklagt sich die unreife Frau bei ihrem Therapeuten, «die überhaupt nicht lieben können?»

Ein Mann schaut seine Braut an und hat den Gedanken: «Jetzt bin ich ein verheirateter Mann, ich bin erwachsen und trage Verantwortung – genau wie Vater. Ich werde hart arbeiten, ich werde dein Beschützer sein, ich werde für dich sorgen – so wie Vater für Mutter gesorgt hat. Wenn ich das tue, werden er und du und alle Welt wissen, daß ich ein braver Junge bin.»

Oder ein Mann erlebt als kleiner Junge, daß seine Mutter ihre Familie verläßt und mit ihrem Geliebten auf und davon geht. Der kleine Junge fühlt sich verraten und und zurückgelassen; *ihn* hat die Mutter verlassen, nicht den Vater. (Dies ist die natürliche, egozentrische Sichtweise des Kindes.) Der Junge sagt sich, vielleicht weil sein Vater ihm beistimmt und ihn dazu ermutigt: «Frauen sind eben so. Man kann ihnen nicht trauen.» Er nimmt sich vor, sich niemals wieder so tief verletzen zu lassen. Er wird es nicht zulassen, daß eine Frau ihm jemals wieder so weh tut wie seine Mutter. Doch Jahre später erlebt er immer nur zwei Arten von

Beziehungen zu Frauen: solche, in denen ihm viel weniger an der Partnerin liegt als ihr an ihm, und andere, in denen er eine Frau gewählt hat, die ihm keinesfalls treu bleiben und ihm unweigerlich Leid zufügen wird. Fast immer gerät er früher oder später an die zweite Sorte Frau, weil er das unabgeschlossene Geschehen aus seiner Kindheit vollenden möchte (das sich jedoch auf diese Weise niemals erfolgreich abschließen läßt, *da die Frau nicht seine Mutter ist*, sondern nur ein symbolischer Ersatz). Wenn die Frau ihn «sitzen läßt», zeigt er sich erschüttert und bestürzt. Die leidenschaftlichen «Liebesaffären» seines Lebens gehören zu dieser zweiten Art. Er hat keine Verbindung mehr zu seinem ursprünglichen Schmerz, zum Ursprung seines Problems, zu den Gefühlen, die er vor langer Zeit verleugnet hat, und ist deshalb machtlos, diese Gefühle wirkungsvoll anzugehen und zu überwinden. Er ist der Gefangene dessen, was er nicht wahrhaben wollte. In den Tiefen seiner Psyche geht das Drama weiter, ohne daß jemals eine Lösung in Sicht käme. Beim *nächsten* Mal wird er endlich mit der Faust auf den Tisch schlagen! Doch zuvor laßt ihn noch zum Trost, zur Stütze, zur Erholung, zur Vergeltung so viele Frauen verletzen, wie er nur kann. Dabei überlegt er sich: «Ob die romantische Liebe eine Täuschung ist? Bei mir scheint es damit nie zu klappen.»

Für meinen Kursus «Selbstachtung und romantische Beziehungen» habe ich eine Übung entwickelt, die sich auf dieses Problem bezieht. Die Gruppenteilnehmer erhalten folgende Anweisung: «Nehmen Sie Ihr Notizbuch und schreiben Sie oben auf eine neue Seite ‹Mutter›. Schreiben Sie darunter sechs bis acht Wendungen auf einzelne Wörter, die Ihre Mutter beschreiben und charakterisieren. Halten Sie danach noch in einem Satz fest, wie Sie die Fähigkeit Ihrer Mutter, Liebe zu geben und empfangen, wahrnehmen. Dann schreiben Sie oben auf die nächste Seite ‹Vater› und machen die gleiche Aufstellung für ihn. Danach schreiben Sie auf einer dritten Seite unter der Überschrift ‹Eine der Enttäuschungen, die mir Vater und Mutter bereitet haben, ist ...› sechs bis acht verschiedene Schlüsse für diesen Satz. Setzen Sie dann oben auf eine neue Seite den Namen Ihres ersten Ehepartners oder den der Person, mit der sie das bis jetzt schmerzlichste Liebesverhältnis gehabt haben. Setzen Sie unter diesen Namen sechs bis acht Wendungen oder einzelne Wörter zur Beschreibung und Charakterisierung dieser Person und schließen Sie auch hier wieder mit der Feststellung, wie Sie die Fähigkeit dieser Person, Liebe zu geben und zu empfangen, wahrnehmen. Beginnen Sie nun auf einer neuen Seite und führen Sie unter der Überschrift ‹Eine der Enttäuschungen, die mir (Name der jeweiligen Person) bereitet hat, ist ...› sechs bis acht Schlüsse für diesen Satz an.» Unweigerlich sind dann jedesmal von allen Seiten unterdrückte Seufzer, Lachanfälle und Verwünschungen zu hören. «Mein Gott!» ruft jemand. «Ich habe ja meine Mutter geheiratet!» Ein anderer gibt zurück: «Und ich meinen Vater!» – «Wenigstens war ich so schlau, gar nicht erst zu heiraten!» läßt sich ein dritter vernehmen. Für viele sind die Hinweise auf diesen fünf Seiten wahrhaft schockierend ... aber andererseits doch nicht völlig schokkierend.

Auf einer bestimmten Ebene, so läßt sich sicher zu Recht behaupten, besteht ein Charakteristikum der unreifen Liebe darin, daß die Partner nicht in der Lage sind, sich gegenseitig realistisch wahrzunehmen, weil Phantasien und Projektionen das Bild verklären und verzerren. Und doch gibt es eine tiefere Ebene, eine Ebene, die sich ein unreifer Mensch gewöhnlich nicht eingesteht, auf der er gewahr wird, einsieht und weiß, wen er sich zum Partner gewählt hat. Unreife Liebende sind keineswegs blind; doch das Spiel, in das sie verwickelt sind, kann von ihnen fordern, vor sich selbst so zu tun, als ob sie es wären. Dieses Spiel ermöglicht ihnen, alle äußeren Gesten der Bestürzung, Kränkung, Entrüstung und Erschütterung aufzuführen – nur muß sich ihr Partner genauso verhalten, wie es ihre Lebensspielanweisung vorschreibt. Der Beweis dafür liegt in der Folgerichtigkeit, mit der unreife Menschen immer wieder genau solche unreifen Partner zu finden wissen, deren Probleme und Lebensstil ihre eigene Problematik, ihre eigene Art zu leben ergänzen und sich mit diesen zu einem schwer entwirrbaren Netzwerk verschlingen.

So wird sich beispielsweise eine Frau, die von dem Bedürfnis beherrscht ist, zu leiden und in ihren Beziehungen immer «die zweite Geige zu spielen» – sie will «Mutter» zeigen, daß sie nicht die Absicht hat, mit ihr zu konkurrieren –, mit der Treffsicherheit einer ferngelenkten Rakete in einen verheirateten Mann verlieben, der, allen Ergebenheitsbekundungen zum Trotz, absolut «außerstande» ist, seine Frau zu verlassen.

Ein Mann, der das Bedürfnis empfindet, den Starken, Beschützenden, Verantwortungsbewußten zu spielen, der stets «Herr der Lage» ist, wird eine Frau finden, die ihrerseits das Bedürfnis hat, sich als schwach, hilflos, abhängig und kindlich darzustellen. An solchen «komplementären Unterschieden» entzündet sich manchmal so etwas wie «Liebe».

Es gibt Frauen, die sich in der Rolle der Mutter oder des Kindes wohl fühlen, aber nicht in der der Frau. Es gibt Männer, die sich in der Rolle des Vaters oder des Kindes wohl fühlen, aber nicht in der des Mannes. Selbst in einem überfüllten Saal, in einer Menschenmenge gelingt es ihnen, sich zu finden. Und dann spielen sie abwechselnd die Rollen des Beschützers und des hilflosen Kindes in einem endlosen Hin und Her, das bestimmt wird durch wechselseitig ausgetauschte wortlose Signale. Jeder schafft dem anderen den Rahmen, in dem er seine Unreife, seine noch nicht abgeschlossene Kindheitsgeschichte ausagieren und dabei so tun kann, als wäre er erwachsen.

Stets können wir sowohl die grundlegende Affinität (die Unsicherheit, das Rollenspielen, das Verhaftetsein in einer irrealen Existenz) als auch die komplementären Unterschiede (die unterschiedlichen, aber einander ergänzenden Vorspiegelungen, Masken, Rollen, Spiele) beobachten, die jedem der Beteiligten das Gefühl geben, einen Seelenfreund gefunden zu haben.

Obwohl Beziehungen dieser Art zur Instabilität neigen, krisenanfällig und meist schnell verschlissen sind, ermöglichen sie doch vorübergehend Faszination, gesteigerte Bewußtheit, ein erhöhtes Lebensgefühl, ja sogar Verzauberung.

In manchen Fällen zeigen diese Beziehungen tatsächlich alle Merkmale einer Sucht. Die Selbstachtung der Beteiligten ist so stark an die Unterstützung und Bestätigung durch den Partner gebunden, daß schon die kürzeste Abwesenheit Angst, Panik und Verzweiflung auslösen kann. Und selbst wenn eine solche Beziehung endet, durchläuft der verlassene Partner nicht selten alle «Entzugserscheinungen» eines Süchtigen, dessen Heroinvorrat erschöpft ist.

Die Unterschiede zwischen reifer romantischer Liebe und einer unreifen Liebe, die sich nur als «romantische Liebe» ausgibt, sollen im vierten Kapitel weiter ausgeführt werden. Ein besonderes Gewicht wird dabei der Erörterung der Begriffe Selbstachtung und Autonomie zukommen. An dieser Stelle müssen wir uns jedoch daran erinnern, daß wir es bei der Frage von «Reife» oder «Unreife» stets mit graduellen Unterschieden zu tun haben. Solange es darum geht, ein Prinzip herauszuarbeiten, ist es angebracht, Individuen und Beziehungen als «reif» oder «unreif» zu kennzeichnen. Zugleich müssen wir uns jedoch darüber im klaren sein, daß diese groben Charakterisierungen in Wirklichkeit in feinen Abstufungen langsam ineinander übergehen. Ich möchte das gerade an dieser Stelle betonen, weil Sie nach der obigen Darstellung der unreifen Liebe möglicherweise voller Verwirrung feststellen, daß Ihre eigene Liebesbeziehung in mancher Hinsicht reif und in anderer unreif ist, und sich nun fragen, wie sie wohl einzuordnen ist. Doch genau wie das Verhalten eines bestimmten Individuums in manchen Bereichen als reif und in anderen Bereichen als unreif zu bezeichnen sein mag, so kann natürlich auch eine Beziehung teilweise reif und teilweise unreif sein.

Außerdem dürfen wir nicht vergessen, daß auch «reife» Menschen immer wieder Momente erleben, in denen sie sich «unreif» verhalten und Gefühle und Reaktionen zeigen, die weit unterhalb ihres normalen Verhaltensniveaus liegen. Doch können diese Menschen solche Augenblicke als das hinnehmen, was sie sind. Sie fühlen sich durch sie nicht veranlaßt, sich selbst zu bezichtigen und zu verurteilen. Auch ein reifer Mensch spürt hin und wieder den Wunsch, noch einmal unselbständig und verantwortungslos, noch einmal Kind sein zu dürfen. Doch läßt er, wenn die Situation es ermöglicht, solche Gefühle zu, akzeptiert sie und übernimmt die Verantwortung für sie. Die Entscheidung darüber, ob er solchen Gefühlen folgen und sie ausleben soll oder nicht, liegt also im eigenen Ermessen und ist nicht das Ergebnis eines inneren Zwanges.

Ein reifer Mensch kann gelegentliche unreife Gefühle als etwas Normales und sogar sehr Angenehmes akzeptieren.

Ein unreifer Mensch dagegen will derartige Gefühle nicht wahrhaben und bleibt gerade dadurch an sie gekettet.*

Eine verborgene Variable: Rhythmus und Energie

Bevor wir die Darstellung des Auswahlprozesses in der romantischen Liebe abschließen, muß ich noch einen variablen Faktor erwähnen, den ich absichtlich gesondert behandeln möchte. Diese Variable kann den Ausschlag bei der Frage geben, ob sich zwischen zwei Menschen tatsächlich Liebe entwickelt, und dennoch wird sie kaum je erkannt und gewürdigt. Sie kann eine mögliche Beziehung positiv wie negativ in machtvoller, aber nur schwer erkennbarer Weise beeinflussen. Gemeint sind die Unterschiede, die auf dem individuellen biologischen Rhythmus und dem natürlichen Energieniveau eines jeden Menschen beruhen.

In der Biologie hat man entdeckt, daß jeder Mensch einen angeborenen biologischen Rhythmus besitzt, der genetisch festgelegt ist und sich nur während der ersten zwei oder drei Lebensjahre und danach kaum noch modifizieren läßt. Der biologische Rhythmus zeigt sich im Sprechverhalten, in den Körperbewegungen, in den Gefühlsreaktionen und ist ein Teil dessen, was wir häufig als «Temperament» bezeichnen. Damit eng verknüpft ist die Tatsache, daß wir auf Grund unserer natürlichen Anlage in körperlicher, emotio-

* In meinem Buch ‹*The Disowned Self*› gehe ich auf den seelischen Prozeß ein, der uns in den Gefühlen und Empfindungen, die wir verleugnen und nicht als die unseren anerkennen wollen, gefangenhält.

naler und geistiger Hinsicht über unterschiedlich hohe Energiepotentiale verfügen: Wir bewegen uns, empfinden, denken, reagieren unterschiedlich schnell. Wir scheinen uns hinsichtlich unseres Verhältnisses zur Zeit von anderen zu unterscheiden.

Betrachten wir dieses Phänomen zunächst von seiner negativen Auswirkung her: Es kommt vor, daß zwei Menschen sich begegnen und – aufbauend auf vielen Affinitäten und komplementären Unterschieden – drauf und dran sind, sich ineinander zu verlieben, wenn da nicht ständig eine winzige, rätselhafte Irritation zwischen ihnen bestände. Die beiden können sich das nicht erklären. Sie haben das unterschwellige Gefühl, «asynchron», irgendwie zeitlich nicht aufeinander abgestimmt zu sein. Häufig kommt es zu Reibereien, ohne daß die beiden sich ihre Gefühle erklären könnten. In solchen Fällen wird die Entwicklung einer Beziehung wahrscheinlich dadurch behindert, daß der individuelle biologische Rhythmus und das natürliche Energieniveau beider Partner nicht miteinander vereinbar sind.

Der Partner, der von Natur aus schneller ist, wird dauernd ungeduldig, während der, der von Natur aus langsamer ist, sich ständig unter Druck gesetzt fühlt. Häufig reagiert der schnellere von beiden, indem er noch schneller, und der langsamere, indem er noch langsamer wird, wobei jeder weiterhin krampfhaft versucht, den anderen zur Anpassung an den eigenen Rhythmus zu zwingen, ohne zu wissen, daß diese Forderung praktisch unerfüllbar ist. Da sie dieses Phänomen nicht begreifen, werden im Normalfall beide Partner Gründe erfinden, um ihre Streitereien und Meinungsverschiedenheiten zu erklären. Jeder wird den Fehler beim anderen suchen, und wenn sie die Beziehung abbrechen, werden die Partner den Bruch mit diesen vermeintlichen Fehlern begründen. Die tieferen Gründe für ihre Unverträglichkeit werden ihnen jedoch verborgen bleiben.

Natürlich können sich Männer und Frauen trotz dieser Konflikte ineinander verlieben. Manchmal gibt es genügend andere Pluspunkte in der Beziehung, und die Partner sind klug und gescheit genug, um diese Schwierigkeit zu überwinden. Nicht selten jedoch erweist sie sich als unüberwindliches Hindernis, das eine tragfähige Liebesbeziehung unmöglich macht. Und es ist traurig, wie selten die Beteiligten einsehen, warum das so ist.

Nähern wir uns diesem Phänomen nun von der erfreulicheren Seite: Wenn sich ein Mann und eine Frau kennenlernen und das Gefühl haben, «synchron» zu sein, dann können sie ihre Beziehung in beglückender Weise als harmonisch und «richtig» erleben (wenn diese Grundübereinstimmung noch von weiteren Affinitäten gestützt wird). Sie machen die Erfahrung, daß sie den anderen in einem ganz besonderen Sinne kennen. Wenn wir zwei Partnern begegnen, die grundlegende Affinitäten haben und überdies in ihrem biologischen Rhythmus und ihrem natürlichen Energieniveau gut aufeinander abgestimmt sind, dann spüren wir bei ihnen oftmals ein wunderbar feines Mitschwingen mit dem anderen, als ob beide sich nach derselben für uns nicht wahrnehmbaren Musik bewegten.

Wir sind jedoch noch weit davon entfernt, die Unterschiedlichkeit der Menschen in diesem Bereich völlig zu verstehen. Es ist nicht leicht, ein Prinzip zu formulieren, das erklärt, warum manche Unterschiede bis zu einem gewissen Grad toleriert werden und andere nicht. Bei unserem jetzigen Wissensstand kennen wir das Phänomen, um das es hier geht, hauptsächlich aus unserer eigenen unmittelbaren Erfahrung, so wie wir es bei uns selbst und bei anderen erspüren und wahrnehmen. Doch sobald wir uns seiner einmal bewußt geworden sind, es bemerken und unsere Beziehungen vor dem Hintergrund dieser neuen Entdekkung betrachten, werden uns neue Einsichten zugänglich. Nun entdecken wir auf einmal einen zusätzlichen Grund, warum wir uns zu einer bestimmten Person in unserem Leben stärker hingezogen gefühlt haben als zu allen anderen. Oder wir sehen ein, warum wir in einer schon zu Beginn gescheiterten oder nach langem Bemühen schließlich abgebrochenen Liebesbeziehung zwar in vielfacher Hinsicht eine harmonische Übereinstimmung erlebten und uns doch andererseits durch leichte, unauflösbare Irritationen beständig in unseren Gefühlen verunsichert und beeinträchtigt vorkamen.

Das private Universum der Liebe

Aus den grundlegenden Affinitäten und komplementären Unterschieden, aus denen romantische Liebe erwächst, bauen wir uns eine eigene Welt. Mein Selbst und das meines Partners haben sich gefunden: Unser beider Persönlichkeit, unser beider Lebensgefühl, unser beider Bewußtsein beginnen sich zu durchdringen und einen Raum zu schaffen, in dem wir wohnen werden, solange unsere Beziehung dauert. Das neu entstandene Universum ist nicht das gleiche wie das, das jeder von uns für sich allein besaß: Es ist das Resultat einer Vermischung.

Zu diesem Universum kehren wir zurück, wenn wir unseren Partner am Abend zu Hause wiedersehen. Es ist eine Welt schweigenden Einverständnisses und unausgesprochener Worte, eine Welt vielsagender Blicke und witzig verkürzter Signale, eine Welt geteilter Subjektivität. Wer mehr als einmal geliebt hat, weiß, daß jede Liebesbeziehung ihre eigene Melodie, ihre eigene Gefühlsqualität, ihren eigenen Stil – und ihre eigene Welt hat.

Ob dieses Universum nun auf gemeinsamer Einsicht (romantische Liebe) oder auf gemeinsamer Blindheit (unreife Liebe) basiert, ob es durch Glück und Frohsinn geprägt oder nur ein Bollwerk gegen Schmerz ist, stets bildet es – seinem eigenen Wesen und dem Wesen der Liebe, sei sie reif oder unreif, entsprechend – ein emotionales Stützwerk, eine Zufluchtsstätte, eine Quelle des Rückhaltes und der Energie, abseits von der äußeren Welt. Manche Paare empfinden ihr privates Universum sogar als den einzig sicheren Punkt, als das einzig Feste und Reale in einer von Chaos und Ungewißheit geprägten Welt.

Tatsächlich liegt hier eines der Bedürfnisse, das die romantische Liebe befriedigt: *das Bedürfnis nach dem Halt, den dieses private Universum uns bietet*, nach der Rückenstärkung für unsere Kämpfe draußen in der Welt. Wenn die Liebesbeziehung überhaupt gelingt, dann wirkt ein solches gemeinsames Universum *am Anfang* immer als eine Quelle der Unterstützung; ob es so bleibt, liegt an dem Mann und der Frau, die dieses Universum erschaffen.

Ein Mann und eine Frau lernen sich kennen und verlieben sich ineinander – und beginnen schon im ersten Augenblick ihrer Begegnung mit der Errichtung ihres besonderen, einzigartigen Universums, das in dem Maße wächst und sich entwickelt, wie die Beziehung und jeder der Partner sich entwickelt.

Die beiden haben sich verliebt, haben sich füreinander entschieden und beschlossen, ihr Leben gemeinsam zu verbringen. Damit stehen sie nun vor einer der größten Aufgaben, die es für uns Menschen gibt: *dafür zu sorgen, daß ihre Beziehung gelingt.*

Wir haben uns gefragt, was Liebe ist und warum Liebe entsteht. Sehen wir nun, warum sie manchmal wächst und manchmal verkümmert. Untersuchen wir die Herausforderungen, die die romantische Liebe an uns stellt.

VIERTES KAPITEL

Die Herausforderungen der romantischen Liebe

Prolog:

Die Herausforderungen im Visier

Die Aufgabe, die notwendigen und hinreichenden Bedingungen zu definieren, die über die Erfüllung und Aufrechterhaltung einer auf romantischer Liebe basierenden Beziehung entscheiden, mag uns ebenso schwierig anmuten wie die Bestimmung der Voraussetzungen, die für das Komponieren einer großen Sinfonie notwendig sind. Zwar können wir festhalten, was als klare Notwendigkeit erscheint, doch wie können wir sichergehen, daß wir auch das erfaßt haben, was unter die zureichenden Bedingungen fällt? Und außerdem können auch Bedingungen, die uns eindeutig als notwendige erscheinen, zeitweilig verletzt oder zumindest ein wenig abgeschwächt werden. Wenn uns die Aufgabe also gewaltig vorkommt, so nicht, weil wir es dabei mit grundsätzlich Unerkennbarem oder Mystischem zu tun bekämen, sondern weil der Reichtum und die Vielschichtigkeit der menschlichen Psyche unser Thema ist.

Bekanntlich gibt es viele Menschen, die stark in dem Glauben befangen sind, die Liebe sei ihrem Wesen nach ein Rätsel, das sich jedem rationalen Zugriff entziehe. Manche sind sogar der Meinung, Einsicht könne die romantische Liebe zerstören. Diese Auffassung ist gleichbedeutend mit der Behauptung, daß Bewußtheit überhaupt destruktiv sei.

Das genaue Gegenteil trifft zu. Unbewußtheit zerstört. Unwissenheit zerstört. Blindheit zerstört. Wenn wir nicht wenigstens einige der Grundvoraussetzungen, die zum Gelingen der romantischen Liebe notwendig sind, besser verstehen lernen, dann liegen weitere Jahrhunderte ebenso leiderfüllter Geschlechterbeziehungen vor uns, wie die Menschheit sie bereits hinter sich hat.

Ich glaube nicht, daß Leiden zu den notwendigen und unausweichlichen Lebensbedingungen der Menschen gehört. Ich glaube nicht, daß das Leben seinem Wesen nach Elend ist. Vielmehr bin ich fest davon überzeugt, daß gerade in diesem Glauben eine der Haupt*ursachen* menschlichen Leids zu suchen ist. Den anderslautenden religiösen Lehren zum Trotz halte ich Ergebung in das Leiden nicht für eine Tugend – ganz im Gegenteil. In Wirklichkeit liegt genau hier das Problem: Die Menschen nehmen Kummer und Schmerz viel zu geduldig hin und beschwichtigen sich viel zu schnell mit der Frage: «Wer ist denn schon glücklich?»

Tatenloses Resignieren angesichts des eigenen Leidens ist nichts anderes als Passivität und Unvermögen, die Verantwortung für das eigene Leben auf sich zu nehmen. Wenn ich in meiner Arbeit in der Psychotherapie oder in meinen Kursen manchmal auf Menschen treffe, die in einer stets verdrossenen Stimmung sind, die von ungezügeltem Selbstmitleid beherrscht werden und vor jeder Verantwortlichkeit für die Bewältigung der eigenen Probleme zurückweichen, fällt es mir schwer, nicht ungeduldig zu werden, nicht die Überzeugung in mir aufkommen zu lassen, daß manche Menschen ihr Elend förmlich einladen. Verdrießlich, grollend und hilflos, das heißt, mit *angenommener* Hilflosigkeit, scheinen sie darauf zu warten, daß ein anderer kommt und sie glücklich macht. Aber das ist unmöglich.

Doch um die Verantwortung für unser Leben zu übernehmen, müssen wir den Glauben aufgeben, daß Enttäuschungen und Niederlagen natürliche, unausweichliche Schicksalsschläge seien. Diese Ansicht, die manchmal als Zeichen besonderer geistiger Überlegenheit und Einsicht präsentiert wird, ist in Wahrheit nichts anderes als ein Ausweichen vor der eigentlichen Herausforderung lebendigen, bewußten Menschseins.

Es gibt Gründe, die dazu führen, daß die Liebe wächst, und es gibt Gründe, die dazu führen, daß sie erstirbt. Mit diesen Gründen wollen wir uns – soweit wir sie zu erkennen vermögen – auseinandersetzen.

Nachdem dies klargestellt ist, wollen wir nun zu den wesentlichsten Herausforderungen übergehen, die erfolgreich bestanden werden müssen, wenn das Versprechen der romantischen Liebe eingelöst werden soll. Wenn wir uns mit diesen Herausforderungen beschäftigen, werden wir zugleich auf die Frage stoßen, warum die Liebe manchmal gedeiht und manchmal verkümmert. Es wäre unsachgemäß, diese beiden Themen getrennt behandeln zu wollen; sie gehören zusammen. Die positiven und negativen Aspekte sollen so dargestellt werden, daß sie sich wechselseitig erhellen. Ich werde sie durchgehend nebeneinander stellen.

Selbstachtung

Unter den verschiedenen Faktoren, die über das Zustandekommen und Wachsen der romantischen Liebe entscheiden, spielt die Selbstachtung die wichtigste Rolle. Die erste Liebesaffäre, die wir mit Erfolg bestehen müssen, ist die Liebe zu uns selbst. Erst dann sind wir bereit für andere Liebesbeziehungen.

Die Feststellung, daß wir niemanden lieben können, wenn wir uns nicht selbst lieben, ist längst zu einem Klischee geworden. Sie ist zwar nicht falsch, zeichnet aber nur ein unvollständiges Bild. Wenn wir uns selbst nicht lieben, können wir nie ganz glauben, daß wir von einem anderen *geliebt werden*. Wir sind praktisch unfähig, Liebe *anzunehmen*, unfähig, Liebe zu *empfangen*. Was unser Partner auch immer tun mag, um uns zu zeigen, daß er es ernst meint – wir finden seine Zuneigung nicht überzeugend, weil wir uns selbst nicht liebenswert finden.

Die zentrale und gewichtige Rolle, die die Selbstachtung in unserem Leben und Empfinden spielt, habe ich bereits an anderer Stelle dargestellt (Branden 1969). Dennoch bedarf es hier eines kurzen Überblicks über bestimmte Grundgedanken, um deutlich zu machen, welches Verhältnis zwischen unserer Selbstachtung und der Fähigkeit, in Liebesbeziehungen Erfüllung zu finden, besteht.

Selbstachtung als psychologisches Phänomen hat zwei Seiten, die eng miteinander verbunden sind: das Gefühl persönlicher Wirksamkeit und das Gefühl persönlichen Wertes. Selbstachtung ist ein einheitliches Ganzes, in dem Selbstvertrauen und Selbstrespekt sich verbinden. Sie besteht aus der Überzeugung – oder besser gesagt: aus der *Erfahrung*, daß wir *fähig* und *wert* sind, zu leben. Selbstachtung ist die Erfahrung, den Erfordernissen und Herausforderungen des Lebens gewachsen zu sein.

Wenn sich ein Mensch zu schwach fühlt, den Anforderungen des Lebens entgegenzutreten, wenn es ihm an elementarem Selbstvertrauen, an Vertrauen zu seinem eigenen Denken und Fühlen fehlt, dann können wir darin eine Schädigung seiner Selbstachtung erkennen. Auch wenn einem Menschen der fundamentale Selbstrespekt, ein Selbstwertgefühl fehlt, das Empfinden, zur Durchsetzung seiner legitimen Wünsche und Bedürfnisse berechtigt zu sein, können wir von mangelnder Selbstachtung sprechen. Das Gefühl grundlegender *Befähigung* und das Gefühl grundlegenden

Wertes sind die beiden Elemente, die zusammenkommen müssen, damit gesunde Selbstachtung entsteht.

Zu erfahren, daß ich lebenstüchtig bin, heißt Vertrauen zu haben zu der Funktionsfähigkeit meines Geistes und zu meinem Vermögen, die Gegebenheiten der Realität innerhalb des Entfaltungsbereiches meiner Interessen und Bedürfnisse zu verstehen und zu beurteilen, heißt, auf geistigem Gebiet Selbstvertrauen und Selbstsicherheit zu empfinden.

Zu erfahren, daß ich ein «Mensch von Wert» bin, heißt, mein Recht auf Leben und Glück und die Durchsetzung meiner eigenen Wünsche und Bedürfnisse zu bejahen, heißt zu fühlen, daß Glück und Lebensfreude mein natürliches Geburtsrecht ist.

Selbstachtung bildet eine Skala mit mannigfachen Abstufungen: Es ist nicht so, daß sich ein Mensch entweder ganz oder gar nicht selbst achtet. Das Ausmaß der Selbstachtung kann nur graduell angegeben werden. Es fällt schwer, sich ein Individuum ohne ein «Fünkchen» Selbstachtung vorzustellen. Nicht minder schwer ist es, sich ein Individuum zu denken, das seine Selbstachtung nicht noch erhöhen könnte.

Wir brauchen an dieser Stelle nicht all die psychologischen Faktoren aufzuzählen, die zum Selbstachtungsniveau einer bestimmten Person beitragen. Wir dürfen nur die augenfällige Tatsache nicht übersehen, daß unterschiedliche Personen auch über eine unterschiedlich hohe Selbstachtung verfügen und daß unser Selbstachtungsniveau unser Leben und unsere Erfahrungen tiefgreifend beeinflußt.

Die Art und Höhe unserer Selbstachtung beeinflußt schlechthin jeden Aspekt unseres Lebens. Sie wirkt sich darauf aus, in welchen Menschen wir uns verlieben und wie wir uns in der Beziehung zu ihm verhalten. Wir haben bereits erwähnt, daß Menschen mit ähnlichem Selbstachtungsniveau bevorzugt aufeinander zugehen. Bei Menschen, deren Selbstachtungsniveau dem unseren entspricht, fühlen wir uns am wohlsten und am stärksten «heimisch».

Menschen mit hoher Selbstachtung fühlen sich eher zu anderen Menschen mit hoher Selbstachtung hingezogen. Das gleiche gilt für Menschen mit mittlerer oder niedriger Selbstachtung. Auch sie suchen sich bevorzugt Partner mit mittlerer beziehungsweise niedriger Selbstachtung. Wenn ich hier von wechselseitigem «Hingezogensein» spreche, meine ich keine vorübergehende sexuelle Anziehung, sondern die Form der Zuneigung, die wir als «Liebe» bezeichnen würden.

Die Tragödie der meisten Beziehungen bleibt uns unverständlich, solange wir nicht begreifen, daß die überwältigende Mehrheit der Menschen unter dem Gefühl mangelnder Selbstachtung leidet. Das bedeutet unter anderem, daß diese Menschen tief in ihrem Herzen das Gefühl haben, nicht «genug» zu sein, daß sie sich, so wie sie sind, nicht liebenswert vorkommen und es nicht für «natürlich» und «normal» halten, von anderen geliebt zu werden. Diese Einstellung braucht nicht unbedingt bewußt zu sein. Bewußt sagen solche Menschen vielleicht sogar: «Selbstverständlich erwarte ich, geliebt zu werden. Selbstverständlich verdiene ich es, geliebt zu werden. Warum denn nicht?» Doch die tieferliegenden negativen Gefühle sind da und hintertreiben alle Bemühungen, Erfüllung zu finden.

Bei Interpretation literarischer Werke im Deutschunterricht lernen wir, daß der Charakter eines Menschen sein Handeln bestimmt. Ich möchte das variieren und sagen, daß das Selbstbild das Schicksal bestimmt. Oder, zurückhaltender und präziser formuliert: Es besteht die starke

Tendenz, daß das Selbstbild eines Menschen sein Schicksal bestimmt.

So werden wir zum Beispiel, wenn wir Vertrauen haben zu uns selbst, zu unseren Verstandesfähigkeiten und unserer geistigen Kompetenz, offen sein für neue Erfahrungen, werden wir motiviert sein, die Welt um uns herum zu verstehen und die Anstrengungen aufzubringen, die der Erkenntnisprozeß uns abverlangt. Keine von Selbstzweifeln hervorgerufenen Blockierungen werden uns starr und unbeweglich machen. Und unsere zunehmende Kompetenz wird wiederum unser Selbstvertrauen steigern.

Wenn wir andererseits jedoch tiefgehende Selbstzweifel hegen, wenn es uns an Zutrauen zu unserer eigenen kognitiven Fähigkeit mangelt und wir unserem eigenen Urteil mißtrauen, dann wird gerade unsere Unsicherheit zu Verhaltensweisen führen, die Enttäuschungen und Niederlagen nach sich ziehen. Diese Verhaltensweisen und ihre Folgen scheinen dann ihrerseits unser ursprüngliches Selbstmißtrauen zu rechtfertigen.

Ich möchte noch ein weiteres Beispiel dafür nennen, wie solche «sich selbst erfüllenden Prophezeiungen» wirken. Ich denke an einen kleinen Vorfall nach einer Vorlesung über die Psychologie der romantischen Liebe, die ich vor College-Studenten gehalten hatte. Einige meiner Zuhörer waren zu mir gekommen, um mir Fragen zu stellen. Darunter war auch eine junge Frau, die mir zuerst ein paar schmeichelhafte Worte über meinen Vortrag sagte und dann hinzufügte, sie wünsche sich sehr, daß «die Männer» die von mir dargestellten Prinzipien besser verstehen würden. Als sie weitersprach, spürte ich in mir den Drang, mich von ihr zurückzuziehen, mich abzuwenden. Zugleich war ich ein wenig verdutzt über diese Reaktion, denn ich war den ganzen Abend in sehr guter Stimmung gewesen und hätte die ganze Welt umarmen können. Die junge Frau hielt einen Monolog darüber, daß Männer Intelligenz bei Frauen nicht schätzten, bis ich sie schließlich mit den Worten unterbrach: «Lassen Sie mich etwas dazu sagen. Ich spüre im Augenblick den Impuls, das Gespräch mit Ihnen abzubrechen. Ich möchte Ihnen lieber aus dem Weg gehen. Ich glaube zu verstehen, wie das kommt. Wenn es Sie interessiert, möchte ich Ihnen gern mehr darüber sagen.» Sie nickte überrascht, und ich fuhr fort: «Als Sie mich eben ansprachen, haben Sie mir drei Botschaften übermittelt. Erstens: Sie finden mich sympathisch und wollen, daß auch ich Sie sympathisch finde und positiv auf Sie eingehe. Zweitens erhielt ich zugleich die Botschaft, daß Sie bereits von vornherein davon überzeugt waren, daß ich Sie keinesfalls nett finden und daß ich für das, was Sie zu sagen haben könnten, kein Interesse aufbringen würde. Drittens gaben Sie mir im selben Moment auch noch zu verstehen, daß Sie wütend auf mich sind, weil ich Sie zurückgestoßen habe. Und das alles haben Sie mir vermittelt, bevor ich überhaupt den Mund auftun und ein einziges Wort zu Ihnen sagen konnte!» Sie wurde nachdenklich, dann erschien ein trauriges Lächeln des Wiedererkennens auf ihrem Gesicht, und sie bestätigte mir, daß ich mit meiner Darstellung recht hatte. Ich sagte zu ihr: «Diesmal haben Sie Glück, weil ich bereit bin, Ihnen meine Reaktion zu erklären. Wenn Sie aber mit irgendeinem beliebigen jungen Mann sprechen und ihm solche Botschaften vermitteln, dann wird er sie aller Wahrscheinlichkeit nach einfach stehenlassen. Und Sie werden sich dann wieder einreden, das Problem liege darin, daß Männer intelligente Frauen nicht mögen. Auf diese Weise können Sie Ihren eigenen Anteil am Zustandekommen dieser Situation, unter der Sie so leiden, vor sich verbergen.»

Offenbar zeigt sich in der romantischen Liebe die oben

erwähnte Tendenz, daß das Selbstbild das Schicksal bestimmt. Erforschen wir nun genauer, wie das geschieht.

Wir sind es wert, geliebt zu werden

Denken wir uns eine Person, die sich – wahrscheinlich unterhalb der Ebene der bewußten Wahrnehmung – als minderwertig und nicht liebenswert empfindet und sich nicht vorstellen kann, daß sie imstande ist, über eine längere Zeit hinweg bei anderen Zuneigung zu erwecken. Gleichzeitig sehnt sie sich nach Liebe, jagt der Liebe nach, erhofft und erträumt sich Liebe. Nehmen wir an, es handle sich dabei um einen Mann. Er findet eine Frau, die er mag und die ihn allem Anschein nach auch mag. Beide sind froh und glücklich und angeregt in Gegenwart des anderen. Eine Zeitlang scheint es, als ob sein Traum in Erfüllung gehen würde. Doch tief in seinem Innern tickt die Zeitbombe: sein Glaube, daß er von Natur aus nicht liebenswert ist.

Diese Überzeugung zwingt ihn dazu, die Beziehung zu zerstören. Er kann es auf vielfältige Weise tun. Vielleicht verlangt er unaufhörliche Liebesbeteuerungen. Vielleicht will er sie auf einmal zu seinem Besitz machen und neigt zu übertriebener Eifersucht. Vielleicht verhält er sich brutal, um zu «testen», wie weit die Zuneigung seiner Partnerin reicht. Vielleicht macht er selbstherabsetzende Bemerkungen und wartet darauf, daß sie ihm widerspricht. Vielleicht erklärt er ihr, daß er sie gar nicht verdiene und wiederholt das ein ums andere Mal. Vielleicht erklärt er ihr, daß man Frauen sowieso nicht trauen könne, da sie alle wankelmütig seien. Vielleicht erfindet er immer neue Vorwände, um sie zu kritisieren und abzulehnen, bevor sie ihn ablehnen kann. Vielleicht versucht er, sie zu beherrschen und zu manipulieren, indem er Schuldgefühle in ihr wachruft, durch die er sie an sich zu binden hofft. Vielleicht wird er schweigsam, in sich gekehrt, gedankenverloren und verschanzt sich hinter Mauern, die sie nicht mehr durchdringen kann.

Nach einer Weile hat die Frau wahrscheinlich genug. Erschöpft gibt sie auf und verläßt ihn.

Er fühlt sich verzweifelt, deprimiert, zerbrochen, niedergeschmettert. Es ist wunderbar: Er hat recht behalten. Die Welt ist genauso, wie er schon immer gedacht hat. «All diese Liebeslieder, die man Tag und Nacht hört, treffen auf mich nicht zu.» Wie befriedigend zu wissen, daß man «Realist» ist, daß man das Leben so sieht, wie es nun einmal ist!

Nehmen wir an, daß er die Frau trotz seiner beharrlichsten Anstrengungen nicht vertreiben kann. Vielleicht glaubt sie an ihn, erkennt seine Möglichkeiten. Vielleicht wird sie auch von einem masochistischen Antrieb beherrscht, der verlangt, daß sie sich mit einem solchen Mann einläßt. Also klammert sie sich an ihn und beschwichtigt ihn immer wieder. Er kann ihr gegenüber noch so negative Verhaltensweisen zeigen: ihre Zuneigung wächst. Sie ist völlig unfähig, sich in seine Weltsicht hineinzuversetzen. Sie begreift nicht, daß niemand ihn lieben kann. Indem die Frau darauf besteht, ihn weiterhin zu lieben, stellt sie ihn vor ein Problem: Sie verwirrt sein Bild von der Realität. Verzweifelt sucht er nach einer Lösung. Er muß einen Ausweg finden!

Und er findet ihn schließlich: Er gelangt zu der Überzeugung, daß seine Liebe zu dieser Frau erkaltet ist. Oder es fällt ihm plötzlich auf, daß sie ihn langweilt. Oder er sagt sich, er sei momentan in eine andere verliebt. Oder er merkt, daß die Liebe ihn eigentlich überhaupt nicht interessiert. Es kommt nicht darauf an, welche Möglichkeit er wählt; das Ergebnis ist doch immer das gleiche: Am Ende ist er wieder allein, so wie er es schon immer «geahnt» hat.

Nun kann er wieder von Liebe träumen und sich eine neue Frau suchen, um das Drama ein weiteres Mal durchzuspielen.

Natürlich ist es gar nicht so wichtig, daß seine Beziehung definitiv beendet wird. Es braucht nicht zu einer förmlichen Trennung zu kommen. Vielleicht ist der Mann bereit, die Beziehung weiter andauern zu lassen, vorausgesetzt, sowohl er als auch seine Partnerin fühlen sich dabei unglücklich. Das ist ein Kompromiß, mit dem er leben kann. Es ist ebensogut wie allein und verlassen zu Hause zu sitzen – oder doch wenigstens fast so gut.

Ein anderes Beispiel: Stellen wir uns vor, daß eine Frau der Meinung ist, kein Mann könne sie je anderen Frauen vorziehen. Ihr Selbstbild läßt eine solche Möglichkeit nicht zu. Gleichzeitig sehnt sie sich jedoch wie jeder andere Mensch auch nach Liebe. Wie ist ihr typisches Verhalten, wenn sie jemandem begegnet, den sie zu lieben beginnt und der ihre Liebe erwidert?

Vielleicht vergleicht sie sich selbst fortwährend zu ihren Ungunsten mit anderen Frauen. Vielleicht gibt sie sich die allergrößte Mühe, eine absurde Fassade von Überlegenheit aufzubauen und ihre Unsicherheitsgefühle zu verleugnen und zu verdrängen. Vielleicht weist sie ihren Partner immer wieder auf attraktive Frauen hin, um zu sehen, wie er reagiert. Vielleicht quält sie ihn mit ihren Zweifeln und Verdächtigungen. Vielleicht ermutigt sie ihn sogar, Liebesaffären einzugehen, indem sie behauptet, für ihn wäre es gut und ihr mache es nichts aus. So oder so schafft sie eine Situation, die darauf hinausläuft, daß sich ihr Partner früher oder später einer anderen Frau zuwendet.

Natürlich leidet die Frau, nachdem sie verlassen worden

ist, fürchterlich. Sie ist verzweifelt. Dennoch ist ihre Lage über die Maßen befriedigend. Sie hat genau den Zustand herbeigeführt, zu dem es, wie sie schon immer «gewußt» hat, schließlich kommen mußte.

Nebenbei sei angemerkt, daß der Wunsch, das eigene Leben unter Kontrolle zu haben, ausgesprochen menschlich und keineswegs irrational ist. Er kann jedoch zu irrationalem Verhalten führen, wenn wir uns unbewußt von unseren selbstzerstörerischen, die eigene Person sabotierenden Überzeugungen manipulieren lassen. «Unter Kontrolle haben» bedeutet, die unser Leben beeinflussenden realen Gegebenheiten zu verstehen, so daß wir in der Lage sind, die Folgen unserer Handlungen einigermaßen sicher vorherzusehen. Zu Tragödien kommt es, wenn wir aus einem *fehlgeleiteten* Verständnis von Kontrolle versuchen, die Realität an unsere Überzeugungen – anstatt unsere Überzeugungen an die Realität – anzupassen. Zu Tragödien kommt es, wenn wir uns blind an unsere Überzeugungen klammern und, ohne uns dessen bewußt zu sein, die Ereignisse entsprechend «hindrehen», so daß wir völlig übersehen, daß es noch andere Möglichkeiten gibt. Zu Tragödien kommt es, wenn uns mehr daran liegt, «recht» zu behalten, als glücklich zu sein, wenn wir lieber die *Illusion* nähren, alles «unter Kontrolle» zu haben, anstatt einzugestehen, daß die Realität nicht so ist, wie wir sie uns vorgestellt haben.

Wenn wir negative Selbstbilder in uns tragen, ohne es überhaupt zu wissen, wenn wir an selbstzerstörerischen, unser Leben beeinträchtigenden Überzeugungen festhalten, die uns gar nicht bewußt sind, bleiben wir ausweglos in diesen Vorstellungen gefangen. Wir müssen uns darum bemühen, sie unserer bewußten Wahrnehmung zugänglich zu machen und dadurch allmählich unser Verhalten zu ändern.

Wir handeln entsprechend unserer Selbstwahrnehmung.

Und unsere Handlungen ihrerseits bringen tendenziell Ergebnisse hervor, die wiederum unser Selbstbild fortlaufend bestätigen.

Wenn wir uns abgelehnt fühlen, wenn wir auf unsere früheren Beziehungen zurückblicken und nichts als eine Kette von Enttäuschungen, Frustrationen und Niederlagen vor uns sehen, dann ist es oft aufschlußreich, sich zu fragen: Finde ich es normal und natürlich, daß ein anderer mich liebt? Oder erscheint mir das als ein unglaubliches Wunder, das es eigentlich gar nicht geben kann und das bestimmt nicht von Dauer ist?

Die erste Voraussetzung für Glück in der romantischen Liebe ist eine Vorstellung unserer selbst, die uns sagt, daß es *richtig* ist, geliebt zu werden, daß es *natürlich* ist, geliebt zu werden, daß wir es *wert* sind, geliebt zu werden. Menschen, die eine romantische Liebesbeziehung freudig genießen können, sind bereit, Liebe *anzunehmen*. Um Liebe annehmen zu können, müssen sie sich selbst lieben. Menschen, die sich selbst lieben, finden es nicht unverständlich, daß auch andere sie lieben. Sie können sich von anderen lieben *lassen*. Ihre Liebe ist von Leichtigkeit und Anmut geprägt.

Wenn wir weitergehen, werden wir immer klarer erkennen, wie wichtig eine ausgeprägte Selbstachtung in diesem Lebensbereich ist. *Uns an unserem eigenen Wesen erfreuen und mit dem, was wir sind, zufrieden sein zu können, unser Selbst der Wertschätzung und Liebe anderer für würdig zu halten – das ist die erste Voraussetzung für das Wachsen der romantischen Liebe.*

Wir sind es wert, glücklich zu sein

Zur Erfahrung der Selbstachtung gehört, wie bereits angedeutet, ein Sinn für das Recht auf Durchsetzung unserer eigenen Interessen, Bedürfnisse und Wünsche: das Empfinden, des Glückes würdig zu sein.

In einer Vielzahl unterschiedlicher Zusammenhänge und Umgebungen stieß ich in meiner beruflichen Arbeit mit Tausenden von Menschen zu meinem großen Erstaunen in diesem Bereich immer wieder auf vorherrschende Gefühle von Furcht und Zweifel, auf die Überzeugung, kein Glück verdient zu haben, nicht zur Erfüllung der eigenen Wünsche berechtigt zu sein. Wenn sie glücklich sind, haben viele Menschen die Befürchtung, daß ihnen entweder ihr Glück wieder entrissen oder daß sie etwas Entsetzliches, eine schreckliche Strafe oder ein tragisches Unglück ereilen wird, damit die Waage wieder ins Gleichgewicht kommt. Für diese Menschen ist Glück potentiell eine Quelle der Angst. Mögen sie sich auf einer Bewußtseinsebene auch danach sehnen, so haben sie auf einer anderen doch zugleich Angst davor.

Da mag jemand noch so sehr darauf bestehen: «Selbstverständlich habe ich das Recht, glücklich zu sein!» und auf bewußter Ebene eine normale Sehnsucht nach Glück und nach der Seligkeit empfinden, die wir in unserer Vorstellung mit der romantischen Liebe verknüpfen. Wenn das Glück dann tatsächlich zum Greifen nahe ist, wenn der Betreffende in einer Beziehung lebt, die seine Wünsche und Bedürfnisse befriedigt, dann reagiert er nicht selten mit Angst und Unsicherheit. Unterschwellig hat er das Gefühl: «Das ist in meinem Leben nicht vorgesehen.»

Manch einem von uns, vor allem den in religiösen Familien aufgewachsenen Menschen, hat man beigebracht, daß Leid auf Erden die Eintrittskarte zum Himmel sei, während Freude fast immer darauf hindeute, daß man vom rechten Weg abgewichen sei. In der Psychotherapie haben mir Klienten berichtet, daß ihre Eltern, wenn sie als Kind krank waren, zu ihnen zu sagen pflegten: «Sei nicht traurig, daß du Schmerzen hast. Jeder Tag, an dem du leidest, wird dir im Himmel gutgeschrieben.» Worauf läuft das eigentlich hinaus? Wie werden einem die Tage angerechnet, an denen man glücklich ist?

Oder dem Kind ist gesagt worden: «Sei nur nicht so übermütig! Man kann nicht immer glücklich sein. Wenn du groß bist, wirst du schon merken, wie ernst das Leben ist!»

Wenn sie glücklich sind, fühlen solche Menschen sich nicht mehr im Einklang mit der Realität – und damit in Gefahr. Wann wird der strafende Blitz herniederfahren?

Nehmen wir einmal an, ein Mann und eine Frau, deren Empfinden in dieser Weise vorgeprägt ist, treffen sich und verlieben sich ineinander. Am Anfang ist jeder noch ganz auf den anderen und auf das aufregende Erlebnis ihrer Beziehung konzentriert und hat noch keinen Gedanken übrig für solche Befürchtungen. Die beiden sind einfach nur glücklich. Doch in ihrem Innern tickt die Zeitbombe. Sie tickt schon seit dem Augenblick ihrer ersten Begegnung.

Nach einem genußvollen Essen, während beide sich froh und zufrieden gegenübersitzen, kann einer es auf einmal nicht mehr aushalten und bricht grundlos einen Streit vom Zaun oder zieht sich zurück und versinkt in eine unerklärliche Depression.

Der Mann und die Frau können ihr Glück nicht einfach zulassen, können es nicht akzeptieren, so wie es ist, können sich nicht in Ruhe darüber freuen, daß sie einander gefunden haben. In die Vorstellung der Person, die sie sind, und des Schicksals, das sie erwartet, paßt Glück einfach nicht hinein. Statt dessen erwächst auf einmal der Drang, Schwierigkeiten zu machen – allem Anschein nach aus dem Nichts, in Wirklichkeit aber aus jenen Seelentiefen, in denen die «Anti-Glücks-Programmierung» stattgefunden hat.

Ihr Verständnis von sich und der Welt erlaubt ihnen vielleicht, um ihr Glück zu *kämpfen* und sich danach zu sehnen – aber Wirklichkeit werden kann es erst «irgendwann in der Zukunft», vielleicht nächstes Jahr, oder übernächstes. Nicht jetzt jedenfalls. Nicht in diesem Moment. Nicht hier. Hier und jetzt, das wäre zu nah, zu direkt – und deshalb beängstigend.

Jetzt, in dem Moment, in dem sie etwas Freudiges erleben, ist das Glück ja kein Traum, sondern Realität. Das ist unerträglich. Erstens weil sie es nicht verdienen. Zweitens weil es nur von kurzer Dauer sein wird. Drittens weil, falls es andauern sollte, etwas Schreckliches passieren wird. Dies ist eine der häufigsten Reaktionen von Menschen, die unter einem schweren Mangel an Selbstachtung leiden, an Vertrauen auf ihr Recht, glücklich zu sein.

Wenn ich in meinen Kursen über «Selbstachtung und Lebenskunst» und «Selbstachtung und romantische Beziehungen» die Frage des Glückserlebens aufwerfe, bin ich jedesmal wieder beeindruckt, daß die Mehrheit der Anwesenden direkt auf dieses Thema eingeht. Es bedarf kaum einer näheren Erläuterung. Das Phänomen ist allen vertraut. Manche wehren ab, andere bemühen sich, das Problem zu umgehen, doch – und das ist das Interessante – die meisten Teilnehmer reagieren gewöhnlich aufrichtig, wenn auch mit Trauer. Sobald das Problem einmal aufgezeigt ist, erkennen die Anwesenden rasch, wie oft sie ihre eigenen Glücksmomente stören, wie sie sie sabotieren und unnötige

Schwierigkeiten heraufbeschwören, indem sie alles tun, um der Tatsache zu entkommen, daß sie *hier und jetzt* glücklich sein könnten – wenn sie diesen Augenblick nur ohne Kampf und Widerstreben annehmen wollten und sich einfach der Freude zu sein, der Freude am anderen und den ekstatischen Erlebensmöglichkeiten der romantischen Liebe überließen. Aber nein – sie besuchen lieber allerlei Workshops, konsultieren Eheberater, unterziehen sich einer psychotherapeutischen Behandlung, studieren Bücher über Sexualität und die Beziehung der Geschlechter, beschaffen sich jede Menge psychologische Bücher, um *in der Zukunft* glücklich werden zu können, zu einem unbestimmten Zeitpunkt, einem Zeitpunkt, der niemals näherrückt, so wie der Horizont sich immer weiter zurückzieht, wenn man auf ihn zugeht.

Manchmal frage ich die Seminarteilnehmer: «Wer von Ihnen kennt die folgende Erfahrung: Man wacht morgens auf und merkt, daß man sich trotz aller Probleme, Schwierigkeiten und Sorgen wunderbar leicht und froh fühlt und es herrlich findet, am Leben zu sein? Aber nach einer Weile wird es einem dann zuviel. Man hat das Gefühl, irgend etwas dagegen tun zu müssen. Und so bringt man es fertig, sich wieder in die alte Niedergeschlagenheit absacken zu lassen. Oder vielleicht sind Sie mit jemandem zusammen, den Sie wirklich mögen, und fühlen sich sehr befriedigt, sehr erfüllt, bis auf einmal Angst und ein Gefühl der Unsicherheit in Ihnen aufsteigen und Sie den Impuls spüren, einen Streit anzufangen, Schwierigkeiten zu machen. Sie können sich nicht zurückhalten und das Glück einfach geschehen lassen. Statt dessen müssen Sie ihr Leben ein bißchen ‹dramatischer› machen.» Und jedesmal geben dann tatsächlich wenigstens fünfzig Prozent der Anwesenden zu, daß ihnen solche Erfahrungen vertraut sind.

Der Befund ist eindeutig: Für eine große Zahl von Menschen ist *Glücksangst* ein sehr reales Problem – und ein mächtiges Hindernis für das Erleben der romantischen Liebe.

Glücksangst ist tatsächlich eine gar nicht seltene Folge des Unvermögens, den Prozeß der Loslösung und Individuation angemessen zu durchlaufen. Schwache Selbstachtung und unzureichend vollzogene Loslösung und Individuation gehen Hand in Hand; beides ist eng miteinander verkettet. Ohne den Prozeß geglückter Loslösung und Individuation kann ich meine eigenen inneren Kraftquellen, meine eigene Stärke nicht wirklich entdecken und nur zu leicht in dem Glauben verhaftet bleiben, mein Überleben hinge davon ab, wie gut ich meine Beziehung zu Vater und Mutter gegen alle Widrigkeiten schütze, auch wenn mich das daran hindert, mein sonstiges Leben zu genießen. Überlegen wir einmal, wohin das führen kann.

Nehmen wir an, daß eine Frau bei ihren Eltern eine unglückliche Ehe miterlebt hat. Es kommt recht häufig vor, daß ein Kind die von Vater oder Mutter untergründig ausgesandte Botschaft «Du sollst in deiner Ehe nicht glücklicher sein als ich in meiner» internalisiert. Eine Frau mit mangelnder Selbstachtung, die immer noch ein «braves Mädchen» sein möchte, die das Bedürfnis hat, sich – koste es, was es wolle – die Liebe von Vater oder Mutter zu erhalten, befolgt dieses Gebot häufig so weit, daß sie sich entweder einen Mann sucht, mit dem sie sicherlich nicht glücklich werden kann, oder alles daran setzt, ihre Ehe, die eigentlich gutgehen könnte, unglücklich zu machen. Viele Frauen bekennen sich zu der folgenden Einstellung: «Ich könnte es nicht ertragen, wenn Mutter wüßte, daß ich in meiner Beziehung zu einem Mann glücklich bin. Sie würde sich verraten und gedemütigt fühlen. Womöglich wäre ich dann schuld, wenn ihr ihre eigenen Unzulänglichkeitsgefühle und Versagensängste über den Kopf wachsen. Das könnte ich ihr niemals antun.» Solchen Bekenntnissen liegen andere, deutlich wahrnehmbare Gefühle zugrunde: «Mutter könnte sich über mich ärgern, Mutter könnte mich abweisen, ich könnte Mutters Liebe verlieren.»

Unglücklich zu sein, so wie Mutter oder Vater es gewesen sind, heißt «dazuzugehören». Glücksempfinden dagegen kann dazu führen, allein, gegen Vater oder Mutter, vielleicht sogar gegen die ganze Familie zu stehen – eine Aussicht, die vielen von uns Schrecken einjagt.

Dieses Problem kann sich zwischen einer Frau und ihrer Mutter wie auch zwischen einer Frau und ihrem Vater ergeben. Doch es ist keineswegs auf Frauen beschränkt. Auch einem Mann kann von seiner Mutter oder seinem Vater die Botschaft vermittelt worden sein, daß er in seinen Liebesbeziehungen nicht glücklich werden dürfe. Glücklich zu lieben bedeutet deshalb für viele Menschen, nicht mehr «das brave Mädchen» oder «der brave Junge» zu sein. Es kann vorkommen, daß sich ein Mensch um der glücklichen Liebe willen von seiner eigenen Familie lösen muß. Dies setzt einen Grad an Unabhängigkeit voraus, den viele Männer und Frauen nicht erreichen. Hier sehen wir, wie die Themen Loslösung und Individuation, mangelnde Selbstachtung und Glücksangst einander durchdringen.

Wenn wir merken, daß unsere Beziehungen ein ums andere Mal unglücklich und frustrierend verlaufen, dann tun wir gut daran, uns zu fragen: Darf ich überhaupt glücklich sein? Ist das mit meinem Selbstbild vereinbar? Ist das mit meiner Weltsicht vereinbar? Ist das mit meiner Kindheitsprogrammierung vereinbar? Ist das mit meinem Lebensszenario vereinbar?

Fällt die Antwort negativ aus, dann wäre es müßig, diese Beziehungsprobleme durch das Erlernen von Kommunikationsfertigkeiten oder verbesserten sexuellen Techniken, durch die Einübung in Methoden des «fairen Streitens» lösen zu wollen. An diesem Punkt geht auch die Eheberatung einen falschen Weg. Alle diese Lösungsversuche beruhen auf der Annahme, daß die Beteiligten *bereit* sind, sich wohl zu fühlen, daß sie tatsächlich glücklich werden *wollen* und sich selbst das *Recht* auf Lebensgenuß *zugestehen*. Doch was geschieht, wenn diese Voraussetzung nicht zutrifft?

Nur wenn wir anerkennen, daß Glück ein menschliches Geburtsrecht ist, kann in unseren Paarbeziehungen die Liebe wachsen.

Wenn ich Lebensfreude als etwas Natürliches und Normales empfinde, kann ich sie bei mir zulassen, kann mich ihr öffnen und mich ihr hingeben, ohne von einem Impuls beherrscht zu werden, der mich dazu treibt, mein Wohlgefühl selbstzerstörerisch zu sabotieren.

Nur wenn ich eine akzeptierende Einstellung zum Glück gefunden habe, kann die romantische Liebe sich entfalten. Wenn ich ängstlich davor zurückschrecke, wird die Liebe verkümmern.

Für manche Menschen kann der einfache Entschluß, sich selbst Glück und die dazu notwendige Unabhängigkeit und Selbstverantwortlichkeit zu gönnen, zur schwierigsten, heroischsten Aufgabe werden, die das Leben ihnen jemals abverlangt.

Wie können sie dabei vorgehen? Was können sie dabei tun, wenn Glücksmomente bei ihnen Angst auslösen? Das Bestreben, Angstgefühle zu vermeiden, ist offenbar ein völlig normaler Antrieb. Wenn Glücksmomente Angst entfachen, dann wird der Impuls, die Intensität des Glückserlebens zu verringern oder es gar nicht dazu kommen zu lassen, vollkommen verständlich, basiert er doch auf einer durch und durch menschlichen Reaktion.

Es gibt jedoch noch eine bessere Lösung, die freilich erst entdeckt und erlernt – und geübt werden muß.

Wenn wir uns glücklich fühlen und das Glücksgefühl zugleich Angst und Verunsicherung in uns auslöst, müssen wir lernen, *nichts* zu tun – das heißt, wir müssen versuchen, unsere Gefühle zuzulassen, dabei ruhig und stetig zu atmen, unsere Empfindungen zu beobachten, tief in unsere Gefühle einzutauchen und sie zugleich bewußt wahrzunehmen, *ohne uns zu selbstzerstörerischen Verhaltensweisen verleiten zu lassen.* So werden wir mit der Zeit lernen, unser Glücksempfinden mehr zu tolerieren, und unsere Fähigkeit ausbilden, uns ohne Angst freuen zu können.

Auf diese Weise entdecken wir nach und nach, daß es eine andere Art zu leben gibt, als wir uns je haben träumen lassen. Wir entdecken, daß Glücklichsein eigentlich unser Normalzustand ist, wenn wir ihm nur eine Chance geben.

Und dann ... kann sich auch die romantische Liebe ungehindert entfalten.

Autonomie

Die romantische Liebe entsteht unter Erwachsenen, nicht unter Kindern. Sie kommt nicht zu denen, die tatsächlich oder in psychologischem Sinne Kinder sind, die sich – unabhängig von ihrem Alter – immer noch als Kind fühlen.

Vergegenwärtigen wir uns, was unter Autonomie zu verstehen ist. Der Begriff Autonomie bezeichnet die Fähigkeit des Individuums, sich selbst zu lenken und zu regulieren. Autonomie und Selbstachtung sind untrennbar miteinander verknüpft; beide Phänomene setzen einen geglückten Loslösungs- und Individuationsprozeß voraus. Ein autonomes Individuum hat begriffen, daß die anderen Menschen nicht nur zur Befriedigung seiner Bedürfnisse auf der Welt sind. Es hat sich damit abgefunden, daß – gleichgültig, wieviel Liebe und Zuneigung es auch immer zwischen zwei Menschen geben mag – letztlich jeder von uns für sich selbst verantwortlich ist.

Ein autonomes Individuum ist über das Bedürfnis hinausgewachsen, dauernd beweisen zu müssen, daß es wirklich ein braver Junge oder ein braves Mädchen ist, so wie es auch das Bestreben überwunden hat, in seinem Partner in der Ehe oder einer nicht-ehelichen Liebesbeziehung seinen Vater oder seine Mutter zu suchen. Freilich – in manchen Augenblicken wird es den Wunsch verspüren, daß sein Partner die Elternrolle übernimmt, doch hält sich dieses Verlangen im Rahmen des Normalen und prägt nicht das Wesen seiner Beziehungen.

Ein solcher Mensch ist bereit für die romantische Liebe, weil er sich selbst nicht als armes, verlassenes Kind empfindet, das gerettet und beschützt werden muß. Er ist nicht auf die Billigung eines anderen angewiesen, um das zu sein, was er ist. Sein Ich-Gefühl steht nicht ständig auf dem Spiel.

Dieser letzte Punkt ist so wichtig, daß wir ihn noch genauer betrachten müssen. Ein autonomes Individuum hat nicht das Gefühl, daß seine Selbstachtung fortwährend in Frage gestellt oder gefährdet sei. Er braucht nicht ständig an seinem Wert zu zweifeln. Seine Billigungsinstanz ist das eigene Selbst, das sich nicht durch jede Begegnung mit einem anderen Menschen neu in Gefahr bringen läßt.

Auch in der besten Beziehung gibt es gelegentliche Reibereien, unvermeidliche Kränkungen, Zeiten, in denen die Partner sich in ihren Reaktionen «verfehlen». Nichtautonome, unreife Individuen neigen jedoch dazu, solche Vorfälle als Beweis für die abweisende Haltung und die mangelnde Liebe des Partners anzusehen, so daß sich kleine Streitigkeiten oder Mißverständnisse leicht zu größeren Konflikten auswachsen.

Autonome Menschen verfügen über ein ausgebildeteres Vermögen, «Schläge elastisch abzufangen». Sie können die normalen Unstimmigkeiten des Alltagslebens realistisch einschätzen, ohne sich durch Kleinigkeiten aus der Ruhe bringen zu lassen oder gelegentlich vorkommende Kränkungen zu dramatisieren.

Außerdem respektieren autonome Menschen das Bedürfnis ihres Partners, seine eigenen Zwecke zu verfolgen, hin und wieder allein zu sein und sich mit anderen Dingen zu beschäftigen und auch einmal *nicht* an die Beziehung, sondern an andere wichtige Belange zu denken, die den Partner vielleicht gar nicht direkt berühren – zum Beispiel die eigene Arbeit, die persönliche Entfaltung und Weiterentwicklung und die damit zusammenhängenden Bedürfnisse. Autonome Menschen wollen also nicht immer im Zentrum, im Brennpunkt der Aufmerksamkeit stehen, und sie geraten keineswegs in Panik, wenn ihr Partner geistig auf andere Dinge konzentriert ist. Sie gönnen diese Freiheit sich selbst und denen, die sie lieben.

Dies ist der Grund, warum die Liebe zwischen autonomen Menschen wachsen kann. Und aus demselben Grund ist die romantische Liebe zwischen nichtautonomen Menschen so oft zum Scheitern verurteilt: Ängstliches Anklammern erstickt die Liebe.

Mit wieviel Leidenschaft und Hingabe autonome Menschen sich auch an den geliebten Partner gebunden fühlen – sie vergessen doch nie, daß es in einer Beziehung auch Spielräume, Freiheit und gelegentliches Alleinsein geben muß. Sie wissen, daß auch ein noch so intensiv liebender Mensch nicht ausschließlich Liebender, sondern in umfassenderem Sinne immer auch ein sich entwickelnder Mensch ist.

Autonome Menschen leben mit dem Wissen, daß wir im Grunde alle allein sind. Sie kämpfen nicht gegen diese Grundbefindlichkeit an und leugnen sie nicht; daher erleben sie sie auch nicht als ständig pochenden Schmerz oder als tragische Grundnote ihres Lebens. Sie brauchen sich in ihren Beziehungen nicht fortwährend die Illusion zu bestätigen, daß es das Alleinsein nicht gäbe. Sie begreifen, daß es gerade diese Tatsache ist, die der romantischen Liebe ihre einzigartige Intensität verleiht. Sie leben im Einklang mit dem Alleinsein und sind deshalb in besonderer Weise zu romantischer Liebe fähig.

Wenn zwei selbstverantwortliche Menschen sich in einer Liebesbeziehung finden, sind sie in weit überdurchschnittlichem Maß in der Lage, den anderen zu schätzen, zu genießen und so zu sehen, wie er wirklich ist, eben weil sie nicht darauf angewiesen sind, den anderen als Hilfsmittel bei der Flucht vor ihrer Selbstverantwortlichkeit zu benutzen.

Daher können sie sich in die Arme fallen, können sich von Herzen lieben, können auch einmal Kind und Vater oder Mutter spielen, ohne daß es ihrer Liebe schadet, weil es nur Spiel, nur momentanes Ausruhen ist und weil jeder der Partner sich der grundlegenden Wahrheit dennoch ohne Furcht stellt, da er seinen Frieden mit dem Alleinsein gemacht, es akzeptiert hat.

Wenn wir jedoch nicht so weit gereift sind, daß wir unser fundamentales Alleinsein anerkennen können, wenn wir Angst davor haben und es lieber ableugnen, dann belasten wir unsere Beziehungen mit einer ungesunden Abhängigkeit, die behindernd und einschnürend wirkt. Wir umarmen nicht, wir umklammern. Doch ohne Luft und freien Raum kann die Liebe nicht atmen.

Es klingt paradox: *Erst wenn wir nicht mehr gegen unser Alleinsein ankämpfen, sind wir bereit für die romantische Liebe.*

Realistische Verliebtheit

Eine der offensichtlichsten Vorbedingungen für die romantische Liebe besteht wahrscheinlich darin, die Beziehung auf einer realistischen Grundlage zu errichten. Gemeint ist die Fähigkeit und Bereitschaft, unseren Partner zu sehen, wie er ist, nämlich als Mensch mit Schwächen und Stärken, und nicht zu versuchen, ein Geschöpf unserer eigenen Phantasie in eine Romanze zu verwickeln.

Betrachten wir zuerst den negativen Fall: Wenn ich meinen Partner nicht als eine reale Person in der realen Welt sehen und lieben kann, sondern statt dessen einer Phantasiefigur nachjage, indem ich die tatsächliche Person meines Partners nur als Sprungbrett für meine eigenen Vorstellungen und Wünsche benütze, dann werde ich es ihm früher oder später einmal übelnehmen, daß er meinen Phantasien nicht gerecht wird. Wenn ich die Mängel meines Partners nicht sehen will und mich weigere, auch seine Unzulänglichkeiten in mein Gesamtbild seiner Person einzubeziehen, dann werde ich mich mit großer Wahrscheinlichkeit später nicht nur gekränkt, mißachtet und verraten fühlen, sondern noch dazu die Rolle des verstörten Opfers annehmen. «Wie kannst du mir das nur antun?»

In Wahrheit – wir haben das bereits gesehen – wissen wir natürlich auf einer tieferen Ebene ganz genau, *mit wem wir es zu tun haben*, aber es ist nicht schwer, dieses Wissen zu verleugnen und zu unterdrücken, wenn uns dies gerade wünschenswert erscheint. Wenn unser Lebensszenarium uns die

Rolle des verratenen Opfers vorschreibt, werden wir eine solche Selbsttäuschung tatsächlich als wünschenswert erleben.

Ein Grund, warum so viele Männer und Frauen sich anscheinend eher in eine Phantasiegestalt verlieben als in den wirklichen Menschen, den sie zu lieben meinen, liegt darin, daß sie einen ganzen Wust von verleugneten Bedürfnissen, Sehnsüchten, Kränkungen, Wünschen mit sich herumtragen, die sie zwar vielleicht nicht bewußt wahrnehmen, im Unbewußten aber ständig befriedigen, lösen oder heilen möchten. Ein Individuum, das sich seiner tiefsten Bedürfnisse nicht bewußt ist, kann sich einem anderen Menschen auf Grund ziemlich oberflächlicher Eigenschaften zuwenden, wenn auch nur ein paar dieser Merkmale es glauben oder hoffen lassen, jene Bedürfnisse in der Beziehung zu diesem Menschen stillen zu können. Beispielsweise kann ein sensibler, intelligenter Mann, der in seinen Jugendjahren bei Mädchen nicht beliebt gewesen ist – weil er vielleicht zu ernst oder zu schüchtern war –, in seinen Zwanzigern eine schöne junge Frau kennenlernen, die in Erscheinung und Benehmen genau der Art Mädchen entspricht, die er als Jugendlicher nicht hatte bekommen können. Der Mann ist fasziniert, er ist hingerissen, er will diese Frau «erobern» und hofft, ja erwartet unbewußt, dadurch all die Kränkungen und die Einsamkeit seiner Jugend zu überwinden, die damaligen Abweisungen auszumerzen und alle unerfüllten Träume jener schmerzlichen, einsamen Jahre doch noch zu verwirklichen. Natürlich wird nichts von alledem in Worte oder logische Denkvorgänge gefaßt, doch solcherart sind die Überlegungen, die in dem jungen Mann ablaufen. Es ist ihm ein leichtes – vor allem, da er ja dazu motiviert ist, sich selbst zu täuschen –, darüber hinwegzusehen, daß es zwischen ihm und dieser Frau weder hinsichtlich der Wertvorstellungen noch der Interessen, weder im Lebensgefühl noch in den Anschauungen über wesentliche Dinge irgendeine Gemeinsamkeit gibt und daß sie ihm ziemlich rasch sterbenslangweilig werden würde, falls er es fertigbringen sollte, sie für sich zu gewinnen. Wenn sie sich ihm tatsächlich zuwendet und eine Beziehung mit ihm eingeht, mag zu Beginn sehr viel Leidenschaftlichkeit vorhanden sein, doch wird eine solche «Liebe» schließlich auseinanderbrechen. Die Gründe für diese typische Entwicklung sind nicht schwer zu erraten.

Wenn wir es jedoch wagen, unseren Partner realistisch und wahrheitsgetreu zu sehen, dann hat die Liebe, sofern sie wirklich echt ist, die bestmögliche Chance, zu wachsen und sich zu entfalten. Wir wissen, wen wir gewählt haben, und verlieren nicht die Fassung, wenn unser Partner sich auch dementsprechend verhält. Eine sehr glücklich verheiratete Frau sagte mir einmal: «Eine Stunde nachdem ich meinen späteren Mann getroffen hatte, hätte ich Ihnen schon erklären können, in welcher Hinsicht das Zusammenleben mit ihm schwierig werden würde. Er ist der aufregendste Mann, den ich je kennengelernt habe, aber ich habe mir nie Illusionen darüber gemacht, daß er auch außergewöhnlich stark in sich selbst vertieft ist. Oft benimmt er sich wie ein zerstreuter Professor. Er lebt die halbe Zeit in seiner privaten Welt. Das mußte mir von Anfang an klar sein, sonst hätte es später sehr unangenehm werden können. Allerdings hat mein Mann auch nie versucht, mir etwas vorzumachen. Ich kann die Leute nicht verstehen, die gekränkt und entgeistert zusehen, als was ihr Ehegefährte sich entpuppt. Es ist so offensichtlich, wie jemand ist, wenn man die Augen nur ein wenig aufmacht! Ich bin in meinem ganzen Leben noch nie so glücklich gewesen wie jetzt in dieser Ehe – aber nicht, weil ich mir einrede, mein Mann wäre vollkommen und ohne Fehler!» Und sie fügte hinzu: «Wissen Sie, ich glaube, das ist auch der Grund, warum ich seine Stärke und seine Vorzüge so gut würdigen kann – ich bin bereit, alles zu sehen.»

Dies ist die realistische romantische Liebe. Sie hat nichts mit Bilderbuch-Romantik zu tun. Wo sich leidenschaftliche Zuneigung und Klarsichtigkeit vereinen, kann die Liebe gedeihen.

Gegenseitige Selbstoffenbarung: Was es heißt, das Leben miteinander zu teilen

Ein charakteristischer Zug sich entfaltender Liebesbeziehungen liegt in der relativ weitgehenden Selbstenthüllung der beiden Partner – das heißt, in der Bereitschaft, den anderen in die eigene persönliche Welt einzulassen und aufrichtige Anteilnahme an der persönlichen Welt des Partners aufzubringen. Verliebte Partner zeigen einander mehr von ihrer Person als sonst irgendeinem Menschen.

Dies bedeutet, daß das Paar eine Atmosphäre des Vertrauens und des Sich-gegenseitig-Annehmens geschaffen hat, aber das ist nicht alles. Es bedeutet zuallererst, daß jeder der Partner bereit ist, sich selbst zu erkennen und sich selbst zu begegnen. Das ist die notwendige Vorbedingung für die Bereitschaft zu gemeinsamer Selbstoffenbarung.

Und hier stoßen wir auf eines der größten Hindernisse, die das Bestehen der romantischen Liebe gefährden: das weitverbreitete Problem menschlicher Selbstentfremdung. Selbstentfremdung ist einer der Faktoren, die eine Selbstoffenbarung unmöglich machen.

Das Problem ist nicht neu, doch ist wahrscheinlich noch nie zuvor so vielen Menschen klargeworden, daß sie unter einem Gefühl der persönlichen Unwirklichkeit leiden, daß sie den Kontakt zu sich selbst verloren haben und sich häufig ihrer Empfindungen nicht bewußt sind, sondern handeln, ohne klar zu wissen, was ihre Handlungen hervorruft, welche Motive ihnen zugrunde liegen. Die Auswirkungen auf die romantische Liebe sind katastrophal.

Selbstentfremdung oder – wie wir sie lieber nennen sollten – *Unbewußtheit* entspringt verschiedenen Quellen. Beginnen wir mit der einfachsten und augenfälligsten: Viele Eltern *erziehen* ihre Kinder dazu, ihre Gefühle zu unterdrücken. Sie bringen ihnen bei, Unbewußtheit als einen positiven Wert und ihren Preis dafür zu betrachten, daß sie geliebt, akzeptiert, als «erwachsen» betrachtet werden. Ein kleiner Junge fällt hin und tut sich weh, doch sein Vater sagt unnachgiebig: «Männer weinen nicht.» Ein kleines Mädchen äußert Wut auf ihren Bruder oder zeigt Abneigung gegen einen älteren Verwandten, und schon ermahnt die Mutter sie: «Es ist sehr häßlich, so zu fühlen. Du meinst es gar nicht so.» Ein Kind kommt in freudiger Erregung ins Haus gestürzt und wird sogleich durch die gereizte Frage gebremst: «Was ist denn mit dir los? Warum machst du so einen Krach?»

Kinder lernen durch das Vorbild ihrer Eltern, ihre Gefühle zu unterdrücken. Gefühlsmäßig distanzierte und gehemmte Eltern werden gefühlsmäßig distanzierte und gehemmte Kinder hervorbringen, und zwar nicht nur durch ihre offene Kommunikationsweise, sondern auch durch ihr eigenes Verhalten, das dem Kind vormacht, was «richtig», «angemessen» und «sozial anerkannt» ist.

Eltern, die bestimmte kirchliche Lehren vertreten, werden ihren Kindern wahrscheinlich einpflanzen, daß es so etwas wie «schlechte Gedanken» und «schlechte Gefühle» gibt. Das Kind empfindet dann ein moralisches Entsetzen über sein eigenes Innenleben.

Auf diese Weise kann ein Kind zu dem Schluß kommen, daß seine Gefühle potentiell gefährlich sind und daß es manchmal ratsam ist, sie zu verleugnen und zu «beherrschen». Praktisch läuft die «Beherrschung» jedoch darauf hinaus, daß das Kind lernt, seine Gefühle *abzulehnen*, indem es tatsächlich aufhört, sie zu erleben. Ich brauche wohl nicht zu betonen, daß dieser Vorgang nicht durch bewußte, überlegte Entscheidungen vonstatten geht, sondern zum größten Teil unbewußt abläuft. Er ist auslösendes Moment für den Prozeß der Selbstentfremdung. Durch das Verleugnen seiner Gefühle, das Negieren seiner Urteile und Meinungen und das Zurückweisen seiner Erfahrungen hat das Kind gelernt, Teile seines Selbst, Teile seiner Persönlichkeit als nicht zu ihm gehörend zu akzeptieren.

Das Kind beginnt sein Leben in einem natürlichen Zustand, in enger Beziehung zu seinem Organismus. Doch schon bald wird ein Konflikt angelegt: Dem Kind wird beigebracht, daß gewisse Stimmungen und Emotionen unannehmbar seien. Doch das Kind empfindet nun einmal diese Gefühle. Es sieht nur einen Ausweg aus diesem Widerstreit: *Unbewußtheit*.

Diese Strategie benutzt das Kind zur Abwehr aller Gefühle, die es als bedrohlich oder überwältigend erfährt: Schmerz, Furcht, Wut und so fort. Doch es sind nicht nur negative Gefühle, die auf diese Weise blockiert werden. Die Verdrängungsarbeit richtet sich ebenfalls auf Freude, Fröhlichkeit, auf sexuelle Empfindungen – wenn und wann immer das Kind sein Gleichgewicht, seine Sicherheit oder seine Selbstachtung durch diese Gefühle bedroht sieht.

Dieses Problem, das in der Kindheit entsteht, wird so tief

in die Persönlichkeitsstruktur, in die individuelle Lebensweise und in die Art des einzelnen, das Leben zu bewältigen, eingebaut, daß das Kind in seiner Entwicklung zum Erwachsenen den Zustand der Selbstentfremdung längst als «normal» zu empfinden gelernt hat.

In der romantischen Liebe ist es nun jedoch gerade das Selbst, das wir sichtbar machen und mitteilen möchten.

In meinem Kurs «Selbstachtung und Lebenskunst» besteht eines der Hauptziele darin, verschiedene verleugnete Teile des Selbst wiederzuentdecken und zurückzugewinnen, so daß die Selbstachtung sich erweitern und die Liebesfähigkeit sich voll entfalten kann. Recht häufig kommt es zu Widerstand, Kampf, Angst und Verunsicherung, wenn verschüttete Teile des Selbst wieder ins Bewußtsein zu treten beginnen. «Wie werden die anderen reagieren? Werden sie mich noch lieben, wenn sie etwas von meiner Wut erfahren? Werden die anderen mich noch mögen, wenn sie erfahren, daß ich gar nicht so hilflos bin? Werde ich im Stich gelassen, werde ich allein dastehen, wenn ich meine Intelligenz voll entwickle und zeige? Werde ich mit meiner Arbeit (mit meiner Ehe) noch zurechtkommen, wenn ich zu dem stehe, was ich wirklich bin, und mich zu meinen wahren Gefühlen und Fähigkeiten bekenne?»

Eine umfassendere Selbstbewußtheit bedeutet nicht, daß wir immer alles in Handlungen umsetzen oder auf eine andere Weise ausdrücken müssen, was wir fühlen, auch nicht in unseren intimsten Beziehungen. Selbstverständlich ist in Fragen des Verhaltens stets Urteilsvermögen und Einsicht erforderlich. Das eine Mal mag es angemessen erscheinen, unsere Gefühle direkt zum Ausdruck zu bringen, das andere Mal nicht. Das eine Mal mag es angemessen erscheinen, unsere Gedanken und Wahrnehmungen mitzuteilen, das andere Mal nicht. Ich werde noch näher auf diesen Punkt eingehen, wenn wir uns dem Kommunikationsprozeß zuwenden. Hier geht es nur darum zu erkennen, *daß das primäre Problem nicht zwischen uns und anderen Menschen besteht, sondern in uns selbst angelegt ist.*

Wenn wir uns frei fühlen, unsere Gefühle unvoreingenommen zu erkennen und zu erleben (und sie uns nicht nur verbal einzugestehen), dann können wir auch entscheiden, wem gegenüber und in welchen Situationen es angebracht ist, unser inneres Leben mitzuteilen. Wenn wir jedoch selbst nicht wissen, nicht wissen dürfen oder wollen oder nie erfahren haben, wer wir sind, dann ist unsere Fähigkeit zu echter Intimität verkrüppelt und gehemmt. Mit anderen Worten: Wenn wir uns selbst fremd sind, sind wir unfähig zu romantischer Liebe.

Ein Großteil unserer Freude an der Liebe und ein Großteil der Nahrung, die die Liebe braucht, ist unter der Voraussetzung gesichert, daß wir zeigen und mit unserem Partner teilen, was wir sind. Selbstoffenbarung steigert die Erfahrung des Sichtbarseins, ermöglicht gegenseitige Unterstützung und Bestätigung und fördert die persönliche Weiterentwicklung. Gemeinsame Selbstoffenbarung bereitet den Boden für viele der Ziele, die wir in der romantische Liebe anstreben.

Wir können nicht erwarten, daß unser Liebespartner allem zustimmt, was wir fühlen, denken, phantasieren und wünschen. Was wir brauchen, ist «nur» die Gewißheit, daß wir uns ohne Angst vor moralischen Verdammungsurteilen oder Beschimpfungen in einer Atmosphäre des Geachtet- und Angenommenseins äußern können. Und wir sind unsererseits verpflichtet, für unseren Partner die gleiche Atmosphäre zu schaffen. Freilich ist es sehr schwierig, einem anderen etwas zu geben, was wir uns selbst nicht zu geben gelernt haben. Wenn wir gelernt haben, uns selbst wegen «unangemessener» Gefühle, Stimmungen und Reaktionen abzukanzeln und zu tadeln, werden wir mit ziemlicher Sicherheit mit anderen genauso umgehen. Wir werden unseren Partner abkanzeln und tadeln, und wir werden unsere Kinder abkanzeln und tadeln. Außerdem werden wir unseren Partner zu demselben selbstablehnenden und selbstentfremdeten Verhalten ermuntern, an das wir uns selbst gegenüber gewöhnt sind. Dies ist einer der Wege, Liebe zu töten, einer der Wege, Leidenschaft zu töten.

Deshalb müssen wir uns fragen: Schaffe ich meinem Partner einen Rahmen, in dem er die Freiheit hat, Gefühle, Stimmungen, Gedanken, Phantasien mitzuteilen ohne Angst, daß ich ihn verurteile, angreife, belehre oder mich zurückziehe? Gewährt mir auch mein Partner diese Freiheit?

Falls wir diese Fragen nicht mit ja beantworten können, brauchen wir uns über das Scheitern unserer Beziehung nicht zu wundern. Wenn sie jedoch zutreffen, haben wir damit einen wichtigen Anhaltspunkt gefunden, der das Gelingen der Beziehung zu einem großen Teil erklärt. Wenn ein Mann und eine Frau die Möglichkeit haben, ihre Phantasien miteinander zu teilen, ihre Wünsche zu äußern, ihre Gefühle einzugestehen und ihre Gedanken auszutauschen, und wenn sie zugleich darauf vertrauen, daß der andere mit Interesse und Engagement bei der Sache ist, dann sind sie Meister in einem der wesentlichsten Bereiche erfüllter romantischer Liebe.

Romantische Liebesbeziehungen entstehen und zerbrechen auf Grund der Wirksamkeit beziehungsweise Unwirksamkeit der Kommunikation zwischen den Partnern. Gemeinsame Selbstoffenbarung ist ohne Kommunikation nicht möglich. Kein Element der Kommunikation spielt in der romantischen Liebe eine größere Rolle als das der Gefühle und Emotionen.

Schmerz

Manchmal fühlen wir uns verletzt, empfinden Schmerz. Wir spüren den Wunsch, dem Menschen, den wir lieben, unseren Zustand mitzuteilen. Wir spüren das Bedürfnis, darüber zu sprechen, zum Ausdruck zu bringen, was in uns vorgeht.

Was wir uns von unserem Partner wünschen, ist Interesse, der innere Antrieb und die Bereitschaft, uns zuzuhören. Wir wollen, daß unsere Gefühle ernstgenommen und respektiert werden. Wir wollen nicht, daß unser Partner zu uns sagt: «Solche Empfindungen solltest du nicht haben», oder: «Es ist albern, so zu fühlen.» Wir möchten nicht belehrt werden. Schon allein dadurch, daß man den Schmerz ausdrückt, wird er sehr häufig gelindert. Oft ist damit der erste Schritt zu einer Lösung getan. Mehr wollen wir ja gar nicht. Wir möchten, daß unser Partner das versteht. Und unser Partner braucht dasselbe Verständnis von uns.

Manchmal jedoch ist es für den einen Partner sehr schwer, dem anderen zu geben, was er braucht, weil dieser sich selbst nicht die Freiheit gestattet, sein eigenes Leiden zu erleben und anzunehmen. Wie aber soll ein Mensch einem anderen etwas geben, was dieser sich selbst nicht geben kann?

Tatsächlich kann ein Mensch, der über seinen Schmerz spricht und ihn auszudrücken versucht, in seinem Partner verleugneten Schmerz aktivieren, der sehr häufig zunächst als Angstgefühl zutage tritt. Um dieser Angst zu entfliehen, bricht der Partner das Gespräch ab. Er tut es nicht in der Absicht, grausam zu sein, er übersieht gar nicht, was eigentlich geschieht. Doch die Kommunikation gerät ins Stocken, und der andere fühlt sich wahrscheinlich allein gelassen.

Manchmal können wir einem Menschen, den wir lieben, kein größeres Geschenk machen, als ihm einfach nur zuzuhören, einfach da und erreichbar zu sein, ganz ohne die Verpflichtung, etwas Gescheites sagen, eine Lösung finden oder unseren Partner aufheitern zu müssen. Aber um das einem anderen geben zu können, müssen wir zuerst in der Lage sein, es uns selbst zu geben. Wenn wir mit uns selbst hart umgehen und unser Verhalten ständig strengen moralischen Beurteilungen unterziehen, werden wir auch unseren Partner nicht liebevoller behandeln. Selbstannahme ist der Grundstein für die Annahme anderer. Das Akzeptieren unserer eigenen Gefühle ist der Grundstein dafür, daß wir die Gefühle anderer akzeptieren können.

Es ist dies eine Kunst, die geübt und erlernt werden kann. Wir müssen uns nur dazu entschließen, in diesen Lernprozeß einzuwilligen.

Doch angenommen, wir selbst hätten in irgendeiner Weise zu dem Schmerz beigetragen, den unser Partner uns zeigt. Dadurch ändert sich nichts; das Prinzip bleibt dasselbe. Auch hier ist die angemessene Reaktion, zuzuhören, dem Partner das Gefühl zu geben, gehört zu werden, unsere Anteilnahme zu zeigen, den Irrtum, den wir vielleicht begangen haben, ehrlich einzugestehen und in geeigneter Weise zu berichtigen. Doch zuallererst müssen wir zuhören, akzeptieren, was der Partner sagt, ihm nicht unbedingt zustimmen, aber seine Gefühle so, wie sie sind, annehmen und in jedem Fall vermeiden, wie ein strafender Vater oder eine strafende Mutter aufzutreten.

Furcht

Manchmal empfinden wir Furcht. Es hilft uns, wenn wir diese Furcht äußern und über sie sprechen können, doch häufig fällt uns das sehr schwer. Die meisten von uns haben gelernt, Furcht als ein Gefühl anzusehen, das man verbergen und verheimlichen muß. Wir assoziieren Furcht mit Demütigung oder mit «Gesichtsverlust». Umgekehrt heißt Stärke für uns soviel wie «lügen», nämlich vorgeben, daß wir keine negativen, sondern nur positive Gefühle haben.

Wenn wir es jedoch fertigbringen, unsere Furcht offen und mit Würde zu tragen und den Ausdruck der Furcht unseres Partners aufgeschlossen und mit Respekt anzunehmen, dann kann sich etwas Wunderschönes ereignen: Wir kommen einander näher. Indem die Furcht geäußert und angenommen wird, indem jeder der Partner sich von ihr entlastet, kann sie verschwinden. Zumindest jedoch können wir den Mut fassen, etwas gegen sie zu unternehmen – uns zum Beispiel einer unumgänglichen Operation unterziehen, im Beruf eine schwierige Aufgabe anpacken oder uns mit einer heiklen Wahrheit konfrontieren.

Doch auch hier kommen wir wieder zu der Frage der Selbstannahme zurück: Um wieviel besser können wir wohl auf die Furcht unseres Partners eingehen als auf unsere eigene? Können wir unserem Partner gestatten, etwas zu empfinden, was wir selbst uns nicht zu empfinden erlauben? Güte beginnt stets im eigenen Inneren – als gütiger Umgang mit uns selbst.

Wenn die Kommunikation gelingen soll, wenn die Liebe gelingen soll, wenn unsere Beziehungen gelingen sollen, müssen wir die absurde Vorstellung aufgeben, es sei «heroisch» oder ein Zeichen von «Stärke», zu lügen, Gefühle vorzutäuschen, die Realität unserer Erfahrungen und die Wahrheit unseres Seins in falschem Licht erscheinen zu lassen. Wenn Heroismus und Stärke überhaupt eine Bedeutung haben sollen, dann müssen wir lernen, sie in der Bereitschaft zu suchen, uns der Realität und der Wahrheit zu stellen, die Tatsachen unseres Lebens zu respektieren und das, was ist, anzunehmen.*

Ärger

Manchmal empfinden wir Ärger über unseren Partner, oder unser Partner ist wütend über uns. Das ist völlig normal; es gehört zum Leben und besagt nicht, daß wir uns nicht mehr lieben.

Ärger offen zu äußern, überhaupt Gefühle offen zu äußern – zu beschreiben, wie wir die Dinge sehen, was wir beobachtet haben oder was unserer Meinung nach geschehen ist, und mitzuteilen, wie wir gefühlsmäßig dazu stehen – reinigt die Atmosphäre und schafft die Voraussetzungen für eine fruchtbare Kommunikation.

Dies ist etwas völlig anderes, als den Charakter unseres Partners schlechtzumachen und seine Motive psychologisierend aufs Korn zu nehmen: «Du verhältst dich immer ver-

* Wie ich in meinem Buch ‹*The Disowned Self*› gezeigt habe, bleiben wir so lange in unseren unerwünschten Gefühlen gefangen, wie wir sie verleugnen und verdrängen. Erst wenn wir uns zugestehen, diese Gefühle ganz zu erleben, können wir sie abbauen und allmählich über sie hinausgelangen. Erst dann wird Veränderung und Weiterentwicklung möglich.

antwortungslos!» – «Das hast du nur getan, um mich zu verletzen!» – «Du bist genau wie mein früherer Mann (meine frühere Frau)!» Solche Wendungen zielen nicht auf Verständigung, sondern auf Kränkung ab, und im allgemeinen erreichen sie auch ihr Ziel. Auf diese Weise gelingt es uns, den anderen zu verletzen und zum Gegenangriff anzustacheln, *nicht aber*, eine fruchtbare Kommunikation und Konfliktlösung in Gang zu bringen.

Es gibt eine Hohe Schule des Sichärgerns, und jeder Liebende hat die Pflicht, sie zu erlernen. Sie besteht keineswegs darin, seinen Ärger zu verleugnen und nicht wahrhaben zu wollen. Sie besteht auch nicht darin, nach außen ein liebenswürdiges Gesicht zu zeigen, obwohl wir innerlich kochen. Die Kunst des Sichärgerns besteht in der Fähigkeit, aufrichtig zu sein. Worin? *In der Äußerung der eigenen Gefühle.* (Ginott 1974)

Wenn wir eine Liebesbeziehung aufrechterhalten wollen, müssen wir unserem Partner die Freiheit geben, seinen Ärger ausdrücken zu dürfen. Wir sind dazu verpflichtet, dem Partner zuzuhören, und zwar ohne ihn zu unterbrechen, ohne ihm «Kontra zu geben». Wir sollen ihm nur zuhören. Nachdem unser Partner geendet hat, wenn er erleichtert ist, daß er alles gesagt hat – dann erst ist der geeignete Moment gekommen, ihm zu antworten. Dann können wir unseren Partner darauf aufmerksam machen, daß er sich irrt, daß er etwas falsch interpretiert – sofern wir dieser Meinung sind. Wenn wir offensichtlich im Unrecht sind, sollten wir unsere Fehler eingestehen.

Beziehungen zerbrechen nicht daran, daß die Partner ihren Ärger offen zum Ausdruck bringen. Sie scheitern an all dem Ärger und der Wut, die nicht geäußert werden. Das Verdrängen unseres Ärgers zerstört die Liebe, zerstört das sexuelle Verlangen, zerstört die Leidenschaft.

Um unseren Ärger zu unterdrücken, machen wir oft «die Schotten dicht» gegenüber dem Menschen, der ihn verursacht hat. Wir versuchen, unseren Ärger aufzulösen, indem wir uns empfindungslos stellen. Durch solche «Lösungen» werden Beziehungen zugrunde gerichtet.

Es ist in unserem eigenen Interesse, daß unser Partner uns sagt, wenn er sich über uns ärgert. Es nützt uns gar nichts, einen Partner zu haben, der sich nie über das beklagt, was ihn verletzt und ärgert.

Wenn wir bereit sind, den anderen an unserem Schmerz, unserer Furcht und unserem Ärger teilnehmen zu lassen, kann die romantische Liebe wachsen. Fehlt diese Bereitschaft, dann wird die Liebe an der Entfaltung gehindert.

Deshalb müssen wir uns fragen: Wieweit ermögliche ich es meinem Partner, Ärger und Wut mit mir zu teilen? Wieweit fühle ich mich selbst ermutigt, diese Gefühle mit ihm zu teilen?

Liebe, Freude, Lebenslust

Die Kommunikation ist der Lebensstrom einer Beziehung. Selbstverständlich umfaßt sie nicht nur den Austausch negativer Empfindungen, wie wir sie eben besprochen haben, sondern auch die Mitteilung von Gefühlen der Liebe, der Freude und der Lebenslust. Doch werden nicht nur Gefühle kommuniziert, sondern auch Wahrnehmungen, Gedanken, Phantasien – mit einem Wort: die ganze Breite und Vielfalt unserer geistigen und emotionalen Welt.

Das Leben mit einem anderen Menschen zu teilen, heißt nicht nur, im selben Haus mit ihm zu leben oder ihm «Gesellschaft zu leisten»; es bedeutet vielmehr, den anderen an unseren inneren Vorgängen, unserem inneren Erleben und allem, was unser Selbst ausmacht, teilnehmen zu lassen.

Diese Erfahrung scheint so selbstverständlich zu sein,

und doch bin ich auf Grund meiner therapeutischen Arbeit zu dem Schluß gekommen, daß sie zu den am wenigsten verstandenen Tatsachen unseres Daseins zählt.

Gefühle der Liebe, der Wertschätzung und des Begehrens auszudrücken ist lebenswichtig für die Aufrechterhaltung einer leidenschaftlichen Beziehung. Und doch beobachten wir immer wieder, daß Menschen sich scheuen, solche Gefühle zu offenbaren und auszusprechen, daß sie Angst haben, zu zeigen, wie sehr sie den anderen mögen, wie tief sie empfinden, und daß sie lieber abwegige Rationalisierungen erfinden, um das Unterlassen solcher Mitteilungen zu erklären: «Ich habe dich doch geheiratet! Was willst du denn noch? Zeigt das nicht, daß ich dich liebe?»

Vielleicht nocht seltsamer ist die Tatsache, daß viele Menschen sich fürchten, *Empfänger* von Äußerungen der Liebe, der Wertschätzung oder des Begehrens zu sein. Häufig fühlen sie sich dabei unbehaglich, als ob sie solche positiven Gefühlsbekundungen vielleicht gar nicht verdient hätten. Vielleicht fühlen sie sich auch unter Druck gesetzt, nun ihrerseits etwas Geistreiches sagen zu müssen, obwohl es doch nur darum geht, zuzuhören, sich dem anderen zu öffnen und einfach dazusein.

Was können wir tun, wenn diese Art der Intimität uns Furcht einflößt? Die Lösung besteht wie immer darin, unsere Gefühle anzunehmen: die Furcht als Teil unserer Person zu akzeptieren, sie offen einzugestehen und uns zuzubilligen, daß wir sie erleben und äußern dürfen, um auf diese Weise über sie hinauszugelangen.

Wir müssen uns fragen: Kann ich die Äußerungen der Liebe, der Freude, der Lebenslust meines Partners akzeptieren? Kann ich es zulassen, daß mein Partner diese Gemütszustände fühlt, erlebt und mitteilt, auch wenn ich nicht jedesmal in der Lage bin, sie ganz nachzuvollziehen? Oder bremse ich meinen Partner, so wie ich selbst einmal gebremst worden bin oder wie ich vielleicht mich selbst zu bremsen gelernt habe?

Es kann uns nicht sehr überraschen, wenn Menschen, die sich im Reich der Gefühle – der positiven wie der negativen – nicht zu Hause fühlen, darüber klagen, daß bei ihnen jede «Leidenschaft erlischt». Das erstaunliche ist jedoch vielleicht weniger, daß sich die leidenschaftliche Zuneigung dieser Menschen abnutzt, als daß sie – wenn auch nur für einen kurzen Augenblick – überhaupt existiert hat. Daß diese Möglichkeit tatsächlich Wahrheit wird, ist der Macht der Lebenskraft in uns zu verdanken, die – wenn auch nur für kurze Zeit – die Schranken der Verdrängung und Selbstentfremdung durchbricht und uns ahnen läßt, daß es Ekstase und Verzückung geben kann. Wir haben die Aufgabe, zu lernen, diese in uns liegende Möglichkeit nicht zu verraten.

Wir werden in einem späteren Abschnitt dieses Kapitels noch mehr über die Furcht vor Lebensgenuß bei uns selbst und anderen zu sagen haben. Wenden wir uns zunächst jedoch der Frage zu, wie wir unsere Wünsche mitteilen.

Wünsche

Wenn ich es nicht wage, mir meiner Wünsche bewußt zu werden und sie unzweideutig auszusprechen, dann suche ich den Fehler allzuoft lieber bei meinem Partner, als mich zu meiner Furcht zu bekennen. Ich bin gekränkt und verstimmt, weil mein Partner einen Wunsch nicht erfüllt hat, den ich nicht klar zu erkennen gegeben, geschweige denn geäußert habe.

Oft trauen wir uns nicht, herauszufinden, was wir wollen, und noch weniger, es dem Partner mitzuteilen. Wir fürchten, daß er gleichgültig reagieren und nicht auf den

Wunsch eingehen wird. Wir fürchten, daß wir uns ihm ausliefern und ihm zuviel «Macht» einräumen könnten, wenn wir ihm unsere Gefühle und Wünsche unverhüllt zeigten. Wir wagen nicht, unsere Wünsche geltend zu machen, wagen nicht, uns der Liebe anheimzugeben. Wir schrecken davor zurück, uns so zu zeigen, wie wir sind.

An die Stelle der Kommunikation tritt Schweigen, Gekränktsein, Groll und selbsterzeugte Einsamkeit.

Wir können leicht einsehen, wie es zu einer solchen Situation kommt und weshalb sie so häufig auftritt, wenn wir uns daran erinnern, wie selten ein Kind erlebt, daß seine Wünsche zählen, wie selten ein Kind – selbst eines, das geliebt wird – die Erfahrung macht, als Mensch *ernstgenommen* und in seinen Gefühlen geachtet zu werden.

Wenn wir in der romantischen Liebe nicht scheitern wollen, müssen wir uns folgende Fragen vor Augen führen: Weiß ich, was ich will? Bin ich bereit, auszusprechen, was ich will? Akzeptiere ich die Tatsache, daß der andere mir vielleicht nicht immer geben kann oder auch nicht geben will, was ich mir von ihm wünsche? Kann ich darauf Rücksicht nehmen?

Manche Menschen rechtfertigen ihr Unvermögen, ihren Partner um etwas zu bitten, mit dem Argument: «Und was ist, wenn ich frage und nichts geschieht? Was soll ich machen, wenn der andere nicht reagiert?» Die Antwort lautet: Noch einmal fragen. Und wenn auch dann immer noch keine Reaktion erfolgt? Dann sagen wir unserem Partner, wie wir es empfinden, daß wir keine Antwort von ihm bekommen. Wir fordern ihn auf, uns an seinen Gefühlen und Reaktionen teilnehmen zu lassen. Und wenn der Partner sich verweigert und gar nicht versucht, uns zu verstehen? Dann müssen wir uns etwas eingestehen, was wahrscheinlich weh tun wird: Unser Partner scheint weder an unseren

Wünschen noch an einem Gespräch über das Thema interessiert zu sein. Wenn es wirklich so ist, müssen wir dieser Tatsache offen ins Auge sehen. Wir können uns überlegen, ob es eine Lösung gibt und – wenn das nicht der Fall ist – ob wir mit dem Problem leben wollen oder nicht. Niemandem wäre jedoch damit gedient, wenn wir uns fürchteten, die Wahrheit aufzudecken.

Manipulation

Solange wir nicht die Freiheit haben, unsere Wünsche direkt zum Ausdruck zu bringen, versuchen wir oft, sie auf indirektem Weg, durch manipulatives Verhalten, durchzusetzen. Selbst wenn das Manipulieren kurzfristig gesehen zum Erfolg führen mag, hat es doch letztlich den Effekt, daß wir uns dem Partner entfremden und ihn zu unserem Gegner machen, da es nicht Nähe und Intimität erzeugt, sondern Distanz.

Es handelt sich hier um eine der grundlegenden Kommunikationsbeeinträchtigungen, nämlich um die Ersetzung des offenen Ausdrucks von Gedanken, Gefühlen und Wünschen durch *Manipulation*.

Wenn wir uns aus einer tiefen Unsicherheit heraus nicht vorstellen können, daß wir unsere Wünsche einer Erfüllung näherbringen, indem wir sie offen aussprechen, wenn wir meinen, allein durch Manipulieren ans Ziel zu gelangen, dann unterminieren wir unweigerlich unsere Liebesbeziehung. Darüber hinaus sabotieren wir ebenso unausweichlich *alle* unsere wesentlichen Beziehungen.

Ich möchte an dieser Stelle noch einmal betonen, daß kein Mensch uns ständig geben kann, was wir wollen, daß niemand immer so auf uns eingehen kann, wie wir es uns wünschen. Niemand ist allein zur Befriedigung unserer Wünsche auf der Welt. Wenn wir versuchen, unseren Partner in eine solche Rolle zu drängen, indem wir entweder auf sein Mitgefühl oder auf seine Schuldgefühle spekulieren, werden wir damit am Ende doch nur Ressentiments in ihm hervorrufen.

Aufrichtige Kommunikation beruht demnach weitgehend auf der Bereitschaft und auf dem Mut, zu sein, wer wir sind, zu zeigen, wer wir sind, uns zu unseren Gedanken, Gefühlen und Wünschen zu bekennen – das heißt, auf die Selbstverschleierung als Überlebensstrategie zu verzichten. Doch wir können einen Fehler nicht ändern, bevor wir nicht bereit sind, ihn uns einzugestehen. Wir müssen uns zur Aufrichtigkeit durchringen. Lügnern und Feiglingen ist die romantische Liebe fremd und unerreichbar.

Aufrichtigkeit und Mut lassen die romantische Liebe wachsen. Unaufrichtigkeit und Feigheit dagegen zerstören sie unweigerlich.

Das bisher Gesagte bedeutet nun keineswegs, daß wir unterschiedslos mit jedem vorübergehenden Gefühl, mit jedem Drang, jedem Impuls, jedem Wunsch, jedem Gedanken «herausplatzen» sollten. Ein solches Vorgehen ist weder durchführbar noch ratsam. Mir geht es hier darum, in großen Zügen aufzuzeigen, welche Kommunikationsweisen der romantischen Liebe dienen und welche ihr schaden. Bei der praktischen Anwendung der dargestellten Prinzipien kommen wir jedoch in keinem Fall ohne Sensibilität, Intelligenz und Berücksichtigung der spezifischen Situationen und Zusammenhänge aus. Das bis hierher Ausgeführte ist kein System von Regeln, die mechanisch befolgt werden können.

Wenn wir zum Beispiel beobachten, daß sich unser Partner gerade selbst mit einem schwerwiegenden Problem herumschlägt, dann sollten wir ihm Gedanken und Gefühle, die ihn zusätzlich belasten würden, nicht gerade zu diesem Zeitpunkt nahezubringen versuchen. Wir können in diesem Fall entweder abwarten oder uns vornehmen, allein oder mit Hilfe eines anderen Menschen damit fertig zu werden. Außerdem ist die Kommunikation, vor allem im Bereich der romantischen Liebe, nicht sehr wirkungsvoll, wenn sie nicht mit Wohlwollen und Respekt einhergeht. Es ist ein großer Unterschied, ob wir unsere Wünsche schlicht, direkt und liebevoll äußern oder ob wir sie mit schriller Feindseligkeit oder voller Groll einfordern. Es wird immer wieder Zeiten geben, in denen wir deutlich erkennen, daß unser Partner im Augenblick nicht in der Lage ist, bestimmte Wünsche zu erfüllen. In einer solchen Situation wird nichts erreicht, wenn wir mit Vorhaltungen und Schuldzuweisungen reagieren.

Dessen ungeachtet bleibt die grundlegende Wahrheit bestehen. Wenn wir also herausfinden wollen, warum die Liebe bei dem einen Paar anscheinend immer noch wächst, während sie bei einem anderen Paar verkümmert, dann sollten wir einmal darauf achten, wie die betreffenden Frauen und Männer miteinander sprechen und miteinander umgehen – wie sie miteinander kommunizieren. Was wir dabei sehen, wird uns die Frage zum größten Teil beantworten.

Die Spiegelung der Sichtbarkeit

Zweifellos gehört zur romantischen Liebe der Wunsch, den anderen zu sehen und von ihm gesehen zu werden, den anderen zu schätzen und von ihm geschätzt zu werden, ihn zu kennen und von ihm gekannt zu werden, ihn zu erforschen und selbst erforscht zu werden, das Gefühl des Gesehenwerdens zu vermitteln und selbst zu empfangen. Wie bereits im zweiten Kapitel aufgezeigt, handelt es sich dabei nicht um ein nebensächliches Charakteristikum der romantischen Liebe, sondern um ihren Wesenskern.

Sprechen wir mit Menschen, die seit einiger Zeit glücklich verliebt sind, dann hören wir häufig Bemerkungen wie die folgenden: «Sie gibt mir das Gefühl, anerkannt zu sein», oder: «Er versteht mich – besser als jeder andere», oder: «In seiner Gegenwart verstärkt sich mein Gefühl, Frau zu sein», oder: «Sie *sieht* mich, nimmt mich wahr, beachtet mich.» Wenn wir beobachten, wie zwei Verliebte einander ansehen, dann werden wir erkennen, welch zentrale Rolle das *Sehen* in der romantischen Liebe spielt. Die Fähigkeit, den anderen zu sehen und ihm mitzuteilen, was man sieht – mit anderen Worten: die Fähigkeit, dem Partner das Gefühl zu geben, sichtbar zu sein –, entscheidet über die Lebensdauer einer leidenschaftlichen Liebesbeziehung.

Wenn wir zwei Partner beobachten, die einander überdrüssig geworden sind, werden wir feststellen, daß sie sich nur selten ansehen, jedenfalls nicht im Sinne eines aktiven Anschauens. Es ist eine Leere in ihren Augen, eine Empfindungslosigkeit und Stumpfheit – als ob sie sich innerlich voreinander verschlossen hätten.

Menschen, die nicht vor der Liebe zurückscheuen, die nicht von der Furcht besessen sind, abgelehnt zu werden, empfinden es als eine der größten Freuden des Liebens, dem Partner eine größere Sichtbarkeit seiner selbst, größere Selbstbewußtheit und ein höheres Maß an Selbstachtung zu ermöglichen. Sie geleiten ihren Partner gern zu immer höheren Stufen der Selbstentdeckung.

Eine solche Haltung erwächst aus echter *Faszination* durch den Partner, aus dem *Wunsch*, den anderen Menschen wirklich zu sehen und zu verstehen, und aus der Einsicht, daß dieses Einander-Kennenlernen niemals abgeschlossen ist. Liebe macht nicht blind – im Gegenteil: Wer liebt, ist fähig, mit allergrößter Klarheit bis auf den Grund des anderen zu sehen. Liebe motiviert und inspiriert ihn zur Entdekkung des anderen. Menschen, die wir nicht lieben, schauen wir normalerweise nicht so eingehend und lange an.

Manchmal höre ich jemanden sagen: «Aber ich verstehe meinen Partner vollkommen. Da gibt es nichts Neues mehr zu sehen oder zu entdecken. Wie könnte es auch anders sein? Wir sind schon seit zehn Jahren zusammen!» Ein Mensch, der so spricht, sagt damit etwas völlig anderes aus, und zwar nicht über seinen Partner, sondern über sich selbst. Er offenbart seine eigene geistige Passivität, die gewöhnlich auch in anderen Lebensbereichen zutage tritt. Wenn wir es nur wollen, gibt es immer noch irgend etwas an unserem Partner zu entdecken – schon allein deshalb, weil sich jeder Mensch fortlaufend weiterentwickelt. Überdies *fördern* wir durch unser Verlangen und Bemühen, unseren Partner zu *sehen*, und durch die Fähigkeit, das immer wieder mit neuen Augen zu tun, den Wachstums- und Entfaltungsprozeß unseres Partners!

Ich denke dabei an Paare aus meinem Bekanntenkreis, die es fertiggebracht haben, ihre Liebe über lange Zeiträume hinweg aufrechtzuerhalten. Diese Menschen fragen sich gegenseitig immer wieder: «Was denkst du? Was fühlst du?» Sie beobachten einander mit aufrichtigem Interesse und neigen sich dem anderen voller Spannung zu; ihre Augen sprühen vor Wachheit. Sie genießen es, dem anderen mitzuteilen, wie sie ihn sehen und empfinden.

Die Faszination innerhalb der Beziehung spiegelt die Lebensfreude wider, die beide Partner als Einzelwesen empfinden. Wegen ihrer Bedeutung für die Erhaltung des Sichtbarseins im besonderen und für das Gelingen der romantischen Liebe im allgemeinen wollen wir nun die Fähigkeit, das Leben zu genießen, genauer untersuchen.

Sichtbarkeit und Lebensfreude

Viele Menschen führen eine Automaten-Existenz: Sie leben von früheren Gedanken, früheren Wahrnehmungen und in der Vergangenheit erworbenem Wissen. Deshalb verliert ihr Leben schon früh seine Frische. Ihre Begeisterungsfähigkeit nimmt rasch ab. Leidenschaftliche Gefühle werden nicht mehr empfunden. Im Grunde genommen tun solche Menschen so, als ob sie eine Art Maschine wären, sprechen aber zugleich mit großer Bestimmtheit davon, daß leidenschaftliche Zuneigung immer kurzlebig sei, genauso wie auch die romantische Liebe unvermeidlich vergehen und alle Begeisterung erlahmen müsse. Diese Menschen irren sich, wenn sie meinen, daß ihre Auffassungen der Realität entsprechen: In Wahrheit reden sie nur über sich selbst.

Häufig wird darauf hingewiesen, daß kreative Menschen gewisse kindliche Züge haben, daß sie unbefangen und spontan wahrnehmen und reagieren. Es gehört zum Wesen der Kreativität, die Fähigkeit zu *bewahren*, das Leben jeden Tag mit neuen Augen zu sehen und deshalb das Unerwartete wahrnehmen, das Ungewohnte begrüßen und dem Neuen aufgeschlossen begegnen zu können.

Dies ist genau die Einstellung, die nötig ist, um eine leidenschaftliche Liebe am Leben zu erhalten – und um dem Menschen, den man liebt, immer wieder zu vermitteln, daß er gesehen, daß er beobachtet wird.

Wenn Sie die Menschen in Ihrer Umgebung beobachten, werden Sie feststellen, daß nicht nur die romantische Liebe bei den meisten bereits irgendwann in den Dreißigern (oder sogar noch früher) abgestumpft und verkümmert ist, sondern daß die Menschen bis dahin praktisch ihre *gesamte* Leidenschaftlichkeit und Begeisterungsfähigkeit verloren haben. Was für einen Sinn hat es also, die romantische Liebe für sich allein zu betrachten? Bei den meisten Menschen, die keinen Sinn mehr für romantische Liebe haben, sind auch alle übrigen leidenschaftlichen Gefühle erloschen. *Sie selbst* sind erloschen.

Muß die romantische Liebe vergehen? Diese Frage greift zu kurz. Sie kann nur lauten: Muß *jegliche* Faszination und Begeisterung vergehen?

Was auch immer wir darauf antworten – wir sprechen stets für uns selbst. Menschen, die sich zu Maschinen gemacht haben, werden – sofern sie sich dessen bewußt sind – beteuern, daß es zum Wesen des Menschseins gehöre, Maschine zu sein. Aber diejenigen, die nicht zu Automaten geworden sind, Menschen, die die Welt jeden Tag mit neuen Augen ansehen und sich freuen, ein Bewußtsein zu haben und es aktiv zu gebrauchen, hören solche verzweifelten Erklärungen mit ungläubigem Kopfschütteln. *Ihre* Erfahrung sieht anders aus.

Zweifellos sind sie in der Minderheit. Aber es gibt sie. Ihre Existenz ist der lebendige Gegenbeweis für viele der Ungereimtheiten, die selbsternannte Experten zum Thema romantische Liebe zu Papier gebracht haben, Experten, denen die Fähigkeit zu erleben sehr früh abhanden gekommen ist, sofern sie sie überhaupt je besessen haben.

Durch das bisher Gesagte soll keineswegs widerlegt werden, daß die romantische Liebe unterschiedliche Stadien durchläuft, daß also das zehnte Jahr einer Beziehung zweifellos in mancher Hinsicht anders erlebt wird als das erste. Aber ich will mir nicht versagen, das Paar zu erwähnen, das zur Beratung kam, als ich gerade diesen Teil des Buches überarbeitete. Obwohl die Meinungsverschiedenheiten zwischen den beiden offen ausgesprochen wurden, brachten sie es während des Gesprächs nicht fertig, einfach nur nebeneinanderzusitzen, ohne sich zu berühren, und dabei war sie zweiundsechzig und er fünfundsechzig Jahre alt!

Lebensfreude ist das, was wir in uns als fließende Energie wahrnehmen, ist die Energie, die wir für unsere Reaktionen zur Verfügung haben. Emotionale Verdrängung, Selbstablehnung, Selbstentfremdung sind Feinde der Lebensfreude und damit der Fähigkeit, dem Partner gegenüber beständig Wertschätzung empfinden und ausdrücken zu können. Die Menschen lernen, sich gegen sich selbst zu wenden und «abzuschalten», um sich vor Kränkungen zu schützen, die Anerkennung anderer oder einen höheren sozialen Status zu erringen – klagen dann aber über Gefühle der Leere und Sinnlosigkeit und über den Verlust intensiver Empfindungen.

Manche gelangen zu der Überzeugung, daß die romantische Liebe zu «eng und selbstsüchtig» und daß Leidenschaft und Lebenslust des einzelnen «sozial bedeutungslos», ja sogar «antisozial» sei. Sie versuchen, sich neue Lebenskräfte zu erschließen, indem sie sich einer «großen Sache» anschließen und unterordnen, einer Lehre, einer Ideologie, einer Bewegung, die «größer ist als man selbst» und die ihnen die Herausbildung eines eigenen Selbst und einer persönlichen Identität zu ersparen verspricht. Unfähig, einen einzelnen Menschen zu lieben, lieben sie «die Menschheit» (Hoffer 1975).

Wir bleiben seelisch lebendig, wenn es uns gelingt, den Kontakt zu unseren Gefühlen, Gemütsbewegungen, Gedanken, Sehnsüchten und Urteilen, zu allem, was die Welt unseres inneren Erlebens ausmacht, nicht abreißen zu lassen. Wir erhalten unsere Beziehungen lebendig, indem wir diese innere Welt *mitteilen*, indem wir sie *offen zeigen*, indem wir sie *ausdrücken* und zu einem Teil unserer *gelebten Realität* machen. Dazu gehört als eine wesentliche Bedingung, daß wir empfänglich bleiben für das, was wir in unserem Partner sehen, für seine Art, uns zu beeinflussen, und für die Gefühle und Gedanken, zu denen er uns anregt. All dies fällt in den Bereich des seelischen Sichtbarseins.

Durch Schweigen, durch das Versiegen des Energieflusses zwischen den Partnern und durch das Fehlen von Erlebnissen wechselseitigen Gesehenwerdens können Beziehungen ausgehöhlt werden. Hier liegt einer der Gründe, warum es so sehr darauf ankommt, unsere Gefühle zu äußern, wenn wir verletzt oder verärgert sind. Andernfalls begraben wir nach einiger Zeit nicht nur unser Gekränktsein und unseren Ärger, sondern damit zugleich auch unsere Liebe und Wertschätzung. Wir werden schweigsam, zurückhaltend, distanziert. Indem wir unsere negativen Gefühle unterdrücken und eine Mauer aus Gleichgültigkeit um uns errichten, gehen uns auch die positiven Gefühle verloren. Unser Partner bereitet uns nun keine Freude mehr, sondern Schmerz, so daß wir uns noch stärker durch Gefühllosigkeit gegen ihn abschirmen müssen. Wir verschließen uns und verweigern dem anderen das Vergnügen, sich von uns wahrgenommen und geschätzt zu fühlen. Es ist nicht schwer zu erkennen, wohin eine Beziehung durch eine solche Entwicklung geführt wird: auf ein totes Gleis.

Wir wissen alle, daß wir uns am meisten geliebt fühlen, wenn wir spüren, daß wir eine Quelle der Freude für unseren Partner sind. Eine nüchterne Bestandsaufnahme unserer Vorzüge, Komplimente, die vor lauter Unbestimmtheit nichts mehr aussagen und ohne Gefühlswirkung sind, erwecken nicht in uns das Gefühl, daß wir bejaht und ernstgenommen werden. Doch das freudige Lächeln auf dem Gesicht unseres Partners, wenn wir zu ihm ins Zimmer treten, der bewundernde Blick, wenn wir etwas vollbracht haben, die Ausdrucksformen sexuellen Begehrens und Genießens, das Interesse an dem, was wir denken und fühlen, die Anerkennung unserer – kaum ausführlich erklärten – Gedanken und Gefühle, die Zeichen der Freude, mit uns in Berührung zu sein oder uns einfach nur zu beobachten – dies sind einige der Mittel, der Zeichen und Verhaltensweisen, die das Erlebnis des Gesehen- und Geliebtwerdens in uns hervorrufen und Realität werden lassen und durch die wir unserem Partner dasselbe Erleben ermöglichen.

Die Furcht, Lebensfreude zu empfinden

Was kann schöner sein, als unserem Partner zu zeigen, welche Lebensfreude er in uns wachruft? Unglücklicherweise sind die meisten von uns dazu erzogen worden, ihre Lebenslust zu verbergen, zu dämpfen, zu unterdrücken und sogar zu ersticken, um dadurch erwachsener zu erscheinen. Das führt dazu, daß wir uns scheuen, unseren Partner wissen zu lassen, wieviel wir für ihn empfinden, wie sehr wir ihn lieben, wieviel Genuß er uns bereiten kann.

Oder vielleicht *wollen* wir unserem Partner alle diese Gefühle mitteilen, aber er entzieht sich uns, sperrt sich dagegen und signalisiert uns, daß solche Botschaften besser unterbleiben sollten, da Freudebekundungen – und seien es solche, die er selbst angeregt hat – Angst in ihm auslösen.

Die Furcht, Lebensfreude zu empfinden, tötet die romantische Liebe.

Zu meinen Kursen gehört eine einfache Gruppenübung: Die Teilnehmer werden aufgefordert, die Augen zu schließen und sich vorzustellen, sie spielten als Kind allein, unbeschwert, fröhlich, voller Unternehmungslust und Energie.

Dann sollen sie sich vorstellen, ihre Mutter und ihr Vater kämen nacheinander ins Zimmer. Die Teilnehmer sollen darauf achten, welche körperlichen Reaktionen durch diese Vorstellung ausgelöst werden, was mit ihrem Atem geschieht, welche Gefühle sich einstellen, ob sich ihre Stimmung verändert.

Die meisten Teilnehmer berichten hinterher von einer starken inneren Anspannung, von dem Impuls, sich zu verschließen, von einem Nachlassen ihrer Fröhlichkeit. Sie erzählen, daß sie ihre Eltern als *Feinde ihrer Lebensfreude* erleben. Sie werden gewahr, in welchem Maße sie gelernt haben, ihre Lebensfreude zu unterdrücken und zu verdrängen, als ein beschämendes Geheimnis anzusehen, das man weder mitteilen noch offen zeigen darf.

Manchmal sage ich zu den Teilnehmern eines Kurses: *«Heiraten Sie nie einen Menschen, der nicht der Freund Ihrer Lebensfreude ist!»* Wenn unser Partner Lebensfreude nicht ertragen kann, wird er schließlich auch die Liebe nicht mehr ertragen können, noch nicht einmal die Liebe, die wir ihm selbst entgegenbringen. Unser Partner kann noch so inbrünstig erklären, er liebe uns – wenn wir ihn nicht als den Freund unserer Lebensfreude empfinden, können wir uns von ihm nicht wirklich gesehen, nicht wirklich geliebt, nicht wirklich akzeptiert fühlen, können wir noch nicht einmal spüren, daß unsere Liebe wirklich angenommen wird.

Wie ich schon wiederholt hervorgehoben habe, ist die Art, wie unser Partner uns behandelt, nur das Spiegelbild seiner Art, sich selbst zu behandeln. Dasselbe gilt natürlich auch für unser Verhalten ihm gegenüber. Wenn wir unsere eigene Lebensfreude nicht akzeptieren und uns nicht die Freiheit nehmen können, sie zu zeigen – wie sollen wir dann hoffen, der Lebensfreude eines anderen Menschen eher gerecht zu werden?

Eine meiner beglückendsten Erinnerungen an Patrecia knüpft sich an den Gesichtsausdruck, mit dem sie mich am Flughafen erwartete, wenn ich von einer Reise zurückkehrte: Ihr Gesicht strahlte Ungeduld, Erwartung und Entzükken aus, so als ob gerade etwas Wunderbares geschehe. Es war ein besonderer Ausdruck, beredter als Worte es je sein können. Wenn ich ihr Gesicht in diesen Augenblicken erblickte, war es mir unmöglich, mich nicht gesehen und geliebt zu fühlen. Sie hatte keine Furcht, Lebensfreude zu empfinden und zu zeigen. Das war Patrecias größte Gabe. Ohne die Kraft, die sie mir gegeben hat, hätte ich dieses Buch nicht schreiben können.

Exkurs:
Die Erprobung der Intimität

Über die Fähigkeit zu wechselseitiger Selbstoffenbarung und wirksamer Kommunikation haben wir bereits gesprochen. Beide Fähigkeiten sind unerläßlich, wenn zwischen einem Mann und einer Frau jene tiefe Intimität entstehen soll, ohne die es keine romantische Liebe gibt. Zur Intimität gehört es, den anderen auf der tiefsten, persönlichsten und privatesten Ebene am eigenen Selbst teilnehmen zu lassen, gehört – in den Worten von Masters und Johnson (1970) – das «wechselseitige Enthüllen seiner Verletzbarkeit». Ich möchte deshalb an dieser Stelle über ein Experiment berichten, das ich die «Erprobung der Intimität» nenne und gelegentlich in der Paartherapie empfehle.

Wenn ich es mit Eheleuten zu tun habe, die einander fremd geworden sind und in einer leblosen, mechanischen Beziehung dahinleben, schlage ich eine bestimmte «Hausaufgabe» vor. Ich fordere die Partner auf, einen Tag ganz allein miteinander zu verbringen, also ohne Bücher, ohne Fernsehen, ohne Telefongespräche. Wenn sie Kinder haben, müssen sie dafür sorgen, daß jemand anders auf sie aufpaßt. Es sind keinerlei Zerstreuungen erlaubt. Die Partner verpflichten sich, zwölf Stunden lang im selben Raum miteinander zu verbringen. Außerdem verpflichten sie sich, den Raum nicht zu verlassen, sich auf keinen Fall dem Gespräch zu entziehen, was auch immer der andere vorbringen mag. Und selbstverständlich darf unter keinen Umständen körperliche Gewalt angewendet werden. Die Partner können mehrere Stunden in absoluter Stille zubringen, wenn sie es wollen, aber sie müssen zusammenbleiben.

Gewöhnlich zeigt sich in den ersten ein oder zwei Stunden eine gewisse Steifheit und Befangenheit; möglicherweise kommt es auch zu Witzeleien oder zu leichter Gereiztheit. Doch nach einer Weile setzt fast immer die Kommunikation ein. Vielleicht spricht einer der Partner über ein Erlebnis, über das er sich geärgert hat. Vielleicht entwickelt sich auch ein Streit. Doch nach weiteren ein oder zwei Stunden wandelt sich die Situation langsam: Es entsteht eine wachsende Nähe, eine neue Vertrautheit zwischen den Partnern. Sehr oft lieben sie sich. Danach sind sie im allgemeinen so froher Stimmung, daß häufig einer von beiden, obwohl es vielleicht erst drei Uhr nachmittags ist, aus Nervosität erklärt, das Experiment sei «gelungen», so daß man nun ruhig ins Kino gehen oder wegfahren oder Freunde besuchen oder überhaupt *etwas tun* könne. Wenn die Partner jedoch an ihrer ursprünglichen Verpflichtung festhalten, stoßen sie nach kurzer Zeit in noch tiefergelegene Bereiche ihres persönlichen Erlebens vor; sie werden einander immer vertrauter, lernen immer neue Aspekte der Persönlichkeit des anderen kennen, finden immer neue Themen, über die sie sprechen wollen. Oft lassen die Partner einander an Gefühlen teilnehmen, die sie noch nie zuvor einem anderen Menschen offenbart haben, und enthüllen Träume und Sehnsüchte, die bisher verborgen geblieben waren. In diesen zwölf Stunden haben die Partner die Freiheit, über alles zu sprechen, *sofern es nur persönlich ist.* Nicht erlaubt sind Diskussionen über Geschäftliches, über Probleme im Zusammenhang mit den Schulleistungen der Kinder, über häusliche Belange und ähnliches. Die Partner müssen entweder über sich selbst, über den anderen oder über die Beziehung sprechen. Nachdem sie eine Situation geschaffen haben, in der alle anderen Reizquellen ausgeschaltet sind, sind sie ganz auf sich selbst und auf den anderen angewiesen, und sie fangen an zu begreifen, was eigentlich Intimität, Nähe, Vertrautheit ist.

Zumeist endet der Tag fröhlich. Manchmal allerdings steht an seinem Ende die Erkenntnis, daß die Beziehung den Bedürfnissen eines der beiden Partner nicht mehr gerecht zu werden vermag und daß die Partner nicht mehr zusammenbleiben wollen. Das bedeutet kein Scheitern des Versuchs, sondern einen Erfolg. Es ist ein Erfolg, weil es tragisch wäre, zwei Leben in einer gefühlsleeren und sinnlosen Ehe zu vergeuden.

Paare, denen ich dieses Experiment zum erstenmal vorschlage, zeigen im allgemeinen typische Reaktionen: entweder freudige Spannung – oder Angst. Jede dieser beiden Reaktionen ist aufschlußreich. Wenn mich der Gedanke, zwölf Stunden «nur» in Gesellschaft meines Gefährten zu verbringen, beunruhigt, so ist das eine Tatsache, der ich mich stellen muß.

Ich habe feststellt, daß eine wenigstens einmal im Monat abgehaltene Zwölfstundensitzung dieser Art für zwei Menschen, die sich lieben, aber nicht wissen, wie sie ihre Beziehung dauerhaft befriedigend gestalten sollen, oder das Gefühl haben, daß sie nicht angemessen miteinander kommunizieren können, erstaunliche Veränderungen in der Qualität der Beziehung hervorzurufen vermag. Eine dieser Veränderungen besteht in der unerwarteten Entdeckung von Kommunikationsfertigkeiten, von deren Vorhandensein die Partner nichts geahnt hatten.

Wenn ein Mensch ständig unterwegs und unablässig damit beschäftigt ist, irgend etwas zu tun, dann bleibt ihm kaum eine Chance, sich selbst zu begegnen. Wir brauchen Zeiten der Stille, um uns in uns selbst zu versenken, um zu erfahren, wer wir sind, und um neue Lebenskraft zu schöpfen. Das gleiche gilt für zwei Menschen innerhalb einer Beziehung. Eine Beziehung erfordert Zeit und *Muße*.

So mögen zwei Partner vom Tennisplatz zum Schachclub und von dort aus zur Diskothek hasten und beteuern, sie lebten ein gemeinsames Leben, ohne jedoch zu bemerken, daß ihnen keinerlei Zeit mehr bleibt, einander zu *begegnen*. Sie sind zusammen, aber sie treffen sich nie.

Kreativität verlangt Muße, einen Freiraum ohne Hetze und Betriebsamkeit, Zeit, in der Geist und Phantasie sich treiben lassen und frei umherschweifen können, Zeit, in der der einzelne in die Tiefen seiner Seele hinabsteigt und sich der leisen, kaum vernehmbaren Signale seines Innern widmet. Dabei mögen lange Zeitspannen vergehen, in denen scheinbar nichts geschieht. Doch wir wissen, daß ein solcher Freiraum nötig ist, wenn der Geist seine gewohnten Bahnen verlassen und sich vom Mechanischen, vom Bekannten, vom Vertrauten, vom Normalen lösen soll, um den Sprung in das Unbekannte zu wagen.

Etwas sehr Ähnliches geschieht, wenn ein Paar sich Zeit für sich selbst nimmt und sich einen Raum schafft, der unberührt ist von der Zerstreuung durch die alltäglichen Beschäftigungen, so daß die beiden Partner, bald schweigend, bald laut vor sich hin denkend, beieinander sitzen und sich von ihren eigenen Gedanken und Phantasien leiten lassen können, bis sie allmählich immer tiefer eindringen in das, was sie sind, was sie fühlen und was sie einander bedeuten. Vielleicht droht dieses Zusammensein von Zeit zu Zeit langweilig zu werden; vielleicht wird dieses Mal nichts geschehen; vielleicht werden die beiden nur dasitzen, während die Zeit sich scheinbar endlos hinzieht. Dieses Risiko müssen wir eingehen. Wer aus Angst, sich zu langweilen oder einmal nichts zu tun zu haben, jeden Augenblick des Tages verplant, kann nicht mehr unter die Oberfläche seines eigenen Geistes vordringen und ist dazu verurteilt, flüchtig und mechanisch im Altbekannten zu leben, denn alles Neue entspringt in jenen Tiefen unserer Innenwelt, die uns nur zugänglich sind, wenn wir uns auch Zeiten des Nichtstuns einräumen.

Natürlich besteht daneben noch ein weiteres Risiko: Es ist möglich, daß beide Partner oder einer von ihnen auf Erkenntnisse über den anderen oder über eigene Gefühle stößt, denen das Paar bisher geflissentlich aus dem Weg gegangen war. Es gibt Beziehungen, die nur deshalb bestehenbleiben, weil die Partner übereingekommen sind, über gewisse Dinge nie und unter keinen Umständen zu sprechen. Für solche Paare stellen Intimität und gemeinsames Alleinsein eine Bedrohung dar. In allen unglücklichen Beziehungen, in denen die beiden Partner dennoch zusammenbleiben, gibt es eine stillschweigende Vereinbarung über das, worüber nicht geredet, was nicht ausgesprochen, nicht eingestanden werden darf – zum Beispiel die Fragen, wie der Mann oder die Frau das gemeinsame Sexualleben bewertet, was der eine oder der andere Partner tut, wenn er allein verreist, wie man eine bestimmte Gewohnheit des anderen findet und so weiter. Derartige Beziehungen sind in bestimmten Bereichen emotional ausgetrocknet. Wenn zwei Partner, die in einer solchen Beziehung leben, einwilligen, meinem Vorschlag zur «Erprobung der Intimität» zu folgen, hegen sie oft heftige Bedenken, daß ihre Beziehung auseinanderbrechen könnte, weil es nicht mehr möglich sein wird, über bestimmte Dinge Stillschweigen zu bewahren. Wenn sie zwölf Stunden allein miteinander verbringen, beginnen sie in vielen Fällen tatsächlich, sich in die verbotenen Bezirke vorzuwagen – oft mit verblüffendem Ergebnis. Entgegen ihren Befürchtungen wird die Beziehung durch das Experiment zumeist nicht zerstört, sondern erfrischt und belebt. Häufig kommt es zu notwendigen Veränderungen in den jeweiligen Verhaltensweisen der Partner.

Wenn Paare, die sich nicht in dieser Form des Zusammenseins üben oder sie ganz ablehnen, hören, daß andere Paare solche Ganztagssitzungen durchführen, reagieren sie manchmal mit der Bemerkung: «Ja, für sie ist es auch einfacher, sie finden sich gegenseitig sehr anregend!» Doch mit der gleichen Berechtigung kann man sagen, daß diese Menschen sich gerade deswegen interessant finden, *weil* sie auf diese Weise eine Zeitlang zusammen sind: *Das regelmäßig durchgeführte «Intimitätsexperiment» hindert sie daran, mechanisch zu leben.**

Es leuchtet sicher ein, daß die Zeitspanne nicht unbedingt zwölf Stunden betragen muß. Sie kann von Fall zu Fall auch kürzer oder länger sein. Auf *keinen* Fall funktionieren wird jedoch folgendes Verhalten: Ein Mann stürzt vom Büro nach Hause, setzt sich zu seiner Frau ins Wohnzimmer, sieht

* Paaren, die in ihrer Beziehung Schwierigkeiten haben, rate ich im allgemeinen zu vier bis sechs solcher Ganztagssitzungen im Abstand von einem Monat.

auf die Uhr und kündigt an: «Wir haben noch eine halbe Stunde Zeit, bevor wir uns für die Party umziehen müssen. So lange können wir uns ganz offen über uns unterhalten. Was möchtest du mir sagen?»

Kein Aphrodisiakum der Welt wirkt stärker und im ganzen gesehen verläßlicher als echte Kommunikation, die vom Wesenskern eines Menschen zum Wesenskern eines anderen Menschen fließt. Dies ist, nebenbei bemerkt, auch einer der Gründe, warum Paare häufig Sex nach einem großen Krach besonders aufregend finden. Durch das ungezügelte Miteinanderstreiten haben die Partner ihre mechanischen Beziehungsmuster aufgebrochen. Doch es gibt andere und bessere Formen der Intimität als Zank und Streit. Das Streiten hat gewiß einen Sinn, aber als Dauereinrichtung und ausschließliche Form des Kontakts wirkt es nicht sehr bestärkend. Wir sollten nicht auf die Kraft des Zorns angewiesen sein, um die Wälle um uns herum niederzureißen. Lieber sollten wir selbst sie zerschlagen lernen, wenn wir an der romantischen Liebe teilhaben wollen.

Nach einem meiner Vorträge über diese Fragen kam einmal ein Paar zu mir, das sich sehr begeistert über das Gesagte äußerte und mir dann verriet, wie glücklich verliebt beide seien – was man ihnen auch ansah. Dann sagte der Mann: «Eines ist mir allerdings noch nicht klar: *Woher nimmt man die Zeit für eine solche Intimität?«* Ich fragte nach seinem Beruf, und er antwortete, er sei Rechtsanwalt. «Eines ist *mir* nicht klar», sagte ich daraufhin zu ihm. «So wie Sie Ihre Frau lieben – es ist Ihnen ja beiden ins Gesicht geschrieben, wie sehr Sie sich lieben –: *Woher nehmen Sie eigentlich noch die Zeit für Ihre Anwaltspraxis?»* Er schaute mich völlig perplex an. «Diese Frage klingt unverständlich, nicht wahr?» sagte ich. «Ich meine, Sie *müssen* sich um Ihre Praxis kümmern, nicht? *Sie ist wichtig.»* In seinen Augen begann ein Funken

Verständnis aufzuleuchten. Ich fuhr fort: «Wenn Sie sich darauf einstellen, daß die Liebe tatsächlich ebensoviel für Sie bedeutet wie Ihre Arbeit, wenn Ihnen Ihre Beziehung zu Ihrer Frau ebenso wichtig ist wie Ihr beruflicher Erfolg, dann fragen Sie nicht mehr: *Woher soll ich bloß die Zeit nehmen?* Dann wissen Sie ganz genau, was zu tun ist.»

Ich wünschte, ich könnte zu Recht behaupten, diesen letzten Grundsatz schon seit jeher beherzigt zu haben. Leider ist es nicht so. Solange wir jung sind, gehen wir oft unbekümmert mit dem Leben und mit der Liebe um. Wir tun so, als ob wir und die, die wir lieben, ewig lebten. Wenn wir zeitweise die Liebe vernachlässigen und unserem Partner wegen der Inanspruchnahme durch die Arbeit oder durch irgendwelche anderen Aktivitäten nicht genügend Rückhalt und Zuwendung geben, trösten wir uns mit der Aussicht: «Später. Ich werde mich später darum kümmern.» Patrecia und ich haben wahrscheinlich sehr viel mehr Zeit allein miteinander verbracht als die meisten Paare ... und dennoch verfolgt mich der Gedanke an die vielen Male, die wir hätten zusammensein können, wenn ich nicht etwas anderes zu tun gehabt hätte, und ich versuche, mich zu erinnern, was mir damals so wichtig erschienen ist. Dies gehört nicht zu meinen frohen Erinnerungen.

Nach meinen Beobachtungen entsteht der stärkste Zeitdruck zumeist nicht auf Grund unserer Arbeit, sondern durch unsere sozialen Beziehungen oder durch das, was wir als unsere gesellschaftlichen Verpflichtungen betrachten. Häufig bilden sie eine Bedrohung, vor der die Liebe geschützt werden muß. Die Zeit, die wir mit unserem Partner in Gesellschaft von Freunden und Kollegen verbringen, kann uns viel Freude bereiten, aber sie vermag nicht das gemeinsame Alleinsein zu ersetzen. Es gibt nichts, was dieses Alleinsein ersetzen könnte. Die Abende, die wir mit

Menschen verbracht haben, die uns gleichgültig sind oder die uns lange nicht so viel bedeuten wie der Mensch, den wir lieben, können später nicht nachgeholt, können nicht rückgängig gemacht werden. Die Möglichkeiten liegen im Hier und Jetzt.

Wenn ich manchmal in der Beratung mit Menschen zu tun habe, die einander offenbar aufrichtig lieben und dennoch sehr sorglos mit ihrer Beziehung und unachtsam mit der Zeit umgehen, möchte ich ihnen am liebsten zurufen: «Wir sind nicht unsterblich! Glauben Sie nicht, daß Sie soviel Zeit haben werden, wie Sie brauchen! Keiner von uns weiß, ob er die nächste Woche noch erleben wird! *Leben Sie hier und jetzt! Geben Sie jetzt Ihrer Liebe Raum!*»

Die Kunst, sich gegenseitig zu stärken

Im Grunde genommen setzen alle Eigenschaften und Einstellungen, die vorhanden sein müssen, wenn die romantische Liebe keimen und wachsen soll, Reife voraus. Dies kann gar nicht stark genug betont werden. Wenn wir nur unsere eigenen Bedürfnisse, nicht aber die des Partners wahrnehmen können, dann begeben wir uns eher in eine Eltern-Kind-Beziehung als in eine Beziehung zwischen Gleichgestellten. Die unabhängigen, einander gleichwertigen Partner der romantischen Liebe nehmen dem anderen nichts, sondern stärken sich gegenseitig.

Einen anderen Menschen zu stärken, heißt in dem hier gemeinten Sinne, ihn vorbehaltlos anzunehmen, seine Souveränität und Integrität zu achten, seine Entfaltungs- und

Selbstverwirklichungsbedürfnisse zu unterstützen und seine Gedanken, Gefühle und Wünsche auf der tiefsten und vertrautesten Ebene *ernst zu nehmen*. Es bedeutet, einen Zusammenhang, eine Umgebung zu schaffen, in der ein Mensch leben und sich entwickeln kann.

Einen anderen Menschen zu stärken, heißt ihn als den zu akzeptieren, der er ist, und dennoch an die in ihm schlummernden unverwirklichten Möglichkeiten zu glauben. Es heißt, unsere eigenen Wünsche und Bedürfnisse diesem Menschen gegenüber offen zu zeigen, ohne je zu vergessen, daß der andere nicht nur zur Befriedigung unserer Wünsche und Bedürfnisse da ist. Es heißt, auf die Stärken und inneren Kräfte des anderen zu vertrauen und dennoch bereit zu sein, Hilfe anzubieten, wenn sie verlangt wird (und manchmal zu erkennen, daß Hilfe nötig ist, auch wenn der andere nicht darum bittet). Stärken heißt, eine Beziehung zu schaffen, in der der andere erfahren kann, daß er zählt, daß er etwas gilt, in der er seine Gedanken und Gefühle zum Ausdruck bringen kann, wenn er es wünscht, und dennoch zu wissen, daß es Zeiten gibt, in denen unser Partner vor allem Schweigen und Alleinsein braucht.

Stärken heißt Zärtlichkeiten ohne Forderungen und Verpflichtungen, heißt Stütze und Schutz, heißt Tränen zuzulassen und Trost zu spenden, heißt, dem Partner unaufgefordert eine Tasse Tee oder Kaffee zu bringen.

Es hat nichts mit Unreife zu tun, daß in jedem von uns noch das Kind weiterlebt, das wir einmal gewesen sind, und daß es Zeiten gibt, in denen auch dieses Kind umsorgt und bestärkt werden will. Wir müssen ein Gespür entwickeln für das Kind in uns und in unserem Partner. Wir müssen eine enge Verbindung zu diesem Kind aufrechterhalten. Einen geliebten Menschen zu stärken heißt, das Kind innerhalb seiner Erwachsenenpersönlichkeit zu stärken und als vollwertigen Teil dessen, was der andere ist, anzunehmen. Stärken heißt, nicht nur die positiven Seiten unseres Partners zu lieben, sondern auch seine Schwächen, nicht nur das, was kraftvoll ist an ihm, sondern auch das Zarte.

Genau diese Art des wechselseitigen Umsorgens und Stärkens können wir bei Männern und Frauen beobachten, die sich lieben und die wissen, wie man liebt. Ihre Fähigkeit, den anderen zu stärken, entspringt der Fülle ihres eigenen Wesens. Die Sensibilität gegenüber ihren eigenen Bedürfnissen macht sie empfänglich für die Bedürfnisse ihres Partners. Die Annahme des Kindes in ihnen macht sie fähig, das Kind in ihrem Partner anzunehmen. Es ist leicht einzusehen, warum die Liebe solcher Menschen wächst und warum eine Liebe verkümmert, wenn ein solches Verständnis, eine solche gegenseitige Stärkung fehlt.

Gestärkt zu werden bedeutet, zu erleben, daß ich gemocht werde. Wenn ich nicht gestärkt werde, bleibt mir das Erlebnis des Gemochtwerdens vorenthalten.

Ich denke dabei an ein Paar aus meiner Bekanntschaft, das sehr verliebt und sehr unreif ist – vor allem die Frau. Die Beziehung dieser beiden Menschen ist gespannt und stürmisch – leidenschaftliche Gefühlsaufwallungen, Tränen, Trennungen und Wiedervereinigungen wechseln sich ab. Der Konflikt zwischen den beiden hat viele Gründe – einer davon liegt jedoch sicherlich in der Unfähigkeit der Frau, ihren Partner zu stärken. Das bedeutet nicht, daß sie gefühllos oder gleichgültig ist. Im Gegenteil: Sie bemüht sich sehr. Sie glaubt, «alles richtig zu machen», und kann nicht verstehen, warum der Mann sich trotzdem unbefriedigt und unerfüllt fühlt. Die Frau tut so, als ob sie ihren Mann stärkt, indem sie ein paar der entsprechenden Verhaltensweisen vorführt, so gewissenhaft sie kann: *«Da schau her, was für ein liebes Mädchen ich bin! Willst du nun auch die Verant-*

wortung für mich übernehmen?» Die stärkende Aktivität dieser Frau ist nicht organisch, ist nicht ihr innerster Antrieb, und sie hat eine manipulative Tendenz – und der Mann spürt das, wenn er auch seine Empfindungen nicht in Worte zu fassen vermag.

Gelegentlich kommt es vor, daß Männer und Frauen sich aufrichtig lieben, ohne sich gegenseitig stärken zu können. Zusätzlich zu dem bisher Gesagten dürften dabei folgende Gesichtspunkte eine Rolle spielen: Sofern wir nicht über ein einigermaßen tragfähiges Fundament an Selbstachtung verfügen, erscheint es uns nicht sehr einleuchtend, daß das, was wir tun, für einen anderen Menschen Bedeutung haben kann. Wir unterschätzen die Wirkung unseres Handelns, wir wissen gar nicht, daß wir die Fähigkeit haben, Einfluß auf einen anderen auszuüben. Folglich kann es vorkommen, daß wir unser *Vermögen*, den geliebten Menschen zu stärken, nicht wahrnehmen. Doch selbst wenn wir uns dieser Fähigkeit bewußt sind, können wir aus der Fülle der in der Vergangenheit angesammelten, unverarbeitet gebliebenen Verletzungen und Ressentiments heraus gegenüber unserem Partner in einer Art und Weise gefühlsmäßig blokkiert sein, die den zur Stärkung eines anderen Menschen notwendigen Fluß der Gefühle und Energien hemmt. Oder wir haben nach jahrelanger Frustration vielleicht unser eigenes Bedürfnis und Verlangen, gestärkt zu werden, so weitgehend verleugnet und unterdrückt, daß wir für das Stärkungsbedürfnis unseres Partners kein Verständnis mehr aufbringen können. Meiner Erfahrung nach gehen zum Beispiel Männer und Frauen, die unempfänglich sind für die Momente, in denen ihr Partner umarmt und gestreichelt werden will, häufig auch mit ihrem eigenen Bedürfnis, umarmt und gestreichelt zu werden, sehr achtlos um. Was auch immer die Gründe sein mögen, die einen Mann und eine Frau davon abhalten, einander zu stärken – in jedem Fall muß die Liebe darunter leiden.

Bei dem eben erwähnten «lieben Mädchen» handelt es sich keineswegs um einen «selbstsüchtigen» Menschen. Im Gegenteil: Ihr Selbst ist zu unentwickelt und unreif – und die Fähigkeit eines Kindes, andere zu stärken, ist sehr begrenzt.

Wenn diese Frau versuchte, «selbstlos» zu handeln, würde das Problem nur noch komplizierter werden. Der Mann hätte dann allen Grund, ihr noch heftiger zu grollen. Wir möchten nicht das Gefühl haben, daß der Partner sich aufopfern muß, um uns zu stärken. Wir wollen spüren, daß seine Eigenliebe an seinen stärkenden Aktivitäten beteiligt ist. Das Problem der Frau besteht nicht darin, daß sie zu «selbstsüchtig» ist, sondern daß sich ihre Selbstsucht nicht auf ihren Partner ausdehnt und ihn miteinschließt. Genau das geschieht jedoch in reifen Liebesbeziehungen.

Der Begriff der Selbstsucht führt uns so direkt zum Kern der reifen, romantischen Liebe, daß wir uns einen Augenblick Zeit nehmen sollten, um ihn noch etwas genauer zu klären.

Liebe und Egoismus

Unter all den Ungereimtheiten, die über die Liebe geschrieben worden sind, ist keine absurder als die Auffassung, die ideale Liebe sei *selbstlos*. Was ich liebe, ist die Verkörperung meiner Werte in der Person des anderen; recht verstandene Liebe ist ein Akt tiefgreifender *Selbstdurchsetzung*.

Egoistisch zu lieben heißt nicht, mit Gleichgültigkeit auf die Bedürfnisse und Interessen des Partners zu reagieren.

Um es noch einmal zu wiederholen: Wenn wir lieben, erweitert sich unsere Vorstellung von unserem Eigeninteresse und dehnt sich auch auf das Wohlergehen unseres Partners aus. Darin liegt die große Huldigung der Liebe: Wir zeigen dem anderen, daß sein Glück für uns von *egoistischem* Interesse ist.

Es wäre schwerlich ein Kompliment, wenn wir einem geliebten Menschen sagen würden, daß sein Wohlergehen und Glück *nicht* von egoistischem Interesse für uns ist. Zu lieben heißt, mich in dir zu sehen und mich durch dich genießen zu wollen – das kann man wohl nicht als uneigennützig bezeichnen. Und doch ist das der Inbegriff der Liebe.

Wenn ich dich akzeptiere und achte, tue ich damit nichts Selbstloses. Wenn ich deine Lauterkeit ehre, tue ich damit nichts Selbstloses. Wenn ich deine Gedanken und Gefühle wichtig nehme, wenn ich dich im Arm halte, wenn ich dich streichle und liebkose, wenn ich dich liebe wie mein eigenes Leben, tue ich damit nichts Selbstloses.

Und wenn wir, die wir uns lieben, so klug sind, Zeit miteinander zu verbringen, in der wir, im alltäglichen Sinne, gar nichts *tun* ... sondern einfach nur zusammen sind, unser Sein miteinander teilen und uns gegenseitig an unseren Gedanken, unseren Gefühlen, unseren Phantasien, unseren Sehnsüchten teilhaben lassen ... wenn wir gemeinsam zu einer Entdeckungsreise in das Selbst aufbrechen, wenn jeder von uns den anderen zu Hilfe nimmt, um immer tiefer in das eigene Selbst einzudringen, wenn wir uns bei dieser Erkundung des Selbst gegenseitig Führer, Förderer, Spiegel und verständnisvoller Zuhörer sind ... wenn wir aus der Liebe einen Pfad der Selbstentdeckung, ein Werkzeug des persönlichen Wachstums, ein Tor zur eigenen Weiterentwicklung machen – haben wir dann nicht die höchste und erhebendste Form intelligenten Eigennutzes gefunden?

Selbstlose Liebe ist ein Widerspruch in sich.

Um das besser zu verstehen, sollten wir uns fragen, ob wir wollen, daß der (die) Geliebte uns *un*eigennützig und ohne eigene Befriedigung streichelt, oder ob wir es vorziehen, daß er (sie) uns liebkost, weil es ihm (ihr) selbst Freude und Lust bereitet? Fragen wir uns auch, ob wir wollen, daß der Partner die Zeit, die er allein mit uns verbringt, als *Selbstaufopferung* erlebt. Oder wollen wir, daß das Zusammensein mit uns für den Partner eine Wonne ist? Wenn wir aber wollen, daß unser Partner Wonne empfindet, daß er unsere Gegenwart und unsere Person freudig genießt, wenn wir wollen, daß er in der Beziehung zu uns leidenschaftliche Zuneigung, Faszination und Entzücken empfindet, dann sollten wir endlich aufhören, die «selbstlose Liebe» zu einem hehren Ideal zu erheben.

Auch in der intimsten und liebevollsten Beziehung müssen wir uns unserer eigenen Bedürfnisse und Wünsche bewußt sein und sie respektieren. Das heißt nicht, daß Kompromisse und Anpassung in einer Liebesbeziehung fehl am Platze wären – das ist ganz offensichtlich nicht so. Doch wenn ich meine eigenen Bedürfnisse und Wünsche zu oft übergehe und opfere, um dem Partner zu gefallen oder um ihn zufriedenzustellen, dann füge ich uns beiden Schaden zu: mir, weil ich meine eigenen Werte verrate, und dem Partner, weil ich ihn zum Empfänger meiner Opfergaben mache und damit zu jemandem, dem ich über kurz oder lang mit Groll begegnen werde. Der Liebe ist mit einem solchen Vorgehen wohl kaum gedient.

Wenn wir einen Menschen treffen, der vorgibt zu lieben, sich jedoch auf die oben beschriebene Kunst des Stärkens nicht versteht, dann leidet dieser Mensch nicht unter «Selbstsucht», sondern unter Unreife. Was die romantische

Liebe erfordert, ist nicht Aufopferung, sondern das einem erwachsenen Menschen gemäße Verständnis von Eigenliebe.

Sex als Ausdruck der Liebe

Beim Gedanken an die Herausforderungen, vor die die romantische Liebe uns stellt, und an all die Hürden, die wir überwinden müssen, um sie zu verwirklichen, fällt es manchmal schwer, nicht zu trauern – um all die Paare, die sich verliebt und dann hilflos mit angesehen haben, wie die Liebe ihnen entglitt, ohne daß sie etwas dagegen tun oder sich erklären konnten, wie und warum das geschah.

Manchmal ist leicht zu erkennen, an welchen Punkten die Menschen sich unverantwortlich, mit absichtlicher oder falscher Unachtsamkeit oder kindlicher Launenhaftigkeit verhalten, und in diesen Fällen spüren wir vielleicht kein besonderes Mitgefühl. Wenn die Gründe für das Zerbrechen der Liebe jedoch komplexer und weniger durchsichtig sind und die Bestürzung des Paares aufrichtiger erscheint, dann kommen wir kaum darum herum, den Schmerz all jener nachzufühlen, die im Dunkeln tastend versuchen, sich ein eigenes Leben aufzubauen.

Ich denke an die, die in einem entfremdeten Verhältnis zur eigenen Sexualität aufwachsen mußten, an die, die ihre sexuellen Reaktionen, Phantasien und Verhaltensweisen nicht als organischen, natürlichen Ausdruck des eigenen Selbst, sondern als etwas beunruhigend Fremdes erleben. Für diese Menschen kann die Liebe zu schwierigen Verstrickungen führen, weil ihr Begehren nicht durch Bewunderung der Person des Partners und Respekt vor den eigenen Wertvorstellungen entfacht wird, sondern einer anderen Instanz gehorcht: einem Selbst, das noch nicht gereift ist.

Wir wissen natürlich, daß Sex und Liebe zwar zusammenhängen, aber dennoch zwei verschiedene Dinge sind. Wir wissen, daß sexuelles Begehren nicht notwendigerweise Liebe voraussetzt. Wir wissen, daß befriedigende Sexualerlebnisse auch ohne viel Liebe möglich sind. Das ist nicht der entscheidende Punkt. Denn wir wissen andererseits auch, daß die größten und intensivsten sexuellen Erlebnisse im Zusammenhang mit Liebe und als Ausdruck von Liebe vorkommen. Wo also liegt das Problem jener, die behaupten, nicht unbedingt heftiges Begehren zu empfinden, wenn sie lieben, und vorgeben, ihre befriedigendsten sexuellen Erfahrungen dann zu machen, wenn ihnen dabei keine Liebe «in die Quere kommt»? Diese Männer und Frauen sind sexuell selbstentfremdet; ihr Liebesleben kann gar nicht anders als unbefriedigend sein. Manchmal versuchen sie das Problem dadurch zu «lösen», daß sie mit gespielter Gleichgültigkeit verkünden, nicht wirklich an der Liebe interessiert zu sein, da diese eher «störend wirkt»!

Vergessen wir nicht, daß sexuelle Selbstentfremdung, so wie jede andere Form der Selbstentfremdung auch, ein seelischer Zustand ist. Das heißt nun aber nichts anderes, als daß unsere sexuellen Reaktionen *ausnahmslos* Ausdruck unseres Selbst, Ausdruck unseres eigenen Wesens sind, auch wenn wir uns dessen nicht unbedingt bewußt sind.

Wie allgemein bekannt, fördern und verstärken die in der Kindheit internalisierten sexualfeindlichen Einstellungen von Eltern und Pädagogen die sexuelle Selbstenfremdung. Sie begründen die Neigung, die eigene Sexualität als die dunklere und weniger akzeptable Seite des Selbst anzusehen. Doch gibt es natürlich vielerlei Ursachen, die zu sexueller Selbstentfremdung führen können.

Wenn wir über eine gesunde Selbstachtung verfügen und fähig sind, uns selbst zu lieben und auch anderen Menschen Liebe entgegenzubringen, ohne uns selbst untreu zu werden, dann wird die Sexualität zum natürlichen und spontanen Ausdruck unserer Gefühle für unseren Partner, für uns selbst und für das Leben. Doch wenn wir im tiefsten Innern unseren eigenen Wert bezweifeln, wenn wir ständig mit dem Gefühl leben, bedroht und verurteilt zu sein, dann werden wir den Sex dazu benutzen, unsere eigene «Schlechtigkeit», wie schon Mama und Papa sie uns vorgeworfen haben, unter Beweis zu stellen, oder um uns umgekehrt selbst zu versichern, daß wir eben *nicht* «schlecht» sind. Wir werden den Sex als Mittel benutzen, einen anderen Menschen zu beherrschen, so daß wir uns selbst «sicher» fühlen, oder um uns in unbewußten Phantasien wieder mit Mutter oder Vater zu vereinigen, und so fort.

Das Bett wird so zu einer Bühne, auf der wir immer wieder das Urdrama unseres Lebens durchspielen. Beispielsweise ist bekannt, daß ein Großteil derer, die innerlich stark auf Macht – genauer gesagt: auf die Ausübung politischer Macht – aus sind, den höchsten Gipfel sexuellen Erlebens tendenziell in sadomasochistischen Akten erreichen (vgl. Janus, Bess und Saltus 1979). Dem Schmerz – der Fähigkeit, Schmerz zuzufügen und (oder) Schmerz zu erleiden – wird dabei emotional ein außerordentlich hoher Wert beigemessen. Solche Menschen erleben ihren höchsten sexuellen Genuß nur selten mit ihrem Ehepartner. Im allgemeinen haben sie nicht den Mut und die innere Freiheit, die Faszination, die Schmerz, Demütigung und Erniedrigung auf sie ausüben, gemeinsam mit ihrem Ehepartner auszuloten, sie ziehen häufig Prostituierte vor.

Das Bett kann der Ort sein, an dem wir unsere Angst vor Intimität ausleben, so daß der Sex nie wirklich über das Niveau einer Masturbation hinauskommt. Das Bett kann der Ort sein, an dem sich zwei Kinder zum Schutz vor den unbegreifbaren Schrecknissen der Erwachsenenwelt bei der Hand fassen. Das Bett kann der Ort sein, an dem ein Mann oder eine Frau unermüdlich um die Liebe und Anerkennung einer ablehnenden Elternfigur ringt.

Das Bett kann aber auch der Ort sein, an dem das Liebesverhältnis eines Menschen mit dem Leben überfließt und ihn in einem alles überschwemmenden Strom des Entzückens und der Erregung davonträgt. Das Bett kann der Ort sein, an dem zwei Liebende im Akt gegenseitiger Huldigung die Grenzen des Fleisches und des Geistes überschreiten und die höchsten Werte ihres Daseins offenbar werden lassen.

Die romantische Liebe erfordert eine Sexualität, die bruchlos in das Selbst integriert ist, eine Sexualität, die nicht als Widerspruch zu anderen Grundwerten der Person erlebt wird.

Wenn wir nicht innerlich gespalten, wenn wir nicht ständig darauf bedacht sind, unseren Wert zu «beweisen» oder sonst etwas zu «beweisen», dann haben wir die Freiheit, uns an unserem eigenen Wesen zu erfreuen, unser Lebendigsein zu genießen und unseren Partner zu genießen und zu schätzen; wir spüren keine Kluft zwischen Geist und Körper, Seele und Leib, Bewunderung und Leidenschaft. Dann denken und fühlen wir aufrichtig, daß unser Partner ein wunderbarer Mensch ist. Wir sind stolz auf das Ziel, auf das unser sexuelles Begehren sich richtet.

Wenn wir unsere jeweiligen sexuellen Reaktionen nicht leiden können, neigen wir unglücklicherweise dazu, sie nicht als zu unserer Person gehörend anzuerkennen, selbst wenn sie unser Verhalten bestimmen. Wir bemühen uns, die

Realität unseres Fühlens und Tuns zu umgehen und zu leugnen und damit die psychische Dimension unserer Sexualität hermetisch verschlossen und von unseren sonstigen bewußten Erfahrungen, von unserem Wissen und unserer Intelligenz getrennt zu halten. Auf diese Weise bleiben wir in unserer Entwicklung hilflos und vor allem völlig *unnötig* stecken. Wir können nicht hoffen, eine Situation zu überwinden, deren Realität wir nicht wahrhaben, nicht anerkennen und fühlen wollen. Daher bleiben wir gefangen in unserer Unreife, in unserer unabgeschlossenen Kindheitsentwicklung, die uns die Freuden und Befriedigungen des Erwachsenenalters verwehrt.

In diesem Zustand des Gefangenseins erleben wir die romantische Liebe nur noch als ein schmerzliches Sehnen nach einem entfernten, unerreichbaren Ideal, das für andere vielleicht erreichbar sein mag, nicht aber für uns selbst.

Von daher läßt sich ermessen, wie ungeheuer wertvoll eine Haltung des nicht von Schuldgefühlen belasteten und freudigen Annehmens unserer Sexualität, unserer eigenen sexuellen Empfindungen und Reaktionen, unseres eigenen Körpers und des Körpers des anderen Geschlechts ist.

Wenn wir die Sexualität nicht als Quelle von Scham und Schuld erleben, sondern als ein Mittel, um uns selbst und unserem Partner zu huldigen, wenn wir den Sex als Ausdruck unserer Lebendigkeit und unserer Lebensfreude erleben, dann haben wir einen wesentlichen Schritt in Richtung auf die Erfüllung der romantischen Liebe getan.

Durch das Geben und Empfangen sexueller Lust versichern Liebende sich immer wieder, daß sie ein Quell der Freude füreinander sind. Freude ist ein Nährboden für die Liebe: Wenn ich mich am anderen erfreue, kann die Liebe wachsen. Andererseits fällt es schwer, sexuelle Vernachlässigung nicht als Ablehnung oder Verlassenwerden zu empfinden, gleichgültig, wie sehr uns auch der Partner seine Liebe beteuern mag. Nein, Sex ist nicht die ganze romantische Liebe; aber kann man sich eine erfüllte romantische Liebe ohne ihn vorstellen? Unter sehr ungewöhnlichen, tragischen Umständen wäre das vielleicht denkbar, doch nie als eine frei gewählte Lebensform. Je intensiver wir die Möglichkeiten des Sex auskosten, desto mehr tun wir für die Liebe.

Bewunderung

Die sexuelle Leidenschaft ist ein wesentlicher Bestandteil der Liebe, doch kann sie allein ein Paar nicht ein ganzes Leben lang zusammenhalten und all die Belastungen abfangen, die eine Beziehung zu tragen hat. Das kann nur die Bewunderung.

Bis hierher haben wir stets vorausgesetzt, daß sich die beiden Partner einer Liebesbeziehung auch bewundern. Leider trifft das keineswegs immer zu. Doch haben Partner in einer romantischen Liebe ohne Zweifel außerordentlich große Schwierigkeiten, den Belastungen standzuhalten, denen ihre Beziehung in jedem Falle ausgesetzt ist, wenn die gegenseitige Bewunderung fehlt.

Die Bewunderung, die zwei Menschen einander entgegenbringen, ist das stabilste Stützsystem, das stärkste Fundament, das eine Beziehung überhaupt haben kann. Auf der Basis wechselseitiger Bewunderung ist die Wahrscheinlichkeit am größten, daß das Paar in der Lage sein wird, mit den Beanspruchungen umzugehen und die Stürme zu überdauern, die unvermeidbar Teil des Lebens sind und damit früher oder später auch in jeder Beziehung eine Rolle spielen.

Vor der Frage «Bewundere ich meinen Partner?» scheuen viele Menschen zurück. Sie haben weniger Furcht zu fragen: «Liebe ich meinen Partner? Begehre ich meinen Partner? Verlebe ich eine schöne Zeit mit meinem Partner?» Wenn ich mich jedoch frage, ob ich meinen Partner bewundere, gehe ich das Risiko ein, auf eine unliebsame Wahrheit zu stoßen – daß ich womöglich mehr durch Abhängigkeit als durch Bewunderung, mehr durch Unreife, Furcht oder Bequemlichkeit an meinen Partner gebunden bin als durch aufrichtige Wertschätzung.

Immer wenn ich das Thema Bewunderung im Zusammenhang mit der romantischen Liebe bei einem öffentlichen Vortrag anspreche, spüre ich deutlich ein unwillkürliches Unbehagen bei manchen Anwesenden, sehe zugleich aber auch Zuhörer – Paare zumeist –, auf deren Gesichtern freudiger Stolz erscheint.

Es mutet seltsam an, wie wenig bewußt viele Menschen mit dieser wichtigen Frage umgehen. Sie können stundenlang über die Schwierigkeiten ihrer Beziehung reden, ohne diese Frage auch nur ein einziges Mal zu berühren.

Ich erinnere mich, daß einmal eine Frau zu mir in die Beratung kam, weil sie sich mit ihrem Ehemann unglücklich fühlte. Sie erklärte, der Grund dafür sei ihr völlig klar. Ich fragte sie, was für ein Mensch ihr Mann denn sei und was sie über ihn denke. Sie antwortete: «Er ist ganz toll! Er bringt mir jeden Morgen das Frühstück ans Bett. Er ist sehr liebenswürdig, kritisiert nie, beklagt sich nie, fordert nie etwas. Er ist so aufmerksam zu mir, wie man überhaupt nur sein kann. Ich habe es in meinem Leben noch bei niemandem so gut gehabt. Er ist wirklich wundervoll!» Ich sagte: «Aber wie sehen Sie ihn sonst, abgesehen davon, wie er Sie behandelt?» Da sprudelte sie spontan heraus: «Er ist schrecklich! Er lügt. Er ist ein Schwächling. Er hat gerade in der Firma, wo er arbeitet, Geld unterschlagen. Er lebt nur von seinem Charme! Er ist ... er ist ein aufgeblasener Niemand!» Als ich sachte nachfragte, ob das vielleicht etwas mit ihrem Unbehagen zu tun haben könnte, schaute sie mich an, als ob ich ihr damit eine jenseits des menschlichen Fassungsvermögens liegende Weisheit enthüllt hätte.

Es gibt eine unabsehbare Reihe innerer und äußerer Belastungsproben, durch die unsere Liebe im Laufe einer Beziehung aus praktisch jedem der bisher in diesem Kapitel beschriebenen Gründe ins Schwanken gebracht werden kann. Wenn das geschieht, kann Bewunderung die Beziehung aufrechterhalten. Wo es an Bewunderung mangelt, haben wir weitaus weniger Toleranz übrig für das, was wir als die Fehler unseres Partners ansehen. Bewunderung bietet uns jedoch nicht nur einen Halt in allen Stürmen, in die wir geraten können, sondern bereichert uns in vielerlei Hinsicht. Wenn wir bewundert werden, fühlen wir uns gesehen, beachtet, geschätzt, geliebt und dadurch in der Liebe zu unserem Partner bestärkt. Wenn wir selbst Bewunderung empfinden und äußern, sind wir stolz darauf, daß wir diesen Partner gewählt haben, fühlen wir uns in unserem Urteil und in unserer Zuneigung bestätigt. Zwei Liebende, die einander nicht nur oberflächlich bewundern, erleben miteinander eine Form des Entzückens, die der Flamme der romantischen Liebe immer wieder neue Nahrung gibt.

Womit wir zum Ausgangspunkt dieses Kapitels, nämlich zu der Bedeutung der Selbstachtung, zurückgekehrt sind. Wenn sich Menschen mit hoher Selbstachtung ineinander verlieben, wird der Kern ihrer Beziehung wahrscheinlich Bewunderung sein. Aller Wahrscheinlichkeit nach werden solche Menschen ihren Partner bewundern und ihrerseits von ihm bewundert werden. In den Beziehungen der Menschen mit niedriger Selbstachtung nimmt Bewunderung dagegen keinen wichtigen Platz ein. Meiner Erfahrung nach ist sie ein Thema, an das solche Menschen im allgemeinen lieber nicht rühren möchten.

Die Liebe wird stärker, wenn ein Mann und eine Frau einander bewundern, und sie schwindet, wenn diese gegenseitige Bewunderung fehlt.

Liebe erfordert Mut

Ein Problem wird kaum je erwähnt, wenn von den Herausforderungen und Schwierigkeiten der romantischen Liebe die Rede ist: Die romantische Liebe kann uns Furcht einflößen.

Wenn wir uns verlieben, erleben wir, daß ein anderer Mensch enorm wichtig wird für uns und unser persönliches Glück. Wir erlauben ihm, in unsere ureigenste innere Welt einzutreten, in die wir vielleicht bisher noch niemanden hereingelassen haben oder von deren Vorhandensein vielleicht noch nie ein anderer erfahren hat. Das heißt, wir liefern uns aus, nicht an den anderen, sondern an unser Gefühl *für* ihn. Ohne ein solches Sichausliefern wäre die Liebe von Anfang an fehlgeschlagen.

Warum ist es problematisch, daß ein anderer Mensch für uns lebenswichtig wird? Wo liegt die Schwierigkeit? Ganz einfach: Die Schwierigkeit liegt in der Möglichkeit des Verlustes, in der Möglichkeit, daß der oder die andere unsere Liebe nicht erwidert, daß seine oder ihre Liebe erkaltet, oder daß er oder sie stirbt.

In meinem Kursus «Selbstachtung und romantische Beziehungen» bitte ich die Teilnehmer, nach Geschlechtern getrennt kleine Gruppen zu bilden, um herauszufinden, wie das Verlangen nach dem anderen Geschlecht gefühlsmäßig erlebt wird. Sehr häufig entdecken die Teilnehmer dabei nicht nur Furcht, sondern auch Wut und Groll in sich: Das Verlangen nach dem anderen schafft eine Verletzbarkeit, die Schrecken – und Zorn in uns auslösen kann.

Meiner Erfahrung nach ist der sogenannte Kampf der Geschlechter in vieler Hinsicht das Resultat der Furcht vor Zurückweisung, Verlassenwerden und Verlust. Oft können Männer und Frauen nur sehr widerstrebend zugeben, wie sehr sie einander brauchen, wie wichtig der andere für den eigenen Lebensgenuß und für die Erfüllung des eigenen männlichen oder weiblichen Potentials ist. Viele empfinden sogar fast so etwas wie Abscheu vor der Tatsache, wie sehr jeder von uns das jeweils andere Geschlecht braucht.

Ich bin davon überzeugt, daß ein Großteil der törichten Behauptungen, die die Frauen in Augenblicken der Kränkung, des Mißtrauens und der Verärgerung über die Männer und diese wiederum über die Frauen aufstellen, lediglich Ergebnis und Reflex vergangener schmerzhafter Erfahrungen des Abgelehnt- und Verlassenwerdens ist. Viele Menschen neigen dazu, ihre Furcht vor der Liebe nicht wahrhaben zu wollen, sich ihr nicht zu stellen und sie nicht als das anzuerkennen, was sie ist. Solche Menschen versuchen, ihre Furcht zu rationalisieren und durch pauschale Verallgemeinerungen über «die Männer» oder «die Frauen» zu rechtfertigen, um nicht mit der Angst und Verwundung konfrontiert zu werden, die in Wirklichkeit die Ursache solcher Äußerungen ist.

Da die meisten schon als Kind das schmerzliche Gefühl des Abgelehntwerdens kennengelernt haben, sind sie bereits auf eine Katastrophe, auf ein Unglück «vorbereitet», wenn sie sich als Erwachsene verlieben. Sie «wissen», daß

Liebe Schmerz, Kränkung, Nichtangenommenwerden und Verlust bedeutet. Vielleicht sind sie auch, zusätzlich zu ihren Kindheitserfahrungen, aus früheren Liebeserlebnissen emotional verwundet hervorgegangen. Von daher «wissen» solche Menschen, daß Liebe Qual bedeutet.

Weiter oben habe ich über die wichtige Rolle der Kommunikation gesprochen. Die Furcht vor der Liebe bildet selbst schon eine massive Kommunikationsbarriere. Wenn sich ein verliebtes Paar streitet, geschieht es häufig, daß sich beide Partner verschließen und sich von der Tiefe ihrer Gefühle füreinander lossagen, um sich zu schützen für den Fall, daß sich die Dinge zwischen ihnen nicht wieder ins Lot bringen lassen sollten. Die beiden werden unpersönlich, unerreichbar, ja sogar feindselig. Sie fürchten sich, wollen ihre Furcht aber nicht eingestehen. Statt dessen errichten sie Verteidigungswälle und verbarrikadieren sich dahinter. Sie bleiben nicht offen und verletzlich. Dadurch wird die Kommunikation blockiert, wenn nicht sogar ganz unterbunden. Die Partner drücken in ihrem Sprechen nicht das aus, was sie wirklich empfinden. Was sie äußern, wirkt eher verschleiernd, weil sie nicht wagen, ihre tiefsten Gefühle auszusprechen. Aus diesem Grund kann die Lösung von Konflikten sehr erschwert werden. Die Partner beginnen ihr inneres Leben hinter Masken zu verstecken.

Viele Männer tragen, bewußt oder unbewußt, feindselige Gefühle gegenüber Frauen mit sich herum, und ebenso hegen viele Frauen, bewußt oder unbewußt, feindselige Gefühle gegenüber Männern. Dies entspricht nicht dem Wesen des Lebens, kann ihm gar nicht entsprechen. Männer und Frauen brauchen einander. Sie sollten deshalb Freunde sein. Statt dessen machen die Furcht, verletzt zu werden, und die Vorwegnahme möglicher Kränkungen allzuoft Feinde aus ihnen.

Es ist nicht diese Furcht als solche, die Schaden anrichtet, sondern die Verleugnung der Furcht, die Weigerung, sie anzuerkennen und ehrlich mit ihr umzugehen. Jeder der Partner spürt die Feindseligkeit des anderen, so daß seine eigene Furcht und Feindseligkeit noch verstärkt wird. Wenn überhaupt eine Liebesbeziehung daraus wird, dann eine Liebesbeziehung zwischen zwei Festungen.

Wenn etwas schiefgeht zwischen ihnen, sagen der Mann und die Frau nicht: «Ich liebe dich und habe Angst, dich zu verlieren.» Sie sagen: «Ich bin mir nicht mehr so sicher, ob ich dich wirklich liebe.» Es erfordert Mut zu bekennen: «Ich fürchte mich.» Wenn dieser Mut nicht aufgebracht wird, ist der Preis oft die Zerstörung einer Beziehung. Und wer durch seine Feigheit eine Reihe von Beziehungen ruiniert hat, ist schließlich nur allzu aufnahmebereit für die Einflüsterungen jener, die ihm vorgaukeln möchten, die romantische Liebe sei ein Wahn. Lieber die Verantwortung auf die romantische Liebe schieben als einzusehen, daß sie kein Zeitvertreib für Verzagte ist!

Mir sind schon viele Männer und Frauen begegnet, die mir von ihrer Furcht vor der romantischen Liebe erzählt haben – und zwar nicht im Sinne einer Furcht vor Zurückweisung oder Verlassenwerden, sondern im Sinne einer Furcht vor Selbstverlust. Es besteht Furcht davor, daß die romantische Liebe eine Aufgabe der persönlichen Identität bedeuten, ja daß der (oder die) Geliebte einen tatsächlich mit Haut und Haar vereinnahmen könnte. Ich habe eine solche (ernstgemeinte) Befürchtung jedoch nie von einem Menschen mit hoher Selbstachtung und einem starken Bewußtsein seiner persönlichen Autonomie gehört. Im Gegenteil: Nach meiner Erfahrung zeigen gerade die Männer und Frauen, die selbstsicher und selbstbewußt sind, am wenigsten Angst, sich der Liebe zu überlassen. Mein Eindruck ist, daß die Menschen, die in dieser Weise über ihre Furcht vor Selbstverlust sprechen, damit unwissentlich eingestehen, wie sehr sie sich nach Liebe sehnen, wie dringend sie Liebe brauchen und wie stark sie befürchten, dafür alles – ihren Geist, ihre Werte, ihre Integrität – opfern zu müssen. Wenn das zutrifft, dann liegt das Problem in mangelnder Autonomie und unterentwickelter persönlicher Identität, aber nicht im Wesen der Liebe.

Manchmal habe ich erlebt, daß Männer und Frauen die Liebe als Bedrohung für ihre Arbeit bezeichnen. Sich der Liebe hinzugeben, so sagen sie, hieße, ihr totales Engagement für ihre berufliche Karriere zu untergraben. Als ein Mann, der sein ganzes Leben lang leistungsorientiert gewesen ist und ziemlich genau weiß, was es heißt, die Arbeit zu lieben, habe ich dieses Argument auch nicht einen Augenblick für wahr gehalten. Ich bin davon überzeugt, daß es nur eine Rationalisierung der Furcht vor Intimität darstellt. Manche Leute äußern darüber hinaus die Furcht, der oder die Geliebte könnte das eigene Arbeitsbedürfnis nicht respektieren, so daß sie selbst, aus Angst, dem Partner zu mißfallen, ihre Arbeit vielleicht nicht mehr genügend ernst nehmen würden. Dies ist praktisch das gleiche Problem wie das des Menschen, der sich davor fürchtet, seine Identität in der Liebesbeziehung zu verlieren. Es ist ein Problem ungenügender Selbstdurchsetzung und unzureichender Autonomie. Es ist ein Problem mangelnder Reife. Wenn ein Mensch dieses Problem hat und nicht weiß, wie er damit fertigwerden soll, ist es natürlich besser, dieser Tatsache bewußt ins Auge zu sehen und intime Beziehungen gar nicht erst anzustreben. Doch das ist kaum je die Lösung, für die solche Menschen sich entscheiden. Sie wollen Liebe, sie wollen Beziehungen, sie wollen die Ehe, allerdings ohne die Bedingung, die mit einer ernsthaften Bindung verknüpft ist: Die Verpflichtung, auf ihren eigenen Füßen zu stehen, wollen sie nicht; in der Beziehung anwesend sein, wollen sie nicht, außer in unvorhersagbaren Momenten; und ihr Partner soll das ohne zu fragen und zu klagen akzeptieren und den Anschein aufrechterhalten, daß wirklich ein Liebesverhältnis bestehe. Was diese Menschen wollen, ist also ein Widerspruch: Sie wollen lieben und zugleich nicht lieben.

Doch selbst wenn wir keinen dieser Fehler gemacht haben, selbst wenn wir in der Kindheit oder in vergangenen Liebesbeziehungen nicht unter Zurückweisung zu leiden hatten, selbst wenn wir mit keiner der bisher beschriebenen Ängste und Zweifel an die Liebe herangehen – eine äußerste, nicht zu verleugnende Bedrohung schwebt dennoch immer über uns: der Verlust des geliebten Menschen durch den Tod. Wir sollten uns nicht mit dieser Vorstellung quälen, doch andererseits können wir auch nicht so tun, als existierte dieses Problem nicht. Auch wenn wir so klug sind, diese Tatsache gelassen hinzunehmen, müssen wir uns ihr doch zuerst einmal stellen, müssen sie anerkennen und uns mit ihr vertraut machen. Und das wiederum erfordert Klarheit, Aufrichtigkeit und – Mut.

Als ich in meinem tiefsten Schmerz über Patrecias Tod bemerkte, daß ich dabei war, mich wieder in eine Frau zu verlieben, durchlitt ich manchmal unbeschreibliche Qualen. Ich war gezwungen, mich in tiefster Seele mit der erschreckendsten Seite der romantischen Liebe auseinanderzusetzen.

Ich habe bereits an früherer Stelle von der Kunst gesprochen, die eigenen Gefühle zu akzeptieren, nicht gegen die Realität anzurennen und das eigene Erleben ungehindert fließen zu lassen. Nie wird unser Verständnis dieses Grundsatzes erbarmungsloser auf die Probe gestellt als wenn wir mit dem Verlust eines geliebten Menschen durch den Tod fertig werden müssen. Wenn der Organismus sich erholen, wenn überhaupt jemals wieder emotionales Wohlbefinden möglich werden soll, müssen wir klagen, müssen wir trauern. Doch das ist ein unsagbar leidvoller Prozeß.

Es geht nicht einfach darum, Schmerz zuzulassen. Es geht um die Bereitschaft, *alles* zu erleben, also ohne Zensur oder Selbstvorwürfe all die Gefühle, Gedanken und Phantasien anzunehmen, die in solchen Zeiten in uns aufsteigen und uns Schmerz bereiten.

Um ein klareres Bild dieser Situation zu vermitteln, muß ich in groben Zügen schildern, wie mein Leben im Jahr nach Patrecias Tod verlief.

Immer wieder fühlte ich das Grauen über den Unfall und den Verlust in mir hochsteigen und spürte, wie mein Körper sich in Erwartung der Qual unwillkürlich anspannte. Ich sagte mir dann: «Atme tief ein! Kämpfe nicht! Nimm es an!» Manchmal fühlte ich mich von Schuldgefühlen und Selbstvorwürfen überfallen, aber ich unternahm keinen Versuch, mir selbst zu beweisen, daß diese Gefühle irrational seien. Statt dessen sagte ich mir: «Heute ist eben ein Tag, an dem du dich schuldig fühlst. Nimm auch das an!» Manchmal erwachte ich morgens in einer Stimmung unerklärlicher Euphorie, die schon Minuten oder auch Stunden später in Tränenausbrüche oder tierische Klagelaute überging. Auch dann konnte ich nichts anderes tun als zu akzeptieren, nicht dagegen anzukämpfen, sondern alles geschehen zu lassen. Ich konnte nichts anderes tun als meinem Organismus zu erlauben, alles zu tun und zu erleben, was er jetzt brauchte. Manchmal, und völlig unvorhersehbar, empfand ich heftige sexuelle Gefühle oder starke Wut, ein anderes Mal ein niederschmetterndes Gefühl der Ohnmacht. Es gab Tage, an denen mir auf einmal jedes kleine Detail in Patrecias Verhalten wieder einfiel, das mich je an ihr gestört hatte, als ob ich durch die Konzentration auf wirkliche oder vermeintliche Fehler die Schwere meines Verlustes mildern könnte. Ich versuchte, nicht gegen dieses Empfinden anzukämpfen, ich versuchte, nichts zu ändern oder zu beschönigen. Ich ließ einfach geschehen, beobachtete und wartete. Am schlimmsten waren vielleicht jene Momente, in denen mein Inneres auseinanderzufallen schien, als ob sich Geist und Körper auflösten und ich ins Bodenlose stürzte. Ich meinte zu hören, wie jede einzelne Zelle meines Körpers Patrecias Namen rief.

Natürlich gab es auch Zeiten, in denen ich doch gegen diese Gefühle ankämpfte, Zeiten, in denen ich mich sperrte, in denen mir alles zuviel wurde und mein ganzer Körper sich zu einem geballten «Nein!» zusammenkrampfte. In solchen Momenten kam es darauf an, *den Widerstand zu akzeptieren*, das Kämpfen und Verleugnen zuzulassen, es zu durchleben – und abzuwarten.

Es war ein vertrauensvolles Geschehenlassen. Ich hatte Vertrauen zu den Selbstheilungskräften des Organismus. Ich vertraute darauf, daß die Integration, das heilende Wiederganzwerden schließlich zustande kommen würde, wenn ich mich bemühte, mein Erleben nicht zu verleugnen und auch das Auftreten von Momenten des Nichtakzeptierens zu akzeptieren. Genau das ist auch geschehen – und es geschieht weiterhin.

Doch mich noch in den schmerzhaften Kämpfen dieses Prozesses wieder einer Frau zu öffnen und zuzulassen, daß mir an einem anderen Menschen etwas liegt, daß ein anderer Mensch fundamental, rückhaltlos und ohne Einschränkung für mich zählt – das hieß prinzipiell, mich irgendwann in der Zukunft möglicherweise erneut solchen Qualen auszusetzen. An dieser Stelle war ich gezwungen, dem größten Schrecken der romantischen Liebe ins Auge zu sehen.*

Ich habe großes Glück gehabt: Die Frau, in die ich mich verliebt habe, ermuntert mich nicht nur, meine Ängste hinsichtlich meiner neuen Liebe auszusprechen, sondern auch alle Gefühle mit ihr zu teilen, die ich noch immer Patrecia gegenüber empfinde. Ich brauchte und brauche nie etwas zu verbergen oder zu verheimlichen.

Was können wir tun, wenn wir dieses Grauen erleben, das ich eben geschildert habe? Wir nehmen es an. Wir äußern es. Wir sprechen darüber. Wir tun nicht so, als ob es nicht da wäre.

Nicht die Angst vor Verlust zerstört uns, sondern das Verleugnen dieser Angst. Wenn wir sie anerkennen und ausdrücken, merken wir, daß sie nach und nach abklingt. Doch selbst wenn sie noch da ist, verführt sie uns nicht zu Verhaltensweisen, durch die wir die Liebe sabotieren. Erst wenn wir sie ins Unbewußte abdrängen, wenn wir sie verleugnen, werden wir unwissentlich zu ihrem Opfer. Auf unerklärliche Weise ziehen wir uns zum Beispiel plötzlich vor unserem Partner zurück, werden übertrieben kritisch, machen uns Gedanken, ob wir uns nicht vielleicht doch nach unserer Freiheit sehnen, oder vollführen irgendein anderes Manöver, das unser Glück untergräbt.

Immer ist Unbewußtheit der Feind und Bewußtheit die Lösung. Die Lösung heißt Wahrnehmen, Akzeptieren, Ausdrücken.

Ich habe am Anfang des Buches erwähnt, daß ich die romantische Liebe als eine der großen Herausforderungen

* Manchmal wird dieses Entsetzen auch erlebt, wenn ein Mensch nicht nach einem Todesfall, sondern nach einer unerträglich schmerzhaften Scheidung von neuem liebt. Das Prinzip – und das Problem – bleibt sich jedoch gleich.

und eines der großen Abenteuer unseres Daseins ansehe. Sie fordert viel von uns. Sie fordert einen hohen Stand der Persönlichkeitsentwicklung. Und sie ist so mitleidlos wie das Gesetz der Schwerkraft. Wer nicht bereit ist, fällt. Wer noch nicht reif ist, scheitert.

Doch selbst wenn wir den Anforderungen der Liebe genügen, möchten wir gern wissen, ob sie für immer halten wird. Wir möchten wissen, ob sie zur Ehe führen wird oder führen soll. Wir fragen uns: Was ist der Sinn der Ehe? Auch wenn wir unseren Ehepartner lieben, überlegen wir, ob wir nicht möglicherweise irgendwann einen anderen lieben und begehren werden. Wohin wir sehen, schreitet das Leben fort und verändert sich; wir fragen uns, ob die romantische Liebe eine Ausnahme machen kann.

Wenden wir uns nun diesen und anderen Fragen zu.

Ehe und Scheidung: Ein Bund fürs Leben?

Wenn sich zwei Menschen aneinander binden, wenn sie ihr Leben mit all seinen Freuden und Mühen miteinander teilen, wenn sie das Wesen ihrer Beziehung auch ihrer Umwelt gegenüber deutlich machen und ihr damit einen sozial objektiven Charakter verleihen möchten, fassen sie oft den Entschluß zu heiraten. Um ihre Entscheidung zu äußern, in eine würdige Form zu kleiden und nach außen hin zu objektivieren, geben sie damit ihrer Beziehung einen festen, gesellschaftlich vorgegebenen Rahmen.

In der Institution der Ehe, wie sie heute besteht, drückt sich sicherlich unser Wunsch, vielleicht sogar unser Bedürfnis nach festen Strukturen aus. Das heißt nicht, daß jedes verliebte Paar gleich ans Heiraten dächte. Im Gegenteil: Mehr und mehr Paare entscheiden sich heute, ohne gesetzliche Eheschließung zusammenzuleben. Wenn sie sich jedoch zur Heirat entschließen, ist ihr Motiv meiner Ansicht nach am ehesten von dem sehr menschlichen, sehr natürlichen Wunsch nach festen Formen her zu begreifen.

Wir kennen die juristischen und finanziellen Gesichtspunkte, die die Ehe häufig wünschenswert erscheinen lassen, Gesichtspunkte, die sich auf den Schutz der Kinder, auf Erbschaftsfragen und so weiter beziehen. Diese praktischen Überlegungen sind selbstverständlich nicht ohne Bedeutung. Ich glaube jedoch nicht, daß sie in den Augen der meisten Menschen das Wesen der Ehe oder den Hauptgrund für ihren Entschluß, zu heiraten, ausmachen.

Der Wunsch, sich in eine feste Struktur einzufügen, ist wohl kaum irrational. Irrational ist höchstens die Vorstellung, eine Struktur als solche könnte alle Probleme der zwischenmenschlichen Beziehungen lösen. Das kann sie ganz bestimmt nicht.

Die Ehe wurde weder durch die Kirche noch durch den Staat geschaffen. Beide Institutionen haben sich jedoch das Recht herausgenommen, Beziehungen, die sich aus den Entscheidungen und Bedürfnissen einzelner Männer und Frauen heraus entwickelt haben, zu sanktionieren, abzusegnen – kurzum: zu kontrollieren. Dieser Punkt verdient besondere Aufmerksamkeit, weil nämlich die Ablehnung der kirchlichen und staatlichen Einflußnahme auf die Eheschließungen manchmal zu Vorbehalten gegen die Ehe selbst führt. Es geht dabei jedoch um zwei völlig unterschiedliche Dinge.

Das Wesen der Ehe – vor allem in dem Sinne, in dem wir uns hier mit ihr beschäftigen – liegt weniger auf gesetzlicher als auf psychologischer Ebene. Es gibt Menschen, die ohne

Trauschein zusammenleben und psychologisch gesehen dennoch echter verheiratet sind als andere, die sich formal haben trauen lassen. Die Kernfrage ist die der inneren *Bindung*.

Dazu gehört zunächst einmal, die Bedeutung des anderen Menschen für unser Leben ohne Widerstreben oder Verleugnung zu akzeptieren. Dazu gehört, daß wir unseren Partner als wesentliche Voraussetzung für unser Glück empfinden und imstande sind, in Harmonie mit diesem Gefühl zu leben. Dazu gehört darüber hinaus, daß sich unser Eigeninteresse ausdehnt und auch die Interessen des geliebten Menschen mit einschließt, so daß das Glück und Wohlergehen unseres Partners persönliche und eigennützige Bedeutung für uns erlangt. Ohne unsere Individualität zu leugnen oder aufzugeben, haben wir das Gefühl, vor allem im Hinblick auf die übrige Welt, eine Einheit zu bilden. Wir haben das Gefühl, verbündet zu sein: Wer meinem Partner Schaden zufügt, fügt auch mir Schaden zu. Mehr noch: Schutz und Erhaltung der Beziehung gehören zu meinen obersten Prioritäten, was bedeutet, daß ich niemals wissentlich oder absichtlich unsere Beziehung gefährde, sondern die Bedürfnisse der Beziehung hochachte und versuche, sie nach bestem Vermögen zu erfüllen.

Wenn all dies zu einer echten Bindung gehört, ist leicht einzusehen, daß in den meisten Ehen keineswegs ein volles Engagement für die Beziehung aufgebracht wird.

Viele, die in glücklichen Zweierbeziehungen zusammenleben, werden jetzt fragen: «Wozu das ganze Kopfzerbrechen? Genügt es nicht, daß wir uns lieben? Warum heiraten? Vor allem, da wir doch keine Kinder haben wollen!» Die Ehe ist keine Verpflichtung, sondern eine freie Entscheidung. Niemand kann plausibel erklären, warum zwei Menschen heiraten «sollten». Niemand kann dafür Regeln aufstellen. Wenn ein Paar außerhalb des formalen Rahmens der Ehe zusammenleben will, gibt es keinen Grund, ihm das ausreden zu wollen. Die Ehe ist ein zu schwieriges und unsicheres Unterfangen, als daß man es ohne uneingeschränkte, vorbehaltlose Begeisterung antreten sollte. Gleichzeitig drängt sich – durch einige neuere Studien unterstützt – der Eindruck auf, daß Abneigung gegen die Ehe bei vielen Menschen mit *Bindungsangst* gekoppelt ist, mit der Angst, sich *überhaupt* jemals ganz und rückhaltlos auf eine Beziehung einzulassen.

Die Fähigkeit, eine Bindung der Art einzugehen, wie die Ehe sie erfordert, setzt Reife voraus. Sie setzt unter anderem auch eine gewisse Einsicht, ein Wissen voraus, das die Wahl eines Partners ermöglicht, mit dem wir mit einiger Wahrscheinlichkeit eine solche Bindung aufrechterhalten können. Die Wahrscheinlichkeit, daß eine Ehe geschieden wird, ist bekanntlich um so größer, je jünger das Paar zum Zeitpunkt der Heirat ist. Dies kann kaum überraschen. Das ideale Gebäralter fällt leider nicht mit dem idealen Heiratsalter zusammen. Wir müssen mit der Tatsache leben, daß die Mehrzahl der jungen Ehen wieder geschieden wird, und es spricht alles dafür, daß die Scheidungsrate in Zukunft sogar noch weiter steigt. Scheidung ist immer mehr zu einer normalen Lebenserscheinung geworden; mittlerweile stellt sie nicht mehr eine *Abweichung* vom normalen Verhaltensmuster dar, sondern ist *selbst* zu einem normalen Verhaltensmuster geworden.

Und doch heiraten die meisten Geschiedenen erneut. Den Statistiken über zweite und dritte Ehen zufolge haben sie vielleicht die Freude an einem bestimmten Partner eingebüßt, nicht aber die Begeisterung für die Ehe als solche. Für die meisten Männer und Frauen ist die Ehe nach wie vor die bevorzugte Lebensform.

Obwohl die lebenslange Einehe in unserem Kulturkreis immer noch mehr oder weniger unangefochten als Ideal gilt, wird die soziale Realität eher durch ein anderes Verhaltensmuster gekennzeichnet, nämlich das der *seriellen* Monogamie: Wir führen nur mit jeweils einem Partner eine Ehe, heiraten im Laufe unseres Lebens aber vielleicht nacheinander zwei oder drei verschiedene Partner.

Diese Situation ist keineswegs als Unglück oder als Tragödie aufzufassen. Sie deutet nicht unbedingt darauf hin, daß wir die Ehe auf die leichte Schulter nähmen oder verantwortungslos handelten. *Es ist ein Irrtum anzunehmen, daß eine Ehe wertlos sei, wenn sie nicht für immer andauert.*

Der Wert einer Ehe bemißt sich nicht nach ihrer Dauer, sondern nach der Freude, die sie bringt. Es ist nichts Bewunderungswürdiges an einem Ehepaar, das es fünfzig Jahre miteinander aushält, obwohl beide durch und durch frustriert und unglücklich sind.

Außerdem wäre es falsch anzunehmen, daß die Aufeinanderfolge mehrerer Ehen nur wegen der Unreife der Menschen mehr und mehr zur Norm wird – nur weil die meisten nicht wissen, wie sie sich in einer Liebesbeziehung verhalten oder nach welchen Kriterien sie überhaupt vernünftigerweise ihren Partner aussuchen sollen. So wichtig diese Überlegung auch sein mag, weist sie doch nur auf einen der Gründe hin, die dazu führen, daß Ehen auseinanderbrechen.

Wir müssen anerkennen, daß das Leben seinem Wesen nach Veränderung und Wachstum ist. Zwei Menschen, von denen jeder in seiner Entwicklung einen anderen Pfad verfolgt, können zu einem Zeitpunkt aufeinandertreffen, in dem ihre Wünsche und Bedürfnisse übereinstimmen; zur großen Freude und Bereicherung beider können sie einander ein Stück ihres Weges begleiten. Es kann jedoch eine

Zeit kommen, in der ihre Wege auseinanderstreben, in der starke Bedürfnisse und Wertvorstellungen die beiden in unterschiedliche Richtungen treiben und es notwendig machen, einander Lebwohl zu sagen. Dies ist zweifellos schmerzhaft. Jeder von uns will sich anklammern, will das Vergangene festhalten. Manchmal sträuben wir uns verzweifelt gegen die Kräfte in uns, die uns in neue und unbekannte Situationen drängen.

Ich denke dabei an eine Liebesgeschichte, die sich zwischen einer zweiundzwanzigjährigen Frau und einem einundvierzigjährigen Mann abspielte und die ich von fern miterlebte. Der Mann hatte sich erst vor kurzem aus einer unglücklichen Ehe gelöst, die Frau hatte eine höchst frustrierende Beziehung zu einem sehr unreifen Jungen beendet. Bei dem älteren Mann fand sie nun eine Reife, wie sie sie noch nie bei einem Mann erlebt hatte, verbunden mit einer Lebensfreude, die ihrer eigenen nicht nachstand; der Mann fand in ihren Augen die Bejahung seiner Begeisterungsfähigkeit und eine eigene strahlende Fröhlichkeit, wie er sie bei seiner früheren Frau nicht gekannt hatte. Die beiden verliebten sich ineinander und waren eine Zeitlang rauschhaft glücklich. Nach einiger Zeit kamen jedoch allmählich und fast unmerklich Reibungen zwischen ihnen auf. Sie wollte frei sein, spielen, experimentieren – mit einem Wort: jung sein; er dagegen wünschte sich die Sicherheit einer festen Bindung. Nach und nach erkannten sie, wie unterschiedlich ihre jeweiligen Entwicklungsstadien und dementsprechend auch viele ihrer Wünsche und Bedürfnisse waren. Sie sahen sich gezwungen, sich zu trennen. War ihre Beziehung deshalb ein Fehlschlag? Sie würden es wohl kaum so nennen. Jeder von ihnen hat dem anderen etwas Schönes, Bereicherndes und Erinnernswertes gegeben.

Manche Paare entscheiden sich dafür, die Erhaltung der Beziehung über andere Wachstums- und Entwicklungsbedürfnisse zu stellen, und unterdrücken den Impuls, neue Wege einzuschlagen. Der Wunsch, das in der Beziehung Erreichte zu sichern, gewinnt Vorrang gegenüber den übrigen Entfaltungsmöglichkeiten der Partner. Man kann sich so entscheiden. Jeder von uns nimmt sich, was er will, und bezahlt dafür. Manchmal überlebt die romantische Liebe eine solche Entscheidung, manchmal allerdings auch nicht.

Exkurs:
Prozeß versus Struktur

Sehr häufig hört man in den letzten Jahren Behauptungen wie: «Die Monogamie hat ausgedient» oder: «Die Ehe funktioniert nicht mehr.» In gewisser Hinsicht ist an solchen Ansichten etwas dran. In anderer Hinsicht sind sie dagegen völlig irreführend. Tatsache ist, daß nichtmonogame Formen des Zusammenlebens ebenfalls scheitern, daß Beziehungen auch auseinanderbrechen, wenn die Partner nicht geheiratet haben. Bei den meisten klappt *keine* Form des Zusammenlebens.

Es gibt keine Anzeichen, die zu der Annahme berechtigten, Unverheiratete seien glücklicher als Verheiratete. Das Gegenteil trifft zu. Und es deutet auch nichts darauf hin, daß nichtmonogam lebende Menschen glücklicher seien als zur Monogamie neigende. Jede Alternative bringt ihre eigenen Probleme und Schwierigkeiten mit sich.

Wenn man mich fragt, ob ich an die Monogamie (genauer gesagt: an sexuelle Ausschließlichkeit) und an die Ehe glaube, kann ich die Frage so nicht beantworten. Es geht nicht um Glauben oder Nichtglauben. Die Frage geht von einer falschen Voraussetzung aus.

Sie impliziert, daß eine bestimmte Form menschlichen Zusammenlebens anderen Formen prinzipiell überlegen sei – unabhängig davon, um was für Menschen es sich handelt, welche besonderen Charaktereigenschaften sie mitbringen, wie sie mit sich selbst und mit ihrem Partner umgehen. Diese Art, menschliche Beziehungen zu betrachten, bezeichne ich als «Struktur-Ansatz». Ich bin dagegen ein Verfechter des «Prozeß-Ansatzes». Der Unterschied ist folgender: Dem Struktur-Ansatz zufolge muß vor allem die *Form* einer Beziehung in Betracht gezogen werden, der Prozeß-Ansatz dagegen konzentriert sich auf das, was sich im einzelnen und besonderen zwischen den jeweiligen Beteiligten abspielt. Wenn ich von der «Form» einer Beziehung spreche, frage ich etwa, ob zwei Menschen zusammenleben, ob sie verheiratet sind, ob sie übereingekommen sind, außereheliche Affären zu tolerieren, und so weiter. Wenn ich von «Prozeß» spreche, beziehe ich mich auf die verschiedenen Verhaltensweisen, die die Partner in ihrer Beziehung zeigen. Es geht dabei um Gesichtspunkte, wie sie in diesem Kapitel behandelt werden.

Wenn, um ein extremes Beispiel zu nehmen, zwei Paare sich entscheiden, in einer «Ehe zu viert» zusammenzuleben, so ist dies eine Frage der Beziehungs*form* und sagt noch nichts darüber aus, wie die vier Menschen miteinander umgehen werden. Das fällt in den Bereich des Beziehungs*prozesses*. Der Ausdruck «Ehe zu viert» sagt uns zum Beispiel nicht, ob die Beteiligten ihre Gefühle anerkennen oder verleugnen, ob sie ihre Wünsche äußern oder verschleiern, ob sie sich auch für die Situation der anderen oder nur für ihre eigene interessieren, ob sie im Umgang miteinander aufrichtig oder manipulativ sein, ob sie sich gegenseitig das

Gefühl des Sichtbarseins oder des Nichtsichtbarseins geben und eine Atmosphäre des Respekts und der Würde oder der Hysterie und der neurotischen Spiele schaffen werden. Wenn die *Prozesse*, durch die sie miteinander umgehen, rational, angemessen und realitätsgerecht sind, werden die Beteiligten bald erkennen, ob sie in einer Vierpersonenehe leben wollen oder nicht. Wenn die zwischen ihnen ablaufenden Prozesse jedoch *nicht* rational, *nicht* angemessen und *nicht* realitätsgerecht sind, wird keine Form die richtige für sie sein – weder eine Ehe zu viert noch zu zweit, weder belanglose Affären noch ein Zölibat.

Entscheidend ist, daß ein Mensch, der nicht sensibel und einsichtsvoll mit seinem Liebespartner umgehen kann, auch durch die Aufnahme einer weiteren Liebesbeziehung wahrscheinlich nichts dazulernen wird. Dadurch würde höchstens der Bereich, in dem er seine Unfähigkeit zeigt, noch vergrößert. Wenn ein Mensch jedoch sensibel und einsichtsvoll genug ist, um eine Liebesbeziehung mit einem anderen Menschen aufrechterhalten zu können, wird er auch wissen, daß es in einer Frage wie der der sexuellen Ausschließlichkeit keine absoluten Regeln gibt, und verstehen, daß sie stets in Relation zur jeweiligen Situation, zur individuellen Vorgeschichte, zum persönlichen Lebensplan, zu den Entwicklungs- und emotionalen Bedürfnissen und zur gesamten Wesensart der Beteiligten zu betrachten ist.

Es ist unmöglich, in einer Frage wie der der ausschließlichen sexuellen Orientierung auf einen Menschen, über die ich im folgenden Abschnitt noch mehr sagen werde, Vorschriften aufzustellen, die für die ganze Menschheit gelten können. In diesem Bereich gibt es keine Richtlinien «von der Stange», sondern nur maßgeschneiderte Lösungen für jedes einzelne Individuum.

So wie die Konvention früherer Zeiten unnachgiebig darauf beharrte, daß allein monogame sexuelle Beziehungen moralisch, angemessen und seelisch gesund zu nennen seien, behauptet die inzwischen mancherorts aufgekommene neue Konvention ebenso starr, nur sexuelle Beziehungen zu mehreren Partnern zugleich seien moralisch, angemessen und seelisch gesund. Wenn Verheiratete in jenen längst vergangenen Zeiten zur Eheberatung kamen, weil einer von ihnen auf einem außerehelichen Liebesverhältnis bestand, herrschte allgemeine Übereinstimmung darüber, daß das Problem auf seiten des nach außen strebenden Partners zu suchen sei; heute dagegen wird häufig der Partner für das Problem verantwortlich gemacht, der gegen den Seitensprung Einspruch erhebt. Ich glaube nicht, daß dies ein Fortschritt ist. Schließlich gehen beide Sichtweisen davon aus, daß einer von beiden der Schuldige sein müsse, daß es ein allgemeingültiges Verhaltensmuster gebe und daß der, der davon abweicht, «wieder auf den richtigen Weg zurückgebracht» werden müsse.

Wofür wir uns auch entscheiden, wir müssen uns immer auf die Konsequenzen unserer Entschlüsse gefaßt machen. Von allen Sprichwörtern, die ich je gehört habe, habe ich ein spanisches am liebsten. Es heißt: «Nimm was du willst, sprach Gott, und bezahl dafür.» Reife Menschen erwägen die Konsequenzen ihrer Entscheidungen im voraus – und übernehmen die Verantwortung für das, was sie tun. Natürlich können wir manchmal nicht sämtliche Folgen einer Handlung voraussehen. Wenn wir uns trotzdem für sie entscheiden, sollten wir das im Bewußtsein der Ungewißheit des Ausganges tun und uns darüber klar sein, daß vielleicht unangenehme Folgen auf uns zukommen.

Es gibt Menschen, die es verstehen, aus Ehe und monogamer Beziehung etwas Gutes für sich zu machen. Es gibt

Menschen (ihre Zahl ist geringer), die es verstehen, aus einem Leben ohne Ehe und monogamen Beziehungen etwas Gutes für sich zu machen. *In beiden Fällen handelt es sich um eine Minderheit.*

Ich weiß von Paaren, die ihre Beziehung als monogames Verhältnis begannen, diese Forderung später fallenließen und nach einer Phase des Experimentierens erneut zur Monogamie zurückkehrten. Ich kenne Paare, die ihre Beziehung unter der Voraussetzung sexueller Freizügigkeit begannen, später das Bedürfnis nach einem monogamen Zusammenleben verspürten und dann wieder zu ihrer ersten Entscheidung zurückkehrten. Manchmal können solche Beziehungen überleben, manchmal nicht. «Nimm was du willst, sprach Gott, und bezahle dafür.»

Gemäß meiner eigenen Erfahrung und der von Kollegen, mit denen ich diese Frage diskutiert habe, neigen die meisten Paare oder Individuen, die in jüngeren Jahren mit «offenen» Sexualbeziehungen experimentiert haben, mehr zur Monogamie, sobald sie die Vierziger oder frühen Fünfziger erreichen. Zu dieser Schlußfolgerung kommt Nena O'Neill in ihrem Buch ‹*The Marriage Premise*› (1977), das einige Jahre nach dem von Nena und George O'Neill gemeinsam verfaßten Buch ‹*Die offene Ehe*› (1972) entstand. Die Gründe dafür liegen offenbar in dem Wunsch nach einer festen Bindung, nach der Sicherheit und Geborgenheit, die aus der vollen Hingabe an eine Person und eine Beziehung entstehen, und ohne Zweifel auch in einer gewissen Langeweile und Desillusionierung durch das Streben nach sexueller Abwechslung um ihrer selbst willen. Viele glauben, daß die romantische Liebe im Rahmen einer monogamen Beziehung am Ende doch das aufregendste Abenteuer ist, das es gibt. – Das ist auch meine Meinung.

Die monogame Beziehung

Doch wie stellt sich die Frage der Monogamie in einer Ehe oder allgemein in einer romantischen Liebesbeziehung, in der eine echte Bindung vorhanden ist?

Wenn wir leidenschaftlich lieben, ist das Verlangen nach Monogamie meiner Ansicht nach völlig normal. Wenn wir leidenschaftlich lieben, erleben wir den Sex ja keineswegs bloß als «rein körperlichen Akt», sondern als ein Mittel, um unserer Liebe wirksam Ausdruck zu verleihen. Es sind nicht nur unsere Körper, die sich im Sex begegnen, sondern unsere Seelen. Deshalb ist der Gedanke, daß unser Partner auch einem anderen Menschen in dieser Weise begegnen könnte, so schmerzhaft. Kulturen, die außereheliche Sexualbeziehungen als selbstverständlich betrachten, bringen die Ehe nicht mit Gefühlsintensität und Leidenschaft in Verbindung.

Das bedeutet nicht – lassen Sie mich das vorausschicken –, daß eine außereheliche Affäre ausnahmslos und unausweichlich zum Untergang der ursprünglichen Beziehung führen müßte. Ich stelle nur fest, daß der *Wunsch* nach Monogamie durchaus normal und *nicht* als Hinweis auf eine Neurose oder als Relikt einer «altmodischen Erziehung» zu betrachten ist.

Gleichzeitig sind wir jedoch immer sexuelle Wesen und hören – Gott sei Dank – auch wenn wir uns verlieben, nicht auf, sexuelle Wesen zu sein. Unsere Verliebtheit allein macht uns nicht blind gegenüber der übrigen Menschheit, auch wenn es mitunter so scheinen mag. Wir werden nicht unempfänglich für die Anziehungskraft anderer Menschen. Manchmal erzeugen andere Menschen, die wir attraktiv finden, Begehren in uns. Ob wir diesem Begehren wirklich nachgeben, ist eine ganz andere Frage; daß es jedoch entstehen kann und beinahe mit Sicherheit von Zeit zu Zeit entstehen wird, gehört anscheinend zu den Grundgegebenheiten der menschlichen Psyche.

Je sicherer wir uns selbst sind, je stabiler unsere Selbstachtung und unser Empfinden ist, von unserem Partner geliebt und begehrt zu werden, desto leichter können wir offenbar das gelegentlich aufflackernde Begehren eines anderen bei unserem Partner akzeptieren. Wir brauchen uns nicht darüber zu freuen, aber wir brauchen es auch nicht zu einer Katastrophe aufzubauschen. Sind wir dagegen in uns selbst unsicher und unfähig zu glauben, daß ein anderer Mensch uns jemals wirklich lieben kann, und zweifeln wir an der Liebe unseres Partners und seinem Verlangen nach uns, dann wird jede sexuelle Reaktion unseres Partners gegenüber einem Dritten Angst oder sogar Panik in uns auslösen. Dann leben wir in der ständigen Erwartung, daß das Fallbeil herabsaust.

Bei realistischer Einschätzung der Dinge erscheint es verständlich, daß langfristige, monogame Sexualbeziehungen mit weit größerer Wahrscheinlichkeit in der zweiten Lebenshälfte zu erwarten sind als in der ersten. Menschen, die sich in ihren Vierzigern leidenschaftlich verlieben, werden mit größerer Wahrscheinlichkeit sexuell nicht mehr unerfahren sein, ihre sexuelle Neugierde zum großen Teil befriedigt haben und sowohl das Interesse als auch die psychologische Motivation aufbringen, eine monogame – oder zumindest *überwiegend* monogame – Beziehung einzugehen.

Wie wir bereits gesehen haben, besteht bei Paaren, die sich in ihren Zwanzigerjahren verlieben und heiraten, nur eine geringe Wahrscheinlichkeit, daß die Partner ihre Beziehung – sei sie sexuell auf Monogamie angelegt oder nicht – ein Leben lang aufrechterhalten werden. In den Zwanzigern sind die wenigsten von uns schon genügend entwickelt, um überhaupt eine lebenslange Bindung eingehen zu können. Und selbst wenn unsere Partnerwahl in jenem Augenblick angemessen und das Ergebnis einer klugen, einsichtsvollen und reifen Entscheidung war, kann der normale Wandlungs-, Wachstums- und Weiterentwicklungsprozeß in späteren Jahren unterschiedliche Wünsche und Bedürfnisse in uns wachrufen.

Zur Verdeutlichung dieses Punktes sollten wir uns vor Augen halten, daß – angenommen, wir hätten eine Lebenserwartung von tausend Jahren – niemand erwarten würde, daß zwei Menschen, die in ihren Zwanzigerjahren heiraten, «fürs ganze Leben» zusammenbleiben. Es wäre von vornherein klar, daß ihre Bindung nicht für ihren ganzen Lebensweg, sondern nur für eine Teilstrecke gelten soll. Und was wäre, wenn unsere Lebenserwartung fünfhundert oder hundert Jahre betragen würde? Wo ist die Grenze zu ziehen?

Mit dem bisher Gesagten will ich keineswegs verleugnen, daß es auch Menschen gibt, die mit zwanzig oder dreißig heiraten und dann bis zum Tod eines der Partner freudig und zufrieden in einer monogamen Beziehung zusammenbleiben. Was wir jedoch in Frage stellen müssen, ist das Postulat, daß jedes andere Verhalten als Scheitern anzusehen sei.

Fragen wir nach den Gründen, warum Menschen, die bereits in einer für sie wichtigen Beziehung leben, weitere sexuelle Begegnungen suchen. Es geht dabei *nicht* um Beziehungen, in denen weder echte Liebe noch eine wirkliche Bindung besteht.

Eine weitverbreitete (aber irrige) Annahme besagt, sexuelle Frustration in der ersten Beziehung sei die Hauptursache für außereheliche Affären. Das mag zwar gelegentlich zutreffen, erklärt aber bei weitem nicht alles. Viele Verheiratete gehen zusätzliche Beziehungen zu Menschen ein, die sie weniger anziehend und sexuell weniger aufregend finden als ihre eigenen Partner. Bei diesem Verhalten spielt sehr oft ein starkes Bedürfnis nach Neuheit und Abwechslung eine Rolle.

Vor allem wenn Menschen heiraten, die zuvor nur geringe oder gar keine sexuelle Erfahrung gesammelt haben, erwacht später häufig die Neugier, zu erfahren, was man wohl verpaßt haben und was es «draußen» noch an Unbekanntem geben mag. Dies führt dann mitunter zu außerehelichen Experimenten.

Doch unabhängig vom Alter und von vorausgegangenen Erfahrungen werden Liebesaffären auch dazu benutzt, um ein Gefühl von Schalheit, allgemeinem Lebensüberdruß und Langeweile zu übertönen und Enttäuschungen zu lindern, die nicht in der Beziehung aufgekommen sind, sondern beispielsweise im Beruf.

Diese Gesichtspunkte lassen sich unter dem Stichwort «Hunger nach neuen Reizen und neuen Formen des Lebensgenusses» zusammenfassen. Wir müssen uns dieses Verlangen nach neuen Reizen und nach Abwechslung jedoch noch etwas genauer ansehen, nicht weil es ihm an Realität oder Echtheit mangelte, sondern weil es häufig als Erklärung für eine Vielzahl anderer Motive herhalten muß. Anders gesagt: Der Hunger nach Neuem wird manchmal als Erklärung angeboten, ohne daß damit tatsächlich etwas erklärt wird. Wir brauchen in diesem Zusammenhang nicht alle Faktoren aufzuzählen, die neben dem Verlangen nach Abwechslung zu außerehelichen sexuellen Beziehungen führen können. Im folgenden werde ich also nur eine Reihe häufiger und beachtenswerter Motive ansprechen.

Manchmal spielt der Wunsch mit, uns selbst zu versichern, daß wir immer noch attraktiv sind: Der Wunsch richtet sich auf Ich-Steigerung oder Belohnung.

Manchmal wollen wir mit einem Menschen zusammensein, der unsere Geschichte nicht kennt, der unsere Entwicklung nicht miterlebt hat und von unseren Fehlern nichts weiß – der uns gleichsam als neue Person wahrnimmt.

Manchmal fühlen wir uns von unserem Partner verletzt, und die Affäre ist eine Form der Rache oder Ich-Kompensation. Manchmal üben wir Vergeltung für eine Affäre, die der Partner gehabt hat.

Manchmal haben wir es mit einem Partner zu tun, dessen eigenes Lebensszenario einen Gefährten *vorschreibt*, der «untreu» ist, der ihn «betrügt» und «verrät». Wir, die wir die Affäre haben, sind uns vielleicht keineswegs darüber klar, daß der «betrogene» oder «verratene» Partner uns manipuliert hat.

Manchmal lernen wir einen Menschen kennen, der uns früher unerreichbar erschienen wäre, und jetzt, da sich eine Gelegenheit bietet, empfinden wir die Versuchung vielleicht als übermächtig.

Manchmal treffen wir einen Menschen, der Saiten in uns anschlägt, die noch niemals zuvor zum Klingen gebracht worden sind; neue Türen öffnen sich; neue Möglichkeiten des Sichverstehens und der Befriedigung tauchen auf. Wir möchten diesem Menschen gern auf jeder Ebene – einschließlich der sexuellen – begegnen, obwohl die Zuneigung andererseits nicht stark genug ist, um uns zur Trennung von unserem Partner zu bewegen.

Meine Absicht ist nicht, diese Motive in «gute» und «schlechte» einzuteilen. Ich möchte lediglich auf ihr Vorhandensein hinweisen und zeigen, daß sie nicht durch Gemeinplätze, zum Beispiel den «Wunsch, etwas Neues kennenzulernen», unter den Teppich gekehrt werden sollten.

Eines dürfte klargeworden sein: Es ist ein Irrtum anzunehmen, daß zwei Menschen, die einander «wirklich» lieben, nicht eine Liebesbeziehung mit einem Außenstehenden eingehen – oder zumindest wünschen – könnten.

Manche Menschen kommen mit der Monogamie sehr gut zurecht. Andere wiederum würden monogame Beziehungen über mehrere Jahrzehnte hinweg als etwas Unmögliches empfinden. Wir kennen nicht alle Hintergründe dieser Unterschiede in den Einstellungen. Fest steht jedoch, daß es in dieser Hinsicht keine Universalrezepte gibt und daß es nichts nützt, eine der Verhaltensweisen als moralische Norm zu betrachten und ihr als solcher zuzustimmen, andere hingegen als «unmoralisch» abzulehnen.

Wir können uns wünschen, daß solche Probleme im Laufe unserer Ehe nicht entstehen werden. Wir können hoffen, daß wir nie mit ihnen konfrontiert werden. Vielleicht geht unser Wunsch in Erfüllung. Wenn nicht, sollten wir so klug sein, keine Katastrophe daraus zu machen, sollten wir nicht steif und fest an der Schlußfolgerung festhalten, damit sei unsere Liebe zerbrochen und unsere Beziehung unrettbar zerstört.

Ich kenne Fälle, in denen sich eine außereheliche Affäre bestärkend auf die Ehe ausgewirkt hat. Ich kenne aber auch Fälle, in denen die Zweierbeziehung durch die Affäre zerstört wurde. Man muß jede Situation für sich und in ihren eigenen Zusammenhängen betrachten.

Ich kann mir nicht vorstellen, daß jemand plausible Gründe für die Behauptung anführen kann, daß außereheliche Liebesaffären die erste Beziehung nicht gefährden. Wenn wir eine Tür aufmachen und über die Schwelle treten, können wir nicht sicher sein, was uns dahinter erwartet. Vergessen wir das Offensichtliche nicht: Wenn unser Partner Affären mit Außenstehenden hat, fühlen wir uns normalerweise verletzt, und wenn sich zuviel Schmerz ansammelt, kann die Liebe daran zugrunde gehen. Das heißt nicht, daß das Paar sich in jedem Falle trennt. Manche machen weiter, aber unter anderen Bedingungen; der Charakter der Beziehung hat sich gewandelt. Die neue Gemeinsamkeit beruht vielleicht immer noch auf Liebe, aber die Partner würden sie nicht «romantische Liebe» nennen. Das frühere Feuer fehlt jetzt.

Und trotzdem ... An dieser Stelle fällt mir ein Paar ein, das klug genug war, sehr deutlich zu erkennen, daß die außereheliche Affäre eines der Partner auf ungelöste Probleme innerhalb der Beziehung hinwies. Die Partner erkannten, daß es jetzt nicht darauf ankam, aus Furcht die Beziehung aufzugeben, sondern all ihren Mut und ihre Einsicht zusammenzunehmen und für die Beziehung zu kämpfen. Sie erkannten, daß sie nun zuallererst herausfinden mußten, *warum* es zu der Affäre gekommen war. Es gelang ihnen, die Gründe zu klären, und ihre Beziehung ging erneuert und gestärkt aus diesem Klärungsprozeß hervor.

Es ist verständlich, daß wir gekränkt und wütend sind, wenn unser Partner mit einer anderen Person schläft. Es kann sein, daß wir Angst haben oder uns bedroht fühlen. Doch was immer wir auch empfinden, wir müssen einsehen, daß es niemandem nützt, wenn wir versuchen, unseren Partner durch Schuldzuweisungen und Vorwürfe zu halten und zu kontrollieren. Der Impuls, anzugreifen und über den anderen herzufallen, mag uns sehr natürlich vorkommen. Doch wenn es unser Ziel ist, die romantische Liebe zu erhalten, müssen wir zugeben, daß eine solche Strategie nicht heilend, sondern entfremdend wirkt. Genausowenig wäre es eine heilende Strategie, eine Gleichgültigkeit vorzutäuschen, die wir gar nicht empfinden. Nicht Lügen sind nötig, sondern Verständnis und das aufrichtige Bemühen um Kommunikation.

Manche Paare erkennen die Tatsache an, daß es Affären außerhalb der Beziehung geben wird, und einigen sich prinzipiell darauf, diese zu akzeptieren, vorausgesetzt, daß sie offen mitgeteilt werden. Andere Paare ziehen diskrete Verschwiegenheit vor; sie einigen sich grundsätzlich darauf, Affären zu akzeptieren, sie sich aber nicht gegenseitig mitzuteilen. Beide Strategien haben ihre Risiken.

Jede Entscheidung, die das Paar fällen mag, wird Folgen nach sich ziehen. Manchmal fängt ein Paar mit einer bestimmten Strategie an, erkennt, daß sie nicht brauchbar ist, und wechselt zu einer anderen über. Man kann jedoch sowohl zu den Paaren, die zur Monogamie neigen, als auch zu denen, die es anders halten, nicht mehr sagen als: «Seien Sie hinsichtlich Ihrer Gefühle, Vorlieben und Handlungen so aufrichtig miteinander, wie Sie nur können. Belügen Sie sich nicht selbst. Belügen Sie nicht Ihren Partner. Auf diese Weise werden Sie entdecken, was für Sie praktikabel ist und was nicht.»

Ich bin der Meinung, daß fortgesetzte Täuschung auch die beste Beziehung vergiften kann. Lügen führen unvermeidlich zu gegenseitiger Entfremdung. Lügen erzeugen Wälle und Barrieren.*

* Die Schwierigkeit bei der Behandlung eines solchen Themas liegt darin, daß fast alles, was man sagt, fehlinterpretiert werden kann. Beispielsweise habe ich soeben hervorgehoben, wie wünschenswert Aufrichtigkeit ist. Es gibt jedoch Männer und Frauen, die nach einem gelungenen Seitensprung schnurstracks nach Hause eilen, um ihrem Partner gnadenlos in allen intimen Einzelheiten zu erzählen, was sie gerade getan haben, als ob er «Mammi» oder «Pappi» wäre, bei dem sie Zustimmung einholen müßten. Wenn sie darauf

Eines scheint sich heute zu ändern, und zwar zum Guten: Die Menschen zeigen eine zunehmende Abneigung dagegen, in diesem Bereich mit Lügen zu leben, und ein wachsendes Bedürfnis, das ganze Problem offen anzupacken.

Es ist offensichtlich, daß heute immer weniger Paare bereit und fähig sind, sich im sexuellen Bereich ein Leben lang ausschließlich auf einen Partner zu beschränken. Was sie brauchen, ist die Einsicht, sich diesem Problem schon in der Anfangszeit ihrer Beziehung ehrlich zu stellen und eine Strategie zu entwickeln, mit der beide leben können. Im Idealfall formulieren die Partner die Strategie schon, *bevor* das Problem akut wird.

An dieser Stelle scheint mir eine warnende Feststellung angebracht: Wie ich immer wieder erlebt habe, liegt eine gewisse Gefahr außerehelicher Beziehungen darin, *daß sie die Ehe erträglich machen.* Vielfach halten sie die beteiligten Männer und Frauen davon ab, sich mit dem Schmerz und der Frustration in ihrer ursprünglichen Beziehung zu konfrontieren; die Affären führen nicht zu einer Lösung, sondern wirken lediglich als Schmerzmittel. Für diejenigen, die sich zu außerehelichen Affären verlockt fühlen, ist es also sehr wichtig, sich zu fragen: «Wie würde ich mich wohl in meiner Ehe fühlen, wenn ich *keine* außerehelichen Affären hätte?»

Es ist nicht schwer, mit dogmatischer Strenge zu verkünden, Monogamie sei die einzig angemessene Lebensform für uns alle oder – genau umgekehrt – allein «offene» sexuelle Beziehungen seien eine praktikable Lösung. Jede dieser Behauptungen läßt es an angemessenem Respekt vor der Feinheit und Komplexität menschlicher Beziehungen und

angesprochen werden, flüchten sie womöglich in die Behauptung, sie übten ja nur die Tugend der Aufrichtigkeit.

den tiefgreifenden Unterschieden zwischen den einzelnen Menschen fehlen.

Es gibt keine einfachen Lösungen.

Eifersucht

Dies ist ohne Zweifel der geeignete Moment, um auf das Problem der Eifersucht in der romantischen Liebe näher einzugehen.

Das erste, was wir über Eifersucht wissen müssen, ist, daß dieses Wort eine ganze Reihe von Gefühlszuständen bezeichnet, die keineswegs miteinander identisch sind. Es muß verwirren, wenn ein und dasselbe Wort so unterschiedliche Erfahrungsinhalte bezeichnet: Schmerz, den wir empfinden, weil unser Partner «fremdgegangen» ist, das rasende Mißtrauen des Menschen, der ohne Grund und völlig irreal überall Zeichen von Untreue wittert, und die angsterfüllten Vereinnahmungsversuche dessen, der es nicht ertragen kann, daß der eigene Partner einen anderen Menschen wertvoll und liebenswürdig findet.

Bezogen auf das sexuelle Element im Rahmen einer romantischen Liebesbeziehung umfaßt der Komplex «Eifersucht» Gefühle der Angst und des Bedrohtseins, Phantasien des Abgelehnt- und Verlassenwerdens und sehr oft auch Wut – all das als Reaktion auf das wirkliche oder vorgestellte Interesse unseres Partners an einem anderen Menschen oder auf seine wirkliche oder vermeintliche Hinwendung zu einem Dritten.

Manche meinen, Eifersucht, wie immer sie auch verstanden werde, sei irrational. Dieser Ansicht bin ich nicht. Gefühle sind weder rational noch irrational. Überlegungen,

Entscheidungen, Verhaltensweisen können rational oder irrational genannt werden, aber Gefühle *sind* einfach. In einer einzigen Hinsicht könnte man Eifersucht mit einer gewissen Berechtigung als irrational bezeichnen: wenn sie ohne objektiven Anlaß, ohne realen äußeren Grund erlebt wird. Natürlich sind, wenn wir es genau nehmen, selbst dann nicht die Gefühlsregungen irrational zu nennen, sondern die verworrenen Denkprozesse, die sie ausgelöst haben.

In manchen Fällen sind Menschen eifersüchtig, weil sie unter tiefen Selbstzweifeln und Unsicherheitsgefühlen leiden und in der beständigen Erwartung leben, abgelehnt und verlassen zu werden. Manchmal sind Menschen eifersüchtig, weil sie sich von ihrem Partner nicht beachtet oder vernachlässigt fühlen und dann erleben, daß ein anderer die Beachtung bekommt, die sie selbst haben wollen. Manchmal entsteht Eifersucht in neuen Beziehungen als Folge schmerzhafter Erfahrungen in früheren Beziehungen, in denen sich der eigene Partner einem anderen Menschen zugewandt hat. Manchmal entsteht Eifersucht, weil der eine Partner sein *eigenes* sexuelles Interesse an anderen Menschen verleugnet und das Problem auf den Partner projiziert. Manchmal erwächst Eifersucht aus der allgemeinen Sorge, das eigene Glück könne auf irgendeine Weise zerstört werden. Manchmal entzündet sich die Eifersucht an Gefühlen der Angst, die wiederum durch das direkte Wissen ausgelöst worden sind, daß der Partner sich einem anderen Menschen zugewandt hat.

Natürlich kann Eifersucht der romantischen Liebe schaden. Wenn wir dieser Gefahr begegnen wollen, müssen wir die Kunst beherrschen, die Eifersucht unter Kontrolle zu bekommen, wenn sie auftritt.

Menschen, die eifersüchtig sind, reagieren im allgemeinen mit Wut, Anklagen, Tränen und Angriffen auf den

Charakter ihres Partners. Damit provozieren sie bei dem Angegriffenen jedoch meistens nur Abwehr und Gegenangriffe. Lautstarke Streitereien, gegenseitige Verweigerung, Lügen und verärgertes Schweigen tritt an die Stelle wirklicher Kommunikation.

Wenn Menschen eifersüchtig sind, bekennen sie sich nur selten aufrichtig zu ihren Gefühlen. Nehmen wir zum Beispiel eine Frau, die beobachtet, wie ihr Ehemann auf einer Party mit einer anderen Frau flirtet. Die Frau wird sich wahrscheinlich eher feindselig, bitter und anklagend verhalten, als zu ihrem Mann zu sagen: «Während ich dich beobachtet habe, wurde mir ein bißchen bang ums Herz. Ich hatte Angst. Auf einmal überkam mich die Vorstellung, daß du weggehst und mich verläßt.» Wenn sie so mit ihm spräche, würde sie vertrauensvoll auf ihn zugehen und ihn nicht plötzlich als Feind behandeln. Sie würde die Verantwortung für ihre Gefühle übernehmen. Damit hätte die Frau das ihre getan, um eine Basis zu schaffen, von der aus beide *freundschaftlich* über die Angelegenheit sprechen können. Wenn der Mann sich nicht angegriffen fühlt, braucht er sich auch nicht zu verteidigen. Er kann zuhören, kann sich bemühen, ehrlich zu seinen Gefühlen zu stehen. Wenn das Ganze zu einem Problem werden sollte, können beide Partner sich ihm gemeinsam stellen.

Wenn wir unsere Eifersucht nicht nur offen eingestehen, sondern auf einer tieferen Ebene auch über unsere Ängste, über unsere Furcht, verlassen zu werden, sprechen, wird unser Schmerz abklingen. Es ist wichtig, daß jeder Partner die Kunst erlernt, sich von der Oberfläche zu lösen und zum Kern – zu Gefühlen der Angst, der Hilflosigkeit, vielleicht sogar zu der Erinnerung an vergangene Augenblicke des Verlassenwerdens – vorzudringen. Wenn sich der Ehemann des obigen Beispiels zu der anderen Frau hingezogen fühlt, wäre es viel hilfreicher, dies offen zuzugeben. Wenn er eine Tatsache leugnet, die seine Frau deutlich wahrnimmt, verstärkt er nur ihre Ängste und ihr Mißtrauen. Dadurch wird sich ihre Eifersucht unweigerlich verschlimmern.

Viele Frauen haben mir schon gesagt: «Was mir zu schaffen macht, ist nicht, daß mein Mann ab und zu anderen Frauen nachsteigt. Damit kann ich fertigwerden. Aber daß er es nicht zugeben will, daß er es ewig abstreitet, das macht mich verrückt!»

An einem Grundsatz gibt es mit Sicherheit nichts zu rütteln: Wenn wir das Problem der Eifersucht für unseren Partner so klein wie möglich halten wollen, dürfen wir ihm niemals Grund geben, an unserer Aufrichtigkeit zu zweifeln. Und wir dürfen uns nie einfach über seine schmerzlichen Gefühle hinwegsetzen und uns weigern, auf sie einzugehen.

Wir müssen uns stets vortasten bis zu dem, was «unter» der Eifersucht liegt. Wenn wir eifersüchtig sind, weil unser Partner ein sexuelles Interesse an einem anderen Menschen zeigt oder schon in eine Affäre verwickelt ist, wird dieses Prinzip außerordentlich wichtig. Wir müssen tief in unser Gefühl, tief in den Ursprung unseres Schmerzes hineingehen, müssen den Ursprung des Schmerzes erleben, uns mit ihm konfrontieren und intensiv und ehrlich darüber sprechen.

Ich erinnere mich, daß ich einmal ein Paar beriet, das wegen der Eifersucht des Ehemannes schon seit Monaten zerstritten war. Die Auseinandersetzungen drehten sich unaufhörlich darum, ob es für den Mann wirklich einen Grund gab, eifersüchtig zu sein. Als er lernte, nicht mehr von seiner Eifersucht zu reden, sondern von seinem Schmerz und der Angst, seine Frau zu verlieren, da öffnete sich auf einmal eine Tür. Zum erstenmal hörte sie ihn. Sie fühlte sich geliebt. Zum erstenmal gestand sie sich ein, daß sie tatsächlich auf jeder Party hemmungslos flirtete, und gab dieses Verhalten auf.

Nicht für alle Probleme, vor die das Leben uns stellt, gibt es einfache Lösungen. Vielleicht fängt unser Partner an, sich ernsthaft für einen anderen Menschen zu interessieren; wir können nicht voraussehen, wie diese Situation ausgehen wird, und kommen vielleicht nicht daran vorbei, Angst und Schmerz als Teil unseres Lebens zu akzeptieren. In einer solchen Lage ist es sehr schwierig, nicht einfach anzugreifen und zu verdammen, sondern uns ehrlich zu unseren Gefühlen zu bekennen. Natürlich kann uns niemand zwingen, die Situation zu akzeptieren; auch dies haben wir selbst zu entscheiden. Niemand kann uns vorschreiben, was wir akzeptabel und erträglich finden. Wie könnte es in solchen Dingen feste Regeln geben? Können wir einem anderen sagen, er oder sie «solle» oder «müsse» eine Affäre beenden? Ich wüßte nicht, wer berechtigt wäre, eine solche Forderung zu stellen.

Doch was ist, wenn wir eifersüchtig sind, ohne daß es einen konkreten Anlaß gibt, wenn wir von beißendem Argwohn gequält werden, obwohl unser Partner überhaupt nichts Angreifbares getan hat? Natürlich ist es möglich, daß er uns doch Anlaß zur Eifersucht gegeben hat. Vielleicht war der Anlaß so gering, daß wir ihn gar nicht bewußt wahrgenommen haben. Aber es gibt noch eine andere Möglichkeit, die ich bereits erwähnt habe: Wenn wir unsere eigenen sexuellen Regungen verleugnen und nicht wahrhaben wollen, schreiben wir sie manchmal unserem Partner zu. Wir projizieren sie auf ihn. Deshalb sollte sich ein Mensch, der ohne äußeren Grund ständig eifersüchtig ist, fragen: «Bin ich vielleicht *selbst* an Liebesaffären interessiert?»

Manchmal wird die Eifersucht, die durch das Interesse

unseres Partners an einem anderen Menschen oder durch seine Beziehung zu einem Dritten ausgelöst wird, auch als Affront gegen die eigene Selbstachtung oder das eigene Selbstwertgefühl verstanden. Nach dieser Definition – und es spricht einiges für sie – könnten wir sagen, daß wir um so weniger zu Eifersucht neigen, je solider unsere Selbstachtung ist.

Dies könnte sich allerdings als eine zu enge Definition der Eifersucht erweisen. Denn wie sollen wir jenen Schmerz nennen, den auch die Selbstbewußtesten – zumindest zeitweise – spüren und zeigen, wenn sich der Mensch, den sie lieben, einem anderen zuwendet? Dieser Schmerz wird auch erlebt, wenn die Selbstachtung nicht geschmälert ist.

Wir dürfen eine offenkundige Tatsache nicht übersehen: So wie die Realität beschaffen ist, liegt es sehr wohl im Bereich des Möglichen, daß sich unser Partner in einen anderen Menschen verliebt. Es wäre eine trügerische Vorstellung von Reife, zu erwarten, daß ein voll entfalteter Mensch in einem solchen Fall kein Gefühl des Verlustes empfinden würde. Verlustgefühle sind schmerzhaft. Wir können sie annehmen, wir brauchen nicht «durchzudrehen» – aber sie sind unleugbar schmerzhaft.

Wenn ich oder mein Partner oder wir beide – aus welchen Gründen auch immer – eifersüchtig sind, uns unsere Gefühle aber gegenseitig offen, aufrichtig und ohne Beschuldigungen mitteilen; wenn der Partner respektvoll und aufgeschlossen zuhört und aufrichtig antwortet – dann tun wir unser Bestes, um die Beziehung zu erhalten, und die romantische Liebe kann wachsen. Wenn wir andererseits unsere wahren Gefühle verleugnen, wenn wir unsere untergründige Angst nicht anerkennen und nur auf oberflächlicher Ebene miteinander sprechen, wenn der Partner den schmerzlichen Aufschrei nicht hören und respektieren will oder unaufrichtig antwortet, dann sabotieren wir unsere Beziehung, und die romantische Liebe kann daran zerbrechen.

Kinder und romantische Liebe

Da wir uns in unserer Erörterung der Herausforderungen der romantischen Liebe dem Ende nähern, möchte ich noch einige Bemerkungen zum Thema «Kinder und ihre Auswirkung auf eine Liebesbeziehung» machen.

Bis hierher dürfte klargeworden sein, daß die in dieser Arbeit umrissene Auffassung der romantischen Liebe weit über das hinausgeht, was man im westlichen Kulturbereich gemeinhin unter romantischer Liebe versteht. Obwohl diese Auffassung in der westlichen Tradition des Individualismus und in einer Diesseitsorientierung wurzelt, entfernt sie sich doch ganz erheblich von der das häusliche Glück verherrlichenden, «gezähmten» Spielart der romantischen Liebe auf der einen Seite und der mehr von pubertären Phantasien geprägten Version der romantischen Liebe auf der anderen.

Die Frage Kinder und Familie habe ich bisher überhaupt noch nicht berührt, weil ich mich in erster Linie auf die psychische Dynamik in der Beziehung zwischen Mann und Frau konzentriert habe. Meine Darstellung bliebe jedoch lückenhaft, wenn ich diese Frage völlig außer acht ließe.

Gewiß können Kinder ein wunderschöner Ausdruck der Liebe zwischen zwei Menschen sein. Mit ebenso großer Gewißheit können sie viel Unglück in eine Beziehung tragen.

Wenn ich mich hier mehr der zweiten Möglichkeit zuwende, so deshalb, weil wir alle über die erste schon sehr viel gehört haben. Wir alle haben schon oft gehört, wie befriedigend und lohnend es ist, eine Familie aufzubauen. Diese Befriedigung kann sehr real sein. Wer würde die Freude leugnen, die darin liegt, ein neues Leben zu erzeugen und wachsen zu sehen? In unserer Zeit verdient die andere Sichtweise jedoch noch höhere Aufmerksamkeit.

Beginnen wir mit der Beobachtung – sie stützt sich auf neuere Untersuchungen –, daß viele Mütter, wenn sie noch einmal die Möglichkeit zur Entscheidung hätten, lieber keine Kinder haben würden. Das kann kaum überraschen. In der Tat stoße ich in meiner psychotherapeutischen Praxis sehr häufig auf diesen Sachverhalt. Natürlich entwickeln wir normalerweise Zuneigung zu unseren Kindern, wenn sie erst einmal geboren sind, und lieben sie. Das ändert jedoch nichts an der Tatsache, daß viele Frauen bei der Rückschau auf ihr Leben das Gefühl haben: «Nach dem, was ich heute weiß, ist mir klar, daß ich ohne Kinder ein anderes, ausgefüllteres, interessanteres Leben hätte haben können.»

Im Laufe der Jahre habe ich viele Frauen gefragt: «Meinen Sie, daß das Kinderhaben in positiver Weise zu Ihrer Ehe und zu der Beziehung zu Ihrem Mann beigetragen hat?» Die Mehrzahl der Frauen antwortete, daß das Kinderhaben zwar von ihnen und ihren Männern in vieler Hinsicht als befriedigend, aber zugleich auch als Hindernis für die Erhaltung des romantischen Elements in der Ehe empfunden worden sei. Vielfach werden die Erfordernisse der Elternschaft nicht als Unterstützung für die romantische Liebe angesehen, sondern als ein Hindernis, das die Liebe überwinden muß.

Und doch wachsen die meisten Frauen in dem Glauben auf, daß sie ihre Erfüllung in der Rolle der Ehefrau und Mutter finden werden. Sie werden dazu erzogen, sich selbst nur über ihre Beziehungen – zu einem Mann und zu Kindern – zu definieren. In beiden Fällen wird «Weiblichkeit» mit «Dienen» gleichgesetzt. Und da man normalerweise gern weiblich sein möchte, wenn man eine Frau ist, gerät man nur allzuleicht in die Falle der mystischen Überhöhung der Mütterlichkeit – als «Köder» wirkt dabei die eigene Selbstachtung.

Auf diese Weise kommt es jedoch zu einem bezeichnenden Widerspruch: «Weiblichkeit» im Sinne dieser Definition gefährdet die Fähigkeit, eine romantische Liebesbeziehung aufrechtzuerhalten.

Um es ganz schlicht auszudrücken: In diesem Zusammenhang kommt es für eine Frau vor allem anderen darauf an, zu begreifen, daß sie ein eigenes Lebensrecht hat. Das ist der Kernpunkt. Die Frau hat das Recht zu existieren, und sie trägt die Verantwortung für ihr Leben. Sie ist ein Mensch und keine Gebärmaschine, deren Schicksal es ist, anderen zu dienen. Mit anderen Worten: Frauen müssen lernen, auf intelligente und ehrliche Weise selbstsüchtig zu sein. Es ist keineswegs schön und edelmütig, das eigene Selbst zu unterdrücken. Für das Gedeihen der romantischen Liebe, von unserem persönlichen Glück ganz zu schweigen, ist es unerläßlich, daß wir diesen Grundsatz verstehen (gleichgültig, ob wir uns für oder gegen Kinder entscheiden).

In therapeutischen Gesprächen haben mir viele Frauen von einem schwierigen Kampf berichtet: Sie hätten sich angestrengt darum bemüht, sich selbst zu beweisen, daß sie einen «Mutterinstinkt» besäßen, damit sie sich «richtig weiblich» vorkommen könnten. Doch auch nach der Geburt eines dritten oder vierten Kindes, so sagten sie, sei ihnen die Vorstellung eines Mutterinstinktes immer noch absurd und mit ihren eigenen unmittelbaren Erfahrungen unvereinbar erschienen.

Leben heißt Entscheidungen fällen. Wir alle verfügen über eine sehr viel größere Zahl von Möglichkeiten und Antrieben, als wir jemals verwirklichen und in die Tat umsetzen können. Selbst wenn es einen natürlichen Antrieb, Mutter zu werden, gäbe, bedeutet das noch nicht, daß wir ihm immer Folge leisten müßten. Zum Beispiel fühlen wir uns wahrscheinlich alle im Laufe unseres Lebens von sehr vielen verschiedenen Menschen sexuell angezogen. Dennoch schlafen wir nicht mit jedem von ihnen, sondern unterscheiden und wählen aus. Wir prüfen unsere Reaktionen und Neigungen zumeist im Licht unserer langfristigen Ziele und Interessen. Es ist deshalb unumgänglich, daß wir uns fragen: Wie würden sich Kinder im Gesamtzusammenhang dessen, was ich mir für mein Leben vorstelle, auf meine Ziele auswirken? Bin ich bereit, all das zu geben, was für eine angemessene Kindererziehung notwendig ist?

Verweilen wir noch einen Augenblick bei diesem Gesichtspunkt des Unterdrückens natürlicher Antriebe: Wo bleiben eigentlich all die natürlichen Antriebe zu Kreativität, Leistung und Unabhängigkeit, die die Frauen, die ihre Kinder zu ihrer Lebensaufgabe machen, tagtäglich unterdrücken?

Außerdem sollten wir bei der Erwägung der Auswirkungen der Kinder auf eine Beziehung folgenden Aspekt in Betracht ziehen: Zur Förderung ihrer persönlichen Entfaltung und Weiterentwicklung können Paare sehr viele Wagnisse eingehen, die jedoch ungleich belastender werden, wenn Kinder davon betroffen sind. So kann man sich zum Beispiel viel leichter von einer öden, unbefriedigenden Arbeit lossagen, um etwas Neues zu wagen, wenn nur zwei Erwachsene, die fähig sind, für sich selbst zu sorgen, die Folgen zu tragen haben. Wenn Kinder da sind, ändert sich die gesamte Situation. Wie viele großartige Gelegenheiten werden ausgelassen, wie viele Chancen nicht genutzt, wie viele Wachstumsimpulse erstickt, weil ein Mann oder eine Frau oder beide Angst haben, einen Schritt zu tun, der das Wohl der eigenen Kinder gefährden könnte? Doch wenn unser Leben immer belasteter und farbloser geworden ist, weil wir schon so viele Gelegenheiten haben vorüberziehen lassen, wäre es töricht, zu erwarten, daß die romantische Liebe davon nicht in Mitleidenschaft gezogen wird.

Untersuchungen haben einwandfrei ergeben, daß – entgegen einem weitverbreiteten Glauben – Kinder eine Ehe nicht stützen, sondern es eher schwieriger machen, eine glückliche Ehe zu führen. Für ein Paar, das vorhat, Kinder zu bekommen, wird das größte Problem darin bestehen, eine romantische Beziehung aufrechtzuerhalten und zugleich die Rolle der Mutter und des Vaters auszufüllen. Untersuchungen zeigen, daß sich nach der Geburt des ersten Kindes tendenziell mehr Unstimmigkeiten zwischen den Partnern ergeben und daß die Partnerbeziehung besser wird, sobald das letzte Kind das Haus verläßt.

Ein ganz anderes Problem stellt sich einer romantischen Liebesbeziehung, wenn nur der eine Partner Kinder haben will. Selbstverständlich sollte diese Frage am besten schon vor der Ehe geklärt werden. Ein mit mir befreundeter Psychotherapeut schlägt heiratswilligen Menschen in der ehevorbereitenden Beratung vor, ihre Phantasien darüber auszutauschen, wie ihr Leben in fünf Jahren sein wird. Mitunter entdecken die Partner auf diese Weise, daß sie auseinanderstrebende Ziele und unterschiedliche Träume haben. Aufmerksamkeit und Überlegung sind notwendig, um mit solchen Unterschieden fertig zu werden, andernfalls wird fast unvermeidlich die romantische Liebe auf der Strecke bleiben.

Es ist leicht zu verstehen, daß zwei Menschen, die einander lieben, gern gemeinsam das Abenteuer erleben möchten, neues Leben hervorzubringen. Ich will keineswegs dafür eintreten, daß niemand Kinder haben sollte. Mein Einwand richtet sich nur dagegen, aus Gründen der Gewohnheit, des blinden Festhaltens an sozialen Traditionen, aus Pflichtgefühl oder aus dem Bedürfnis heraus, die eigene Weiblichkeit oder Männlichkeit zu beweisen, Kinder zu bekommen. Ich wende mich dagegen, Kinder haben zu wollen, ohne sich der möglichen Auswirkungen auf die romantische Liebe bewußt zu sein.

Lassen Sie mich zum Abschluß meiner Überlegungen anmerken, daß jene Männer und Frauen besonders zu bewundern sind, die sich umsichtig und verantwortungsbewußt für Kinder entscheiden und es fertigbringen, ihre Liebesbeziehung trotz der Anforderungen der Elternschaft unversehrt zu erhalten. Das zu erreichen ist keine leichte Aufgabe.

Die Fähigkeit, das eigene Leben als Ganzes zu sehen

Die Erhaltung der romantischen Liebe erfordert zwei Fähigkeiten, die sich, oberflächlich gesehen, vielleicht zu widersprechen scheinen: die Fähigkeit, in der Gegenwart, im Hier und Jetzt zu leben, und die Fähigkeit, das eigene Leben aus einer abstrahierenden Perspektive zu betrachten und sich nicht in den uns unmittelbar umgebenden konkreten Einzelheiten zu verlieren. Wir erkennen, daß diese beiden Haltungen einander nicht widersprechen, wenn wir uns klarmachen, daß es sinnvoll ist, die Bäume *und* den Wald zu sehen.

Hin und wieder gibt es Streit zwischen zwei Partnern. Hin und wieder fühlen sie sich einander entfremdet. Hin und wieder tut unser Partner etwas, was uns verletzt oder gegen ihn aufbringt. Hin und wieder haben wir – oder unser Partner – den inständigen Wunsch, eine Zeitlang allein sein zu können. Nichts von alledem ist ungewöhnlich oder anomal. Nichts davon gefährdet wirklich die romantische Liebe.

Reife Liebe ist gekennzeichnet durch das Wissen, daß wir unseren Partner zutiefst lieben und dennoch Augenblicke des Zorns, der Langeweile und der Entfremdung erleben können, durch die Einsicht, daß die Gültigkeit und der Wert unserer Beziehung nicht nach den von einem Augenblick zum anderen, von einem Tag zum nächsten, von einer Woche zur andern eintretenden Gefühlsschwankungen beurteilt werden kann. Wir bewahren uns einen *fundamentalen Gleichmut*, eine Gelassenheit, die aus dem Wissen erwächst, daß uns eine gemeinsame Entwicklung mit dem Partner verbindet, daß wir einen gemeinsamen Boden haben, den wir auch unter dem Druck wechselnder äußerer Ereignisse nicht unter den Füßen verlieren. Wir haben unsere Erinnerungen. Wir bewahren die Fähigkeit, das Ganze zu sehen. Wir verengen unsere Wahrnehmung von unserem Partner nicht auf eine Verhaltensweise, die er gerade gezeigt hat, legen ihn nicht auf diesen einen Verhaltensaspekt fest.

Andererseits zeigt sich Unreife unter anderem auch in der Unfähigkeit, zeitweilige Uneinigkeit oder Fremdheit, vorübergehende Frustration zu ertragen, und in der Tendenz, die Beziehung beim Auftreten bedrückender Konflikte und Schwierigkeiten als beendet anzusehen. Manche Paare beschließen das sogar mehrmals pro Monat. Sie haben wenig oder gar kein Beharrungsvermögen, eine geringe oder gar keine Bereitschaft, über die unmittelbare Gegenwart hinauszublicken, eine geringe oder gar keine Bereitschaft, sich um eine umfassendere Betrachtungsweise ihrer unmittelbaren Probleme zu bemühen. Deshalb scheint ihre Liebesbeziehung oder ihre Ehe stets am Rand eines Abgrunds zu schweben. Das ist jedoch kein Ort, an dem die Liebe gedeihen kann. Unter einer solchen Voraussetzung wird sie sich früher oder später erschöpfen.

Wir brauchen die Fähigkeit, auch in weniger glücklichen Zeiten und angesichts vorübergehender Konflikte, Kränkungen und Entfremdungsgefühle mit dem Kernbereich unserer Beziehung in Berührung zu bleiben. Wir brauchen die Fähigkeit, das Wesen unseres Partners hinter dem, was er im Augenblick tut, zu erkennen. Dazu brauchen wir nicht aus dem Augenblick herauszutreten, sondern müssen den Wesenskern unserer Beziehung und unseres Partners *im jeweiligen Augenblick* erkennen, selbst wenn es kein freudiger Augenblick ist. Wenn wir das tun, können unsere Kämpfe unsere Liebe sogar noch bestärken.

Ich erinnere mich an die wunderschönen Worte, die mir einmal ein Mann gesagt hat, der seine Frau sehr liebte: «Egal wie sehr sie sich manchmal über mich aufregt – und glauben Sie mir, manchmal sprühen ihre Augen tatsächlich Funken –, in ihrem Gesicht sehe ich immer, daß sie mich liebt und daß sie das auch in diesen Momenten weiß. Ich bin sehr froh, denn neulich hat sie gesagt, bei mir wäre es genauso. Sie hat gesagt, meine Augen zeigten immer, daß ich sie liebe, ganz egal, was ich im Augenblick empfinde.»

Sicher liegt darin eines der Geheimnisse der Beziehungen, die sich immer wieder selbst erneuern.

Die letzte Herausforderung: Die Sehnsucht nach Dauer und die Unabwendbarkeit von Veränderungen

Wenn sich Männer und Frauen in ihren Zwanzigern oder frühen Dreißigern für eine berufliche Laufbahn entscheiden, die sie ihr Leben lang verfolgen wollen, gehen sie wohl kaum davon aus, daß ihnen die nächsten vierzig oder fünfzig Jahre ein stetiges Emporsteigen von Erfolg zu Erfolg bringen werden. Wenn sie nur über ein Minimum an Reife verfügen, wissen sie, daß es Höhen und Tiefen, unerwartete Umwege, unvorhersehbare Probleme und Herausforderungen, gelegentliche Krisen und immer wieder Tage geben wird, an denen man sich schon morgens beim Aufwachen fragt, warum man eigentlich gerade diesen Beruf ergriffen hat und ob man wirklich dafür geeignet ist.

Doch wenn sich Männer und Frauen zu jener «Ehe» genannten Reise aufmachen oder überhaupt eine ernsthafte Beziehung beginnen, tun sie das tendenziell in weit weniger realistischer Einschätzung der Herausforderungen und Wechselfälle, die auf sie zukommen werden. Rational betrachtet bedeutet die Entscheidung zu heiraten den Entschluß, gemeinsam eine abenteuerliche Reise zu unternehmen, und nicht, sich in einem unveränderlichen Paradies wie in einem Mutterschoß zu verkriechen. Ein solches Paradies gibt es nicht.

Das Glück in der Ehe ist zwar ohne Liebe nicht denkbar, doch wie wir gesehen haben, reicht die Liebe bei weitem nicht aus, um uns immerwährendes Glück zu garantieren.

Vor allem wenn wir sehr glücklich sind, kann der Wunsch nach Dauer, der Wunsch, den Augenblick festzuhalten, durchaus verständlich sein, doch ein solches Festhalten gibt es nicht. Nicht weil die Liebe unbeständig wäre – sie kann sogar das Beständigste in unserem Leben sein –, sondern weil Veränderung und Bewegung Grundgegebenheiten unseres Lebens sind.

So wie sich ein Mensch nicht immer gleich bleibt, sondern Entwicklungsstadien durchläuft, so entwickeln sich auch unsere Beziehungen. Und in jedem Bereich bringen unterschiedliche Stadien ihre eigenen Herausforderungen und charakteristischen Befriedigungsformen mit sich. Wenn sich eine neue Beziehung entwickelt, erleben wir die prikkelnde und stimulierende Faszination des Neuen. Daneben erhebt sich jedoch die bange Frage, ob die Beziehung wachsen und weiterbestehen wird. Mit zunehmender Festigkeit und Sicherheit der Beziehung gehen die Faszination und der Reiz des Neuen zurück. Gelöste Probleme und allmählich erreichtes Verständnis ermöglichen Heiterkeit und die freudige Entdeckung, *daß Harmonie auf ihre Art aufregend ist.*

Vor allem wenn in einer Beziehung Probleme auftauchen, die anerkannt und gelöst werden müßten, kommt es manchmal zur Abkehr von der Gegenwart und dem sehnlichen Verlangen, in die Vergangenheit zurückzukehren, zu dem, was unwiederbringlich vorüber ist. Ein Mann träumt von den Tagen, in denen es seiner Frau genügte, ihn zu lieben und allein für ihn dazusein. Wie kommt sie nur auf einmal auf die Idee, ihre Ausbildung weiterführen zu wollen? Wo ist das junge Mädchen geblieben, das er geheiratet hat? Anstatt den Wachstumsprozeß seiner Frau zu begrüßen und einzusehen, daß auch er selbst sich weiterentwickeln muß, bekämpft er ihn heftig und macht sich zum Hemmschuh ihrer Weiterentwicklung. Ob er ihren Elan und Ehrgeiz bricht, so daß sie schließlich nachgibt, oder ob er sie durch mangelnden Respekt vor ihren Bedürfnissen von sich wegtreibt – die Liebe und die Ehe sind in jedem Fall zerstört.

Manchmal trennt sich ein Paar, nicht dem inneren Wachstum und der persönlichen Weiterentwicklung zuliebe, wie die Partner sich vielleicht selbst einreden, sondern weil einer von ihnen sich dem Entwicklungsprozeß des anderen widersetzt und dagegen angekämpft hat. Einer der beiden versuchte, einen Augenblick festzuhalten, der bereits vergangen war. Einem von ihnen fehlte es an Flexibilität und an der inneren Sicherheit, um die auftretenden Veränderungen hinzunehmen, sich auf sie einzulassen und herauszufinden, welche neuen Möglichkeiten sie beiden Partnern eröffnen könnten.

Ein Mann hat vielleicht fünfzehn Jahre lang die gleiche Arbeitsstelle innegehabt; plötzlich – oder auch nicht so plötzlich – fühlt er sich unbefriedigt, gelangweilt und unerfüllt: Er möchte sich einer neuen Herausforderung stellen. Seine Frau ist bestürzt und erschrocken. Was wird geschehen? Wird die Familie finanziell weiterhin so sicher leben können wie bisher? Warum verliert der Mann das Interesse an den gemeinsamen Freunden? Wieso hat er angefangen, so viel zu lesen? Wird er sich als nächstes vielleicht für andere Frauen interessieren? Die Frau gerät in Panik. Wenn der Mann versucht, ihr seine Gefühle zu erklären, hört sie nicht zu. Sie hat Angst, das, was sie hat, zu verlieren. Aus dieser Angst heraus verhält sie sich so, daß sie es tatsächlich verlieren wird.

Ein Ehemann klagt, seine Frau sei so konfus, sie könne noch nicht einmal mit ihrem Scheckbuch umgehen. Er liebe sie, sagt er, aber wenn sie doch nur ein wenig reifer wäre! Etwas bewegt sich; durch einen unerklärlichen Wachstumsprozeß, den der Mann gar nicht bemerkt, wird die Frau verantwortungsbewußter. Sie beginnt, sich für die Firma ihres Mannes zu interessieren. Sie stellt intelligente Fragen. Sie beschließt, ein eigenes Geschäft zu eröffnen. Der Mann ist verstört. Was ist mit dem entzückenden kleinen Mädchen passiert, mit dem er so glücklich war? Wenn die Frau ihrem Mann in die Augen sieht, erblickt sie darin einen Gegner, einen Feind ihrer Selbstverwirklichung. Sie will seine Liebe, sie will die Ehe mit ihm, aber sie will auch ein Mensch sein. Soll sie sich wieder in das kleine Mädchen zurückverwandeln – und ihren Mann bis ans Ende ihres Lebens hassen? Oder soll sie weiter um ihre Entwicklung kämpfen – und dadurch ihren Mann von sich stoßen?

Solcherart sind die harten und schmerzlichen Entscheidungen, vor die sich viele Paare gestellt sehen.

Jede Beziehung bildet ein System. Wenn sich ein Teil oder ein Element eines Systems verändert, müssen sich auch die übrigen Teile oder Elemente ändern – sonst geht das Gleichgewicht verloren. Wenn sich ein Partner weiterentwickelt und der andere sich der Weiterentwicklung widersetzt, kommt es zu einem Ungleichgewicht, dann zu einer Krise – und schließlich zu einer Lösung oder zu einer Scheidung oder, schlimmer noch, zu einem sich lang hinziehenden, allmählichen Zerfallsprozeß, in dessen Verlauf die Liebe stirbt und Verwirrung, Angst und Haß überhandnehmen.

Wenn wir das Selbstvertrauen und die Klugheit besitzen, der Freund der Entfaltung unseres Partners zu sein, dann brauchen wir seine Entfaltung nicht als Gefahr oder Bedrohung zu erleben. Nur wenn wir uns dagegenstemmen, beschwören wir eine Tragödie herauf.

Und wenn wir unsere Beziehung zu schützen versuchen, indem wir unsere eigene Entfaltung und Weiterentwicklung unterdrücken, beschwören wir aus dem gleichen Grunde ebenfalls eine Tragödie herauf. Wir rauben unserem Selbst und unserer Beziehung die *Lebendigkeit*.

Leben ist Bewegung. Wer nicht vorwärts geht, geht zurück. Leben ist nur so lange Leben, wie es voranschreitet. Wenn ich mich nicht entwickle, verfalle ich. Wenn meine Beziehung nicht besser wird, wird sie schlechter. Wenn mein Partner und ich nicht miteinander wachsen, sterben wir miteinander.

Stillstand ist unmöglich. Der Augenblick kann gelebt, aber nicht festgehalten werden. Wir müssen im Augenblick sein, müssen ihn fühlen und erleben, ihn dann aber ziehen lassen und weitergehen – zum nächsten Augenblick, zum nächsten Abenteuer. Und wir können nicht darauf bestehen, immer im voraus zu wissen, was auf uns zukommen wird.

Ohne Selbstachtung ist die Einstellung, von der ich hier spreche, nicht denkbar. An diesem Punkt können wir ein weiteres Mal sehen, wie wichtig die Selbstachtung für das Gelingen der romantischen Liebe ist. Die Selbstachtung ist es, die uns den Mut verleiht, uns nicht gegen Veränderungen zu wehren, die eigene Weiterentwicklung nicht zu bekämpfen und uns dem nächsten Augenblick unseres Lebens nicht zu widersetzen. *Indem wir diesen Mut aufbringen, stärken wir wiederum unsere Selbstachtung.*

Unsere größte Chance, Dauer zu erleben, liegt in unserer Fähigkeit, mit Veränderungen umzugehen. Unsere Liebe wird am ehesten dauerhaft sein, wenn sie sich dem Fluß des Lebens nicht widersetzt, sondern lernt, mit ihm zu strömen.

Wenn mein Partner und ich wissen, daß wir die Weiterentwicklung des anderen wirklich bejahen, dann entsteht dadurch eine zusätzliche Bindung zwischen uns, eine zusätzliche Kraft, die unsere Liebe stützt und stärkt. Wenn mein Partner und ich die Weiterentwicklung des anderen aus Angst oder Verwirrung ablehnen, dann ist es nur ein kleiner Schritt, bis wir das Gefühl haben, daß jeder von uns das *Selbst* des anderen ablehnt.

Ich denke dabei an eine Frau, die ich kenne und die sich vor jeder Veränderung in ihrem und im Leben ihres Mannes fürchtet, die sie nicht selbst in Gang gesetzt hat. Ihr Vater hatte ihre Mutter verlassen, um zu einer anderen Frau zu gehen, als sie noch ein Kind war, und tief im Innern leidet sie noch immer unter der Angst, verlassen zu werden. Als ihr Mann in seinen Fünfzigern erwog, eventuell die Richtung seiner beruflichen Karriere zu ändern, redete sie ihm seinen Plan denn auch auf sehr subtile Weise aus, ohne ihm je direkt zu widersprechen. Sie setzte ihren Willen durch. Doch ich merkte, daß etwas in ihm starb. Vielleicht werden weder die Frau noch ihr Mann die Mechanik von Ursache und Wirkung je überblicken, doch in der einen oder anderen Form wird sie für ihren «Sieg» bezahlen müssen. Ich wünschte, sie hätte sich zu ihrer Angst bekennen, offen und ehrlich darüber sprechen und eine positivere Einstellung zu den Träumen ihres Mannes finden können.

Unsere Sehnsucht nach Dauer zu verstehen und zu respektieren und uns dennoch zugleich mit dem Prozeß ständiger Weiterentwicklung und unvermeidlicher Veränderung zu verbünden: Dies ist vielleicht die äußerste Herausforderung, die die romantische Liebe an uns stellt.

Wenn wir aber klug und mutig genug sind, um die Träume und das Streben unseres Partners zu bejahen, dann haben wir die allerbeste Chance, daß unsere Liebe wirklich «für immer» sein wird.

Epilog:

Ein letztes Wort über die Liebe

Ich weiß nicht, ob es in der Geschichte schon jemals eine Zeit gegeben hat, in der das Wort *Liebe* so wahllos gebraucht worden ist wie in der Gegenwart.

Ständig wird uns gesagt, wir sollten jedermann «lieben». Führer unterschiedlichster Bewegungen erklären, sie «liebten» Anhänger, mit denen sie noch nie zusammengetroffen sind. Nach dem Besuch von Workshops zur Persönlichkeitsentfaltung und Encounter-Group-Wochenenden bekennen die Teilnehmer schwärmerisch, sie «liebten» alle Menschen überall.

So wie eine Währung durch fortschreitende Inflation immer mehr an Kaufkraft verliert, so büßen Wörter, die «inflationär» gebraucht werden, nach und nach ihren Bedeutungsgehalt ein.

Gegenüber Menschen, die wir nicht oder nicht sehr gut kennen, können wir Güte und Wohlwollen empfinden, aber wir können sie nicht lieben. Aristoteles traf diese Feststellung schon vor zweieinhalbtausend Jahren, und wir täten gut daran, uns auch heute noch daran zu erinnern. Wenn wir zulassen, daß diese Tatsache in Vergessenheit gerät, zerstören wir das Verständnis der Liebe.

Die Liebe beruht ihrem Wesen nach auf einem Vorgang des Auswählens und Unterscheidens. Die Liebe ist unsere Reaktion auf das, was wir als Verkörperung unserer höchsten Werte empfinden. Die Liebe ist unsere Antwort auf bestimmte Merkmale, die manche Menschen besitzen und andere nicht. Worin bestünde sonst die Huldigung der Liebe?

Welchen Sinn, welche Bedeutung hätte sie und warum sollten wir uns alle nach ihr sehnen, wenn die Liebe zwischen Erwachsenen nicht Bewunderung und Würdigung der Wesenszüge und Eigenschaften des geliebten Menschen einschlösse?

Was ist demnach von einer Behauptung zu halten, wie Erich Fromm sie aufgestellt hat: «In ihrem Wesen sind sich alle Menschen gleich. Wir alle sind Teile des Einen; wir sind das Eine. Da es so ist, sollte es eigentlich völlig gleich sein, wen wir lieben.»

Wie würden wir wohl reagieren, wenn wir auf die Frage, warum unser Partner uns liebt, von ihm zur Antwort bekämen: «Warum sollte ich dich nicht lieben? Alle Menschen sind gleich. Es ist deshalb völlig gleichgültig, wen ich liebe. Du kannst es genausogut sein wie irgendein anderer.»

Nicht jeder verurteilt sexuelle Promiskuität, aber ich habe noch nie erlebt, daß sie als herausragende Tugend gepriesen worden ist. Doch wie steht es mit *geistiger* Promiskuität? Kann *sie* eine erstrebenswerte Tugend sein? Wenn ja, warum? Ist der Geist denn soviel weniger wichtig als der Körper?*

Das Freundlichste, was man über den gegenwärtigen Gebrauch des Wortes «Liebe» sagen kann, ist, daß er von unentschuldbarer intellektueller Schlampigkeit zeugt. Es kommt mir so vor, als ob diejenigen, die die «Liebe» zu jedermann propagieren, dahinter in Wirklichkeit nur ihren eigenen Wunsch, von jedermann geliebt zu werden, ver-

* Zu diesem Widerspruch bemerkt Ayn Rand: «Eine Moral, die den Glauben predigt, die geistigen Werte seien kostbarer als die Materie, eine Moral, die uns lehrt, eine Hure zu verachten, weil sie ihren Körper unterschiedslos allen Männern gibt – eine solche Moral gebietet, daß wir unsere Seele in promiskuitiver Liebe jedem überlassen, der auf sie Anspruch erhebt.»

stecken. Doch die Liebe – vor allem die Liebe zwischen Erwachsenen – ernst zu nehmen, den Begriff der Liebe zu achten und von pauschaler Menschenfreundlichkeit und Güte abzugrenzen, heißt, die Liebe als eine einzigartige Erfahrung zu würdigen, die zwischen manchen Menschen möglich ist und zwischen anderen nicht.

Wenn sich ein Mann und eine Frau mit weitgehender geistiger und seelischer Übereinstimmung begegnen und sich ineinander verlieben, wenn sie in ihrer Entwicklung über die Stufe der in diesem Buch behandelten Probleme und Schwierigkeiten und über das bloße Bemühen, die Beziehung überhaupt «in Gang zu halten», hinausgekommen sind, dann ebnet ihnen die romantische Liebe nicht nur den Weg zu sexuellem und emotionalem Glück, sondern auch zu den höheren Bereichen menschlicher Entfaltung. Auf Grund der ständigen Interaktion mit einem anderen Selbst schafft die romantische Liebe den Rahmen für die fortgesetzte Begegnung mit dem eigenen Selbst. *Zwei Bewußtseinswesen, von denen jedes ständige persönliche Weiterentwicklung erstrebt, können eine außerordentlich starke Anregung und Herausforderung füreinander sein. So ist es möglich, daß ekstatisches Erleben zu einem Bestandteil unserer Lebensweise wird.*

Diese Vorstellung der Möglichkeiten der Liebe hat mich zum Schreiben dieses Buches angeregt.

Eines Tages sagte mir Devers (die Frau, die ich liebe): «Was du da schreibst, ist eine Liebesgeschichte.» Erst dachte ich, sie meine Patrecia. Doch dann wurde mir klar, daß sie von etwas ganz anderem sprach. Der Gegenstand dieses Buches ist meine Liebe – zur Liebe, meine Liebe zu dem Gefühlserlebnis und dem Abenteuer, das die Liebe uns schenkt. In diesem Sinne hat Devers recht: Dieses Buch ist tatsächlich eine Liebesgeschichte.

Vor ein paar Wochen, als ich mich dem Ende dieses Kapitels näherte, haben Devers und ich geheiratet. Eine neue Wegstrecke liegt vor uns.

Dank

Dankbar verzeichne ich die unschätzbare Hilfe von Cheri Adrian, die meine verstreuten, im Lauf von fünfzehn Jahren entstandenen Vorträge und Artikel zum Thema der romantischen Liebe gesammelt und geordnet hat und mich außerdem bei den geschichtlichen Nachforschungen für diese Arbeit in außerordentlich hilfreicher Weise unterstützte.

Dank gebührt auch Jonathan Hirschfeld für seine Mitarbeit bei den geschichtlichen Nachforschungen.

Ich danke Barbara Branden für die zahlreichen wertvollen Hinweise, die sie zusammen mit Cheri Adrian und Jonathan Hirschfeld in die redaktionelle Bearbeitung eingebracht hat.

Hochachtung und dankbare Wertschätzung gebührt dem Feingefühl und Geschick meines Verlegers Jeremy Tarcher und seiner hervorragenden Lektorin Janice Gallagher, deren Anregungen dieses Buch in mannigfacher Weise verbessert haben.

Von Herzen danke ich schließlich Devers Branden, die während der Niederschrift dieses Buches den Alltag mit mir teilte, ungezählte hilfreiche Vorschläge machte und mir den emotionalen Rückhalt bot, ohne den dieses Buch vielleicht nicht hätte geschrieben werden können.

Literatur

Aristoteles: Nikomachische Ethik. Leipzig 1911

Bertalanffy, Ludwig von: Das biologische Weltbild. Erster Band: Die Stellung des Lebens in Natur und Wissenschaft. Bern 1949
Organismic Psychology and Systems Theory. Barre 1968

Bossard, James H. S.; Boll, Eleanor S.: Why Marriages Go Wrong. New York 1958

Branden, Nathaniel: The Psychology of Self-Esteem. New York 1971
The Disowned Self. New York 1973

Burgess, Ernest W.; Locke, Harvey T.: The Family: From Institution to Companionship. New York 1953

Cuber, John F.; Harroff, Peggy B.: The Significant Americans. New York 1965

Engels, Friedrich: Der Ursprung der Familie, des Privateigentums und des Staats. Berlin (DDR) 1974

Friday, Nancy: Wie meine Mutter. Frankfurt a. M. 1979

Fromm, Erich: Die Kunst des Liebens. Frankfurt a. M./Berlin/Wien 1978

Ginott, Haim: Takt und Taktik im Klassenzimmer. Ein psychologischer Leitfaden für Eltern und Erzieher. Göttingen 1974

Göllner, Karl-Heinz (Hg.): Die englische Lyrik. Düsseldorf 1968

Greenfield, Sidney M.: Love: Some Reflections by a Social Anthropologist. Symposium on Love (Hg.: Curtin, Mary Ellen). New York 1973

Hazo, Robert: The Idea of Love. New York 1967

Hoffer, Eric: Der Fanatiker. Eine Pathologie des Parteigängers. Reinbek 1965

Hunt, Morton: Der siebte Himmel. Eine Naturgeschichte der Liebe von Homer bis Kinsey. Frankfurt a. M./Berlin 1963

Janus, Sam; Bess, Barbara; Saltus, Carol: Die Mächtigen und der Sex. Frankfurt a. M./Berlin/Wien 1979

Koestler, Arthur: Der Mensch – Irrläufer der Evolution. Bern/München 1978

Langdon-Davies, John: A Short History of Women. New York 1927

Linton, Ralph: Mensch, Kultur, Gesellschaft. Stuttgart 1979

Mahler, Margaret S.; Pine, Fred; Bergman, Anni: Die psychische Geburt des Menschen. Symbiose und Individuation. Frankfurt a. M. 1978

Maslow, Abraham: The Farther Reaches of Human Nature. New York 1971

Masters, William; Johnson, Virginia: Spaß an der Ehe. München 1981

Mead, Margaret: Jugend und Sexualität in primitiven Gesellschaften. Bd. 1: Kindheit und Jugend in Samoa. Bd. 2: Kindheit und Jugend in Neuguinea. München 1970

Murstein, Bernhard I.: Love, Sex, and Marriage Through the Ages. New York 1974

O'Neill, Nena und George: Die offene Ehe. Reinbek 1975

O'Neill, Nena: The Marriage Premise. Philadelphia 1977

Peele, Stanton; Brodsky, Archie: Love and Addiction. New York 1975

Praz, Mario: Liebe, Tod und Teufel. Die schwarze Romantik. München 1981

Rand, Ayn: Atlas Shrugged. New York 1957
For the New Intellectual. New York 1961

Rougemont, Denis de: Die Liebe und das Abendland. Köln/Berlin 1966

Schneider, Isidor (Hg.): Marriage and Sex Love. Origin of the Family in the World of Love. New York 1964

Taylor, Gordon Rattray: Kulturgeschichte der Sexualität. Frankfurt a. M. 1970

[illegible] The [illegible] of [illegible]
[illegible]
Hammond, [illegible] A Short [illegible] New York [illegible]

[illegible] Man [illegible]
[illegible]
[illegible] and [illegible]
[illegible]
[illegible] The [illegible] of [illegible]
[illegible]
[illegible] New [illegible]

[illegible]
[illegible]
[illegible]
[illegible]
[illegible]
[illegible] and [illegible]
[illegible] The [illegible]
[illegible]
97
[illegible]
[illegible]
[illegible]
[illegible]
[illegible] The [illegible] and [illegible]
[illegible]
[illegible]
[illegible]